혼란기의 경영

Managing In Turbulent Times
Copyright ⓒ 1980, 1993 by Peter F. Drucker

All rights reserved.

Korean translation copyright ⓒ 2013
by The Korea Economic Daily & Business Publication Inc.
Korean translation rights arranged
with The Peter F. Drucker Literary Trust through Shin Won Agency.

이 책의 한국어판 저작권은 신원에이전시를 통한
The Peter F. Drucker Literary Trust와의 독점계약으로 한국경제신문 ㈜한경BP에 있습니다.
신저작권법에 의하여 한국 내에서 보호를 받는 저작물이므로 무단전재와 복제를 금합니다.

MANAGING
IN TURBUL
ENT TIMES

시대를 뛰어넘은 위기경영의 지혜
혼란기의 경영

피터 드러커 지음　박종훈·이왈수 옮김

한국경제신문

혼란기의 경영 | **차례**

옮긴이의 글 | 글로벌 경제 불황의 시대, 다시 부활한 피터 드러커의 지혜 008
프롤로그 | 혼란기, 무엇을 결정하고 어떻게 행동할 것인가 013

1장
기초 체력을 관리하라

인플레이션을 감안하라 ········· 021
유동성과 자금력을 관리하라 ········· 025
생산성을 관리하라 ········· 027
지식노동자를 적재적소에 배치하라 ········· 037
기업의 유지비용을 계산하지 않은 이윤은 환상이다 ········· 043

2장
내일의 경영을 시작하라

기업의 체중을 관리하라: 자원을 결과에 집중하기 ········· 056
비생산적인 과거를 정리하고 기회를 포착하라 ········· 059

전략을 세워 성장을 관리하라 ………………………… 062
이노베이션과 변화를 관리하라 ………………………… 066
내일을 위한 기업 전략을 세워라 ……………………… 079
경영자들의 성적표를 확인하라 ………………………… 087

3장
거대한 인구 구조 변화를 관리하라

인구 동태의 새로운 현실을 파악하라 ………………… 098
초국적 통합, 생산 분업에 주목하라 …………………… 112
새로운 소비 시장을 주목하라 …………………………… 127
인구 변화가 경영 전략에 미치는 영향을 살펴라 …… 133
하나의 노동력에서 여러 노동력으로 이동하라 ……… 136
사라지는 퇴직연령에 주목하라 ………………………… 143

경영자와 프로페셔널, '머리 둘 달린 괴물'을 인정하라 ····· 149
개발도상국에 필요한 고용을 구별하라 ····· 153
잉여인력 활용에 대한 기획이 필요하다 ····· 162

4장
혼란기야말로 경영이 필요하다

세계 경제는 통합된다 ····· 176
초국적인 세계통화가 탄생한다 ····· 177
주권이 사라진다 ····· 184
세계 정치는 분열한다 ····· 191
세계 경제의 준선진국들이 활약한다 ····· 195
세계 경제를 위한 기업 정책이 필요하다 ····· 202
피고용인 사회가 도래한다 ····· 207

권력은 재산을 따라간다 ········· 217
노조는 살아남을 것인가 ········· 229
기업도 정치적 기관이다 ········· 236
경영은 정치 환경을 무시할 수 없다 ········· 250

에필로그 | 경영자가 직면한 도전을 직시하라 256

| 옮긴이의 글 |

글로벌 경제 불황의 시대, 다시 부활한 피터 드러커의 지혜

피터 드러커는 20세기의 가장 위대한 경영학자다. 20세기를 통틀어 가장 위대한 경영자로 선정된 GE의 전 회장 잭 웰치도 자신의 자서전에서 가장 존경하는 경영학자로 피터 드러커를 주저 없이 꼽을 정도다. 그야말로 고수가 인정한 최고의 고수인 셈이다. 드러커는 일생 동안 30여 권에 달하는 명저를 세상에 내놓음으로써 일반인들에게 '경영의 구루'로만 알려져 있는데, 실제로 그는 경영학뿐만 아니라 사회, 역사, 문화 영역까지 넘나들 정도로 다양한 분야에서 해박한 식견과 안목을 보여준 진정한 대가였다.

드러커의 명저 중 하나인 《혼란기의 경영Managing in turbulent times》은 1980년에 초판이 발행되고 1993년에 개정판이 출간되어, 오늘날의 기준에서 보면 다소 진부한 책으로 느껴질지도 모른다. 하지만 2008년부터 지속되고 있는 '글로벌 경제 불황'과 2012년 현재 전 세계에서 치러지는 대선과 총선으로 인한 '정치 지도자 교체 현상' 등의 극심한 혼란기에도, 이 책에서 예견하는 경영 환경의 메가트렌드 및 경영자가 직면하게 될 도전과 과제는 여전히 유효하다는 점을 알게 될 것이다. 또한 미래에 대한 그의 눈부신 통찰력을 확인함과 동시에 지식의 범위와 깊이가 한층 더 강화되는 것을 직접 체험하게 되리라 자신 있게 말할 수 있다.

어떤 조직이든 미래의 생존과 성장을 위해서는 변화하는 경영 환경에 맞춰 조직이 추구해야 할 비전과 목표를 시대에 맞게 재정립하고, 목표 달성을 위한 기본 방향 및 전략을 수립해 실행에 옮기는 데 최선을 다해야 한다. 이런 관점에서 보면 미래 경영 환경의 큰 흐름을 예측하고 적절하게 대응하는 것이야말로 경영자의 업무 가운데 가장 중요한 일이라고 할 수 있다. 이 책에서 드러커는 미래 경영 환경의 메가트렌드로 크게 인구 구조의 변화, 지식근로자의 역할 증대, 글로벌화의 심화를 제시하고 있다.

먼저 인구 구조 변화의 핵심 내용을 들여다보면, 주로 선진국을 중심으로 고령 인구가 급속히 증가하고 젊은 인구가 급속히 감소하리라고 예측하고 있다. 고령 인구의 급속한 증가로 인해 점점 더 많은 노인들이 전통적인 근무 형태에서 벗어나 새롭고도 다양한 형태로 노동시장에 참여하게 된다는 것이다. 과거에는 대부분의 인력들이 육체노동 분야에서 근무했기 때문에 대체로 근로 수명이 30년을 넘지 못했지만 앞으로는 근로 수명이 최소한 50년 정도로 연장되고, 이에 따라 대부분의 직원들이 첫 직장에서 은퇴하더라도 다른 직장에서 '제2의 경력'을 시작할 가능성이 높아지며, 이러한 현상은 젊은 인구의 급속한 감소와 어우러져 더욱더 복잡한 문제로 경영자들에게 다가올 전망이다. 또한 드러커는 미래 조직에서는 정년 연장, 평생교육, 다양한 근로 형태 등이 나타나리라 예견하고 있다. 미래에는 우리 사회의 주류 문화를 이끄는 계층이 현재의 청년층에서 노년층으로 옮겨갈 가능성이 높다는 것이다.

경영 환경 변화의 두 번째 흐름으로, 미래에는 지식이 핵심 자원이 되고 지식근로자가 지배적인 집단이 되는 지식 사회가 출현하리라고 예측하고 있다. 과거에는 미숙련 육체노동자들이 정치 사회의 지배 세력이었다면, 미래 사회의 지배 세력은 지식근로자들이 될 가능성이 높다. 이에 따라 지식근로자의 사회적 지위를 어떻게 평가하고 그들의 가치를 어떻게 수용할 것인지가 미래 사회의 핵심 사안이 될 전망이다. 특히 경영자들에게는 지식근로자들로 하여금 해당 조직에서 수행하는 업무에 매력을 느끼게 하고, 조직에 가능한 한 오랫동안 머물도록 동기를 부여하는 것이 매우 중요한 과제가 될 것이다. 무엇보다 지식근로자를 '피고용인'이 아닌 '동업자'로 보는 새로운 접근 방식이 요구된다.

세 번째 큰 흐름으로, 세계 각국의 경제권은 점점 하나의 시장으로 통합되어가겠지만, 국가 간 정치 제도 차이로 인해 세계 정치는 점점 더 분열되는 양상을 보일 것으로 드러커는 예측한다. 이와 같은 두 가지 상반된 환경 변화에 효과적으로 대응하려면, 본국에서 창출한 기술이나 브랜드 등을 바탕으로 해외 시장에서 경쟁하는 전통적인 '다국적 기업'보다는 글로벌 네트워크상의 최적지에서 창출한 경쟁 우위를 기반으로 경쟁하는 '초국적 기업'으로의 경영 방식 변화가 경영자들에게 매우 중요한 과제가 될 것이라고 주장한다.

앞으로 다가올 혼란기에 효과적으로 대응하려면 불의의 타격을 견디며 동시에 예상치 않았던 기회가 왔을 때 그것을 잘 활용할 수 있는 자세로 사업을 운영해야 한다고 드러커는 경영자들에게 강조한다. 즉 경영자들이 혼란기에 나타날 수 있는 위협이나 리스크에 잘 견디려면 '기초 체력fundamental 관리'를 끊임없이 강화하는 한편, 불시에 찾아올 수 있는 기회를 감지하고 포착하기 위해 '내일을 위한 경영'을 해야만 한다는 것이다.

드러커는 먼저 기초 체력 관리를 위해서 인플레이션을 감안하여 경영 성과를 바라보아야 하며, 지식근로자의 무형 지식을 유형 자산에 결합시키는 방식으로 생산성 향상을 도모하고, 기초 체력 유지를 위한 지속적인 투자를 잊지 말라고 주문한다. 그리고 내일을 위한 경영을 위해서는 운영예산과 기회예산의 균형적 배분을 통해 보다 미래 지향적인 자원의 배분이 이루어져야 하고, 어제의 성과와 역량에 안주하지 말고 새로운 시대에 맞게 상시적으로 역량 개발에 전력해야 한다고 말한다. 또한 양적인 '덩치'만을 키우기보다는 질적인 '근육'을 강화할 필요가 있고, 발상의 전환을 통한 파괴적인 혁신을 추구하는 데 게을리하지 말아야 한다는 구체적인 제언도 제공한다.

드러커는 미래 환경의 큰 흐름은 기본적으로 불확실성이 더욱 높아지는 환경이기 때문에 미래의 생존과 성장을 위해서는 맷집과 유연성을 균형적으로 유지하고 강화하는 것이 매우 중요하다는 점도 역설한다. 그리고 최고경영자 혼자서 미래의 복잡하고 불확실한 환경을 효과적으로 헤쳐 나가는 것이 매우 어렵기 때문에, 다양한 배경과 안목을 보유한 중역들로 최고경영팀top management team을 꾸려서 환상의 역할 분담과 협업을 통해 문제를 해결해나가야 한다고 조언한다.

30여 년 전, 지구촌에 불어닥친 경영 환경의 변화를 예리하게 포착했던 피터 드러커의 지혜가 오늘 다시 부활하여 혼란스러운 경영 환경의 변화에 유의미한 나침반 역할을 하리라 기대한다.

박종훈

| 프롤로그 |

혼란기, 무엇을 결정하고 어떻게 행동할 것인가

다가올 미래에 대해 확실하게 말할 수 있는 것은 경영자들이 매우 혼란스러운 시기를 헤쳐 나가게 되리라는 점이다. 이러한 혼란기에 경영자들이 가장 먼저 해야 할 일은 조직의 생존 능력을 키우고, 구조적 힘과 건전성, 충격을 이겨낼 수 있는 힘을 길러 급작스러운 변화에 적응하며, 더 나아가 진취적으로 새로운 기회를 취하는 것이다. 따라서 이 책의 핵심 내용은 경영자가 무엇을 할 수 있고 무엇을 해야 하며 무엇을 하지 않으면 안 되는지, 즉 어떤 행동과 전략과 기회를 취해야 하는지와 관련돼 있다.

이와 관련해 이 책은 기업 역량의 근원이 되는 펀더멘탈 관리부터 시작해 인플레이션과 유동성, 생산성, '이윤'이라는 그릇된 이름으로 불리는 기업의 생존비용을 다룬다. 펀더멘탈을 관리한다는 것은 내일을 관리한다는 뜻이기도 하다. 그것은 과거에서 벗어나 성장 정책, 성장 전략 그리고 건전한 성장과 불필요한 군살을 분간할 수 있는 방법을 바탕으로 한 성장 관리를 의미한다. 이는 또 어떤 전략들이 이용 가능하며 그중 어떤 것을 선택해야 하는지를 알아야 한다는 뜻이기도 하다. 여기서 필요한 것은 기업이 미래에도 든든한 바탕으로 삼을 것, 즉 펀더멘탈을 튼튼하게 관리하려면 어떤 경영 능력이 필요한지를 지금 미리 판단할 수 있는 힘이다. 펀더멘탈은 이렇듯 매우 중요한 의미를 갖지만, 그것을 다지기 위해 애쓰고 항상 염두에 두고 있는 경영자는 그리 많지 않다.

20세기 이후의 세상은 그 누가 생각했던 것보다도 더 흥미로웠고 따라서 더 혼란스러웠다. 사람들이 전혀 예상하지 못하거나 예측을 빗나간 일들이 세계 곳곳에서 수없이 일어났다. 사실 세계의 정치와 경제, 기술이 '안정을 찾기' 위해서는 아직도 가야 할 길이 멀다. 혼란은 불규칙적이고 비선형적이며 변덕스럽다. 그러나 그러한 현상이 나타나는 원인은 분석과 예측, 관리가 가능하다. 경영자들이 관리해야 하고 충분히 관리 가능한 것은 엄청난 혼란의 바탕이 되는 가장 중요하고도 새로운 현실인데, 서구 선진국과 일본에 나타난 인구 구조와 인구 동태의 변화가 바로 그것이다. 인구의 변화는 이미 전 세계에 걸쳐 경제 통합의 양상을 바꿔놓기 시작했다.

이와 같은 변화는 생산 분업production sharing과 시장 지배에 바탕을 둔 새로운 '초국적 연합'으로 이어질 전망이다. 또한 여러 영역에서 금융 지배에 기초한 오래된 '다국적 기업'을 대체할 가능성이 크다. 이런 현상들은 새로운 소비 시장을 조성하면서 기존의 소비 시장을 재정비하고 있고, 또 노동력에 커다란 변화를 가져오고 있다. 사람들로 하여금 '고정된 퇴직연령'이라는 개념을 잊게 만들어 경영자들에게 잉여인력과 관련한 체계적인 계획을 마련하라는 새로운 요구(동시에 새로운 기회)를 할 것이다.

《자본주의 이후의 사회Post Capitalist Society》에서 설명했듯이 우리는 기껏해야 세계사의 전환기 중 하나를 겨우 반쯤 넘겼을 뿐이다. 그러므로 오늘날 꼭 필요한 것은 모든 조직(기업, 대학, 병원, 정부기관, 노조)의 관리자와 경영진이 혼란기에 회사를 어떻게 운영해야 하는지를 아는 일이다. 따라서 이 책의 내용은 매우 시의적절한 것이지 싶다. 이 책에서 제시하는 핵심 내용의 바탕이 있다면 그것은 바로 "약삭빠르게 굴지 말고 양심적으로 행동하라"는 것이다.

미래를 예측하다 보면 어려운 일이 생기기 마련인데, 이 책에 기적적인 묘책이나 임시변통적인 방편은 없다. 이 책은 실제로 우리가 무엇을 해야 하는지를 묻는데, 핵심은 "무슨 일인가를 하지 않으면 안 된다"라는 것이다. 다른 인간들처럼 경영진 자리에 있는 사람도 세상의 흐름을 거스를 수 없기는 마찬가지다. 그럼에도 조직의 경영진은 조직의 존속과 업무 수행 능력, 그리고 그 결과를 책임져야 한다.

선진국에서 2010년까지 노동시장에 편입될 사람들은 이미 태어나 있다. 돌이킬 수 없는, 과거와 비교할 때 가장 중요하고도 유일한 변화는 바로 선진국 경제의 중심이 육체노동에서 지식노동으로 바뀌면서 지식노동자가 노동력의 핵심이 된다는 점이다. 현재와 미래의 경영진들이 관리해 생산성을 발휘해야 할 노동력은 경영진이 20~25년 전 기업에 발을 들여놓았을 당시와는 크게 다르다.

경제 역시 마찬가지다. 무게 중심이 기계 산업에서 지식에 기초한 산업으로 이동하는 데서 그치지 않는다. 물건을 만들거나 움직이는 산업에서 갖가지 서비스 산업으로 무게 중심이 옮겨가고 있다. 그리고 그 중심이 국가 경제에서 지역 경제로 그리고 초국적 경제로 이동하면서 돈과 정보가 진정으로 초국가적인 것이 되었다. 모두가 알고 있는 사실이지만 우리는 200년 전의 첫 산업혁명이나 130년 전에 철강과 화학품과 전기를 가져다준 2차 산업혁명과도 같은 커다란 기술적 변화를 겪고 있는 중이다.

그러므로 혼란기에 경영을 하려면 새로운 현실을 직시해야 한다. 불과 몇 년 전까지만 해도 정설로 여겨진 주장이나 가정이 아니라 "세상이 실제로 어떻게 돌아가고 있는가?"를 질문하면서 출발해야 한다.

2차 세계대전이 끝나고 25년이 지나자 이른바 '기획planning'이라는 것이 유행했다. 그러나 일반적으로 기획은 흔들림 없는 연속성을 가정하고 이뤄진다. 지난날의 추세를 미래에 반영하는 데서 출발하며, 적용하는 방법이 다를지는 몰라도 사용되는 요소와 구성은 크게 다르지 않다. 하지만 이런 방식은 이제 더 이상 통하지 않는다. 혼란기에 가장 개연성 높은 가정은 전체의 틀을 바꾸는 독특한 사건인데, 이런 독특한 사건과 관련해서는 '기획'이 불가능하기 때문이다. 그렇지만 예견이 가능한 경우는 많다.

이 책은 급격한 변화를 기회로 바꾸는 데 필요한 전략, 변화의 위협을 유익하고 생산적인 행동을 위한 기회로, 그리하여 그것이 사회와 경제와 개개인에게 두루 기여하게 되는 기회로 바꾸는 데 필요한 전략을 다룬다.

혼란기는 위험한 시기지만 가장 큰 위험은 현실을 부정하려는 충동이다. 오늘날의 가장 크고 가장 위험한 혼란은 정부나 기업의 최고경영진이나 노조지도층을 막론하고 의사결정을 하는 사람들이 빠져 있는 환상과 현실 간의 괴리에서 비롯한다고 볼 수 있다.

그러나 혼란기는 동시에 새로운 현실을 이해하고 수용해 활용할 수 있는 사람들에게는 기회의 시기다. 무엇보다도 지도층에게는 기회의 시기다. 그러므로 이 책에서 시종일관 강조하는 주제는 각 기업의 의사결정자들이 현실을 직시하면서 '모든 사람이 알고 있는 것'의 유혹, 내일이면 해로운 미신이 될 어제의 확실성이라는 유혹을 뿌리쳐야 한다는 점이다.

이 책은 새로운 현실을 논한다. 이해가 아니라 행동에 관해, 분석이 아니라 결정에 관해 논한다. 이 책은 '철학' 서적이 아니며 '우리가 어디로 가고 있는지'를 묻지 않는다. 이 책은 현실적이고 공사를 불문하며 모든 분야의 의사결정자들을 위한 책이다. 또한 경영자들에게 방법을 가르치는 책이 아니라 무엇을 할 것인지를 이야기하는 책이다.

피터 드러커

MANAGING
IN TURBUL
ENT TIMES

1장

기초 체력을 관리하라

MANAGING
IN TURBULENT
TIMES

혼란기에는 미처 생각지 못한 충격을 견뎌나가는 동시에 예상치 못한 기회가 왔을 때 그것을 잘 활용할 수 있도록 대비하면서 사업을 운영해야 한다. 이는 혼란기일수록 펀더멘탈fundamentals(성장에 필요한 기초 체력이라는 뜻으로 기업의 경우 자본금, 경제적 능력, 가치, 잠재적 성장성, 매출, 순이익 등을 의미한다―옮긴이)을 잘 관리해야 한다는 말이다.

마셜 플랜이 세워진 무렵부터 석유 수출국들이 카르텔을 형성한 석유파동기에 이르기까지의 25년간처럼 많은 것들이 예측 가능했던 시기에 펀더멘탈은 그다지 주목받지 못했다. 그러나 펀더멘탈은 조심스럽고 일관성 있게 늘 관리하지 않으면 흔들리기 마련이다. 사실 오늘날 거의 모든 사업들이 당면한 가장 큰 위험은 기업이건 공공서비스 기관이건 간에, 기업에 대한 대중의 반감이나 환경 보호를 위한 제약, 과잉 규제, 에너지 또는 인플레이션 같은 것이 아닐 수도 있다. 겉으로 나타나지 않은 펀더멘탈의 악화야말로 가장 큰 위험일 수 있다는 이야기다. 비교적 평화로운 시기를 오래 겪고 나면 모두가 평범하고 일상적이라 생각했던 것에 뜻밖에도 위험이 도사리고 있는 법이다.

펀더멘탈은 변하지 않는다. 그렇지만 그것을 관리하는 구체적인 방법은 내부 및 외부 여건의 변화와 더불어 크게 달라진다. 따라서 혼란기의 경영은 기존 기업의 존속 및 성공의 펀더멘탈에 영향을 미치는 새롭고도 특별한 여건에 어떤 것들이 있는지를 살피는 데서 출발해야 한다. 그 여건들은 다음과 같다.

- 유동성
- 생산성
- 미래비용

현재의 기업을 경영하는 것만으로는 충분하지 않다. 물론 그 일이 가장 먼저인 것은 틀림없다.

인플레이션을 감안하라

경영을 성공적으로 관리하려면 먼저 관리 대상이 무엇인지 정확히 알아야 한다. 그러나 오늘날 경영자들은 기업이건 공공서비스 기관이건 실태를 제대로 파악하지 않는 경우가 많다. 그들이 경영하는 기업과 관련한 진실은 감춰지고 왜곡되며 인플레이션으로 인해 뒤틀린 것이다. 오늘날 경영자들은 전보다 훨씬 더 많은 정보와 수치들을 참고할 수 있게 되었다. 그러나 자료들에 의존하므로 그 수치들이 잘못되었을 경우 위험에 빠지게 된다. 특히 물가가 오를 때 그런 수치들은 거짓이 된다. 돈은 여전히 가치의 기준이자 그 자체로 가치 있는 것으로 간주되지만 인플레이션이 발생하면 상황이 달라진다. 펀더멘탈을 관리할 수 있으려면 인플레이션을 감안해 기업의 현 상황(매출, 재무 실태, 자산과 부채, 소득)을 수정해야 한다.

지난 10년 서방 국가들과 일본에서는 해마다 '기록적 이윤'을 발표하는 기업들이 줄을 이었다. 그런데 실제로 이들 국가 가운데 조금이나마 이윤을 내는 기업은 극히 드물었다. 인플레이션 기간에는 이윤을 내는 것이 불가능하다. 인플레이션이란 정부가 부를 조직적으로 파괴하는 일이기 때문이다. 일반 대중은 이를 이해하지 못할지라도 느낄 수는 있다. 예를 들어 어떤 기업이 '기록적 이윤'을 올렸다고 발표할 경우 어째서 증권시장이 그토록 회의적인 반응을 보이고 일반 대중이 적대감을 갖는지가 이를 잘 설명해준다. '기록적 이윤'이라는 허황된 생각은 그릇된 행동과 그릇된 결정, 그릇된 기업 분석을 초래해 결국 엄청난 부실 경영으로 이끌고 만다.

대다수 경영자들은 이 사실을 알고 있다. 그런데도 인플레이션이 초래하는 그릇된 정보를 시정하려 노력하는 경우는 별로 없었다. 우리가 해야 할 일은 인플레이션을 감안해 매출, 가격, 재고량, 수

취계정, 고정자산과 그것의 감가상각 그리고 소득을 수정하는 일이다. 하지만 백 퍼센트 정확하게 할 필요는 없다. 어느 정도 개연성을 갖기만 하면 된다. 이렇게 하지 않는 한, 의식 있는 경영자조차 인플레이션이 초래하는 환상에 빠져 어리석고 무책임한 행동을 할 수 있다.

두 번째로 위험한 착각은 기업이 아직도 자본비용이 저렴했던 때에(인플레이션 이전에 발행했던 장기 사채와 같은 것) 거둔 장부상의 '소득'을 진짜 소득으로 착각하는 것이다. 그러나 일반적으로 머지않아 돈은 가치가 낮아지게 되고, 소득은 자금을 다시 조달할 경우 자본비용을 감당할 수 있는 수준이 되어야 한다. 인플레이션을 감안할 경우에는 기업의 돈도 다른 고정자산처럼 재평가돼야 하는데, 금리는 언제나 인플레이션율과 같다는 것이 자명한 이치다.

'재고이윤inventory profit'(재고자산이 보관되는 기간 동안에 가치가 상승해 발생하는 보유 이익—옮긴이)은 결코 진짜 이윤이 아니다. 인플레이션이 계속되면 재고자산을 내일의 비싼 가격으로 다시 확보해야 한다. 그리고 인플레이션이 끝나면 재고이윤은 당장에 재고손실로 바뀐다. 따라서 둘 중 어느 경우건 '재고이윤'은 '예비비contingency reserve'로 봐야 한다.

거의 모든 나라에서 대다수 회사의 경영자들이 인플레이션을 조정하지 않는 한 가지 이유는 인플레이션을 '일시적 현상'으로 생각하기 때문이다. 그러나 인플레이션이 15년이나 계속된 상황에서 이런 식으로 생각하면 큰일이다. 또 한 가지 이유는 브라질 같은 예외가 드물게 있기는 하지만 정부가 인플레이션의 실상에 거부 반응을 보이기 때문이다. 특히 누진율 소득세가 시행된 20세기에 정부는 인플레이션의 주된 수혜자이므로 진실을 밝힐 생각이 전혀 없다. 미국을 비롯한 일부 국가의 경우에는 세금제도 자체가 경영자들에게 스스로를 속이고자 하는 강한 충동을 느끼게 하는 빌미를 제공한다. 미국의 세제는 장부상의 소득과 연계된 스톡옵션과 보너스에 아주 유리하도록 돼 있어 인플레이션으로 부풀린 소득을 신고하는 것이 그들 자신의 이익에 크게 기여한다. 물론 일본처럼 스톡옵션이나 보너스가 없는 나라에서도 경영자들은 인플레이션을 감안한 실적 발표를 외면하고 있다. 주요한 이유는 분명 허영심 때문이다. 수치들이 거짓이기 때문에 부정직한 행동임을 알면서도 '기록적 소득'을 올렸다고 자랑하고 싶은 것이다.

특히 경영자들은 공인회계사들을 비롯한 여러 사람들로부터 인플레이션을 감안한 수치 조정을 제대로 하는 것이 불가능하므로 그런 시도를 할 필요가 없다는 말을 자주 듣는다. 그렇지만 이는 마치 중병에 걸린 환자를 놓고 의사들이 정확한 치료법을 찾을 수 없자 환자는 아주 건강하며 고열은 단지 환상일 뿐이라고 진단하는 것과 다를 바 없다. 공인회계사들이 다루는 수치의 대부분은 대차대조표에서 고정자산에 적용되는 20퍼센트의 오차 범위와 같이 꽤나 넓은 개연성 범위 안에서 추산된 것이다.

인플레이션을 감안하여 조정하지 않는 것은 나태하고 무책임한 일이다. 혼란기의 경영은 기업의 수치들을 인플레이션에 맞춰 조정하는 데서 출발해야 하며, 이 같은 조정은 다소 엉성할지라도 현실적인 개연성의 범위 안에서 이루어져야 한다. 그렇게 하지 않는 경영자는 남을 속이려는 사람들이다. 하지만 그가 속이는 것은 다만 자기 자신일 뿐이다.

유동성과 자금력을 관리하라

지난 몇 년 동안 많은 사람들이 '주식시장 가격이 너무 낮다'고 불만을 터뜨렸다. 기업들이 보유자산을 터무니없이 낮은 가격으로 팔고 있는데, 장부 가격이나 청산가치를 크게 밑도는 경우가 많다는 것이다. 그렇지만 이런 불평은 대체로 근거가 없다. 미래뿐 아니라 현재조차도 불확실한 상황을 감안하면 오히려 현재 주식시장의 가격은 지나치게 높다고 할 수도 있다. 인플레이션을 고려해 회사 장부를 정리한다면 많은 회사들의 경우 소득이 손실로 바뀐다. 그리고 회사의 대차대조표를 인플레이션에 맞춰 조정한다면 여러 회사의 장부상 가치와 대다수 제조업체들 장부상의 가치는 크게 떨어질 것이며 부채가 자산을 웃도는 것으로 나타날 수도 있다.

　갈수록 주식시장은 기업의 가치를 소득보다 유동성을 바탕으로 평가하는 경우가 많아지고 있다. 뉴욕, 런던, 취리히, 도쿄, 프랑크푸르트 등 주요 주식시장을 보면 시세가 현금 흐름 및 유동성과 밀접한 관련이 있으며, 인플레이션에 의해 왜곡된 소득 수치는 설사 반영된다 할지라도 극히 일부분만 반영되고 있다. 주식시장이 일을 제대로 하고 있는 것이다. 혼란기에는 소득보다 유동성이 더 중요하다. 공공서비스 기관의 경우도 마찬가지지만 기업은 현금 흐름과 자금력이 충분하다면 소득이나 수입이 낮은 상태에서도 오랫동안 존속할 수 있다. 정반대의 경우는 그렇지 않다. 따라서 주식시장이 기업의 소득이 아니라 자금 사정을 가지고 회사를 평가하는 것은 옳은 일이다. 소득과 달리 유동성이야말로 상당히 믿을 만한 기준이며, 심지어 인플레이션에 시달리고 있는 경우에도 마찬가지다.

혼란기에는 대차대조표가 손익계산서보다 더 중요한 의미를 갖는다. 다시 말해, 혼란기의 경영진은 소득보다 자금력을 중요시해야 한다. 혼란기에 꼭 필요한 것은 기업이 돌아가는 데 필요한 최소한의 유동성이 어느 정도인지 파악하는 것이다. 90~120일간 이어지는 공황기에서 살아남기 위해 당신의 기업에 필요한 운영자금은 얼마인가? 120일간의 공황기가 지나고 나면 반드시 새로운 '정상상태'가 온다. 위기에 처했을 때 기업은 외부의 도움 없이 돌아갈 수 있어야 하며 그렇지 못할 경우 허둥댈 위험이 있다. 긴축체제에 돌입한다 해도 기업이 굴러가는 데 필요한 유동성 자원을 확보하고 있어야 한다.

혼란기에 기업에게 필요한 것은 공황이나 자금난이나 급작스러운 디플레이션 국면을 극복해야 할 처지에 내몰렸을 때 무엇을 할 수 있고 또 무엇을 할 것인지 구상하는 것이다. 그런 시기에는 판매력과 시장에서 차지하는 위치, 기술혁신 및 소득에 대한 관심이 자금력과 지불 능력 그리고 유동성에 대한 관심과 균형을 이뤄야 한다. 유동성은 그 자체가 목표가 아니다. 그렇지만 혼란기에는 이것이 제약 요인이 된다. 살아남기 위해 꼭 필요한 것이 된다.

생산성을 관리하라

자원이 생산성을 갖도록 만드는 것은 분명 경영진의 업무지만, 이는 '경영자'의 다른 직무인 기업가 정신 및 경영관리와는 뚜렷이 구별된다. 뚜렷한 사회적 기능으로서 경영의 역사는 100년 전 자원을 생산적으로 관리할 수 있다는 점을 알게 되면서부터 시작됐다. 자원을 생산성 있게 만드는 것은 자연이나 경제학 법칙이나 정부가 아니라 오직 경영자의 몫이다. 개개의 공장이나 기업, 점포, 병원, 사무실, 항구, 연구실에서 자원에 생산성을 부여하지만, 개개의 경영자가 자신의 개별적 책임 영역 안에서 어떻게 관리하느냐에 따라 자원은 생산적인 것이 되기도 하고 생산성을 상실하기도 한다.

한 세기 전 카를 마르크스Karl Heinrich Marx는 미완으로 끝난 《자본론 Das Kapital》마지막 권에서 '자본생산성 체감의 냉혹한 법칙'에 입각해 지금 우리가 '자본주의'(이 용어는 마르크스가 죽고 나서야 만들어졌)라고 일컫는 경제 제도가 곧 사라질 것이라고 자신만만하게 예언했었다. 앞서 19세기의 경제학자들이 한결같이 자명한 이치로 받아들인 것을 반복한 것이다. 실제로 '자본'(또는 어떤 다른 자원)에 생산성

감퇴의 '법칙'이라는 것이 있다면 모든 경제 제도는 무사하지 못할 게 분명하다.

그러나 마르크스가 그토록 자신 있게 생산성의 '가혹한 하락'을 예언했던 바로 그 무렵, 경영관리를 통해 생산성을 지속적이고도 의도적으로 증가시킬 수 있다는 점이 판명되었으니 역사의 아이러니가 아닐 수 없다. 이 발견은 마르크스가 '과학적 진리'로 봤던 또 다른 '확실성', 즉 노동계급의 빈민화, 갈수록 적은 수의 '착취자들'에게 쏠리는 부의 집중, 극소수로 줄어드는 '소유자' 집단과 갈수록 불어나는 프롤레타리아 '임금 노예들'로의 사회 양극화가 어째서 선진국, 즉 경영자와 경영을 개발한 나라들에서는 일어나지 않았는지 설명해준다.

그 전환점이 된 것은 프레더릭 테일러Frederick W. Taylor가 1875년경 노동을 관리하면 생산성이 높아질 수 있음을 발견하면서부터였다. 테일러 이전에는 더 열심히 일하고 더 오래 노동하는 것만이 생산을 높이는 방법이었다. 그런데 테일러는 생산을 높이는 길이 '보다 총명하게 일하는 것', 다시 말해 더 생산적으로 일하는 것임을 알아냈다. 노동의 생산성이 노동자의 책임이 아니라 경영자의 책임임을 알게 된 것이다. 뿐만 아니라 그는 자신이 통찰한 바를 하나의 이론으로 정리하지는 않았지만, 생산성이 인간의 특정 자원인 지식을 노동에 적용한 결과라는 점도 알게 되었다.

테일러가 19세기에 일반적이었던 육체노동에 지식을 적용했다면, 이제 우리는 지식이 모든 자원에 적용돼야 함을 알고 있다. 즉 자본, 주요 물질 자원, 시간, 그리고 지식 그 자체에도 적용돼야 한다. 이제 우리는 경제이론이 타당성을 가지려면 생산성이 가치의 원천으로서 그 바탕이 돼야 함을 알고 있다. 가치에 대한 19세기의 노동이론은 한마디로 그릇된 것으로, 마르크스는 리카도David Ricardo와 애덤 스미스Adam Smith로 거슬러 올라가는 모든 학자들의 이론을 그대로 수용했고, 결국 마르크스주의자들조차도 그것을 포기할 수밖에 없었다. 아예 가치이론을 배제하려는 용감한 시도(100년 전 오스트리아 학파에서 시작돼 오늘의 케인스주의자들과 프리드먼주의자들의 '가치와 무관한value-free' 경제 분석에서 절정을 이룸) 역시 실패작으로 입증되었다. 우리에게 필요한 것은 가치이론에 바탕을 둔 진정한 경제이론인데, 그와 같은 이론의 기초가 돼야 하는 것은 '생산성이 모든 경제적 가치의 원천'이라는 자명한 원리다.

이제 우리는 생산성 증가에 관해 꽤 많은 걸 알고 있다. 그것이 부분적으로는 이노베이션innovation(여기서는 주로 기술혁신을 의미하나 이 책 전체적으로는 새로운 현상으로 인한 경제적·사회적 변혁을 의미함—옮긴이)을 통해, 자원을 쇠퇴하는 구식 용도에서 새롭고 보다 생산적인 부분으로 옮겨감으로써 이뤄진다는 것을 알게 되었다. 생산성은 이제껏 자원을 부분적으로 활용해온 곳에서 끊임없이 향상시킴으로써 고취된다. 우리는 자본, 천연자원, 시간, 지식이라는 여러 생산 요소의 생산성 고취를 위해서도 노력해야 한다. 그러나 결국 중요한 것은 특정 방식, 기업, 경제 활동에서 모든 자원의 총괄적인 생산성이 전체적으로 어떤 결과를 가져왔는가 하는 점이다. 그리고 무엇보다도 우리는 '미시경제'에서, 곧 개개의 기업이나 공장, 점포 또는 사무실에서 생산성이 조성되고 파괴되며 개선되거나 손상된다는 점을 알고 있다. 생산성은 경영진이 완수해야 할 책임이다.

지난 세기 동안 모든 선진국에서, 적어도 시장경제를 운영한 모든 국가에서는 생산성이 꾸준히 높아졌다. 경제 발전을 이룩한 모든 국가에서 그 바탕이 된 것은 생산성 증대를 위한 자원의 의도적인 관리였다. 이는 제조업에만 국한된 것이 아니다. 마르크스를 포함한 19세기 경제학자들이 하나같이 생산성 증가를 전혀 기대할 수 없다고 전망했던 농업은 오히려 더 빠른 속도로 생산성이 증가했다. 실제로 19세기와 20세기의 경제 풍토를 크게 바꿔놓은 것은 공업화한 선진국 농장에서 이뤄진 폭발적인 생산성 증가였다.

생산성이 높아진 부문은 그뿐이 아니다. 오늘날의 의사는 19세기의 의사보다 생산성이 몇 갑절이나 높아졌다. 80년 전의 의사는 마차를 타고 외진 농가에서 또 다른 농가를 찾아다니느라 대부분의 시간을 말 궁둥이를 바라보면서 보내야 했다. 오늘날의 의사는 환자들이 밀집한 도회지에 거주하고, 아픈 아이들은 자동차 덕에 안전하고 편안하게 의사를 찾아갈 수 있게 되었다. 오늘의 의사는 하루 동안 80년 전의 의사가 돌봤던 숫자보다 10배 정도 더 많은 환자를 돌본다. 그리고 기술혁신 없이 단지 경영 개선을 위해 꾸준히 노력한 결과 상업은행이 굴리는 1달러의 생산성은 1세기 전보다 약 100배가 커졌다. 상업은행에 예치된 오늘의 1달러는 19세기 후반과 비교해 약 100배나 더 많은 거래량을 떠받치고 있다.

이 같은 폭발적인 생산성 증가는 경제와 경제학을 보는 우리의 시각을 완전히 바꿔놓았다. 마르크스를 비롯해 19세기에는 모두가 '수확 체감의 법칙'을 당연한 것으로 여겼다. 공급 증대와 미시경제학에 주안점을 두게 된 것도 이 때문이었다. 그러나 20세기의 첫 4분의 1이 끝날 무렵에 이르자 생산성의 폭발적 증가로 이 같은 우려는 부질없는 것이거나 적어도 시대착오적인 것으로 여겨졌다. 경제학자들의 관심은 수요로 옮겨졌고 주안점도 거시경제학으로 옮겨갔다. 케인스는 그의 이론에 생산성에 대한 관심이 전혀 반영되지 않았음을 잘 알고 있었다. 케임브리지 세미나 초기에 그는 이 점에 대해 도전적인 질문을 자주 받았는데, 그때마다 그는 생산성이란 거시경제에 주안점을 둔 올바른 정책을 펴나간다면, 다시 말해 올바른 수요 정책을 펴기만 한다면 기업인들이 알아서 다룰 문제라고 답할 뿐이었다.

케인스가 생각을 발전시켜나갔던 1920년대 상황에서는 이런 논리가 타당성이 있었다. 그러나 지금은 그렇지 않다. 모든 자원에서 생산성이 꾸준히 증가한 한 세기가 끝나자 지난 10~15년 동안 주요 선진국은 침체 상태에 빠졌고, 실제로 생산성이 낮아졌다. 생산성 하강은 석유파동 훨씬 이전인 1960년대에 이미 시작됐다. 인플레이션이 급속도로 악화되기도 전에 하강이 시작됐다. 사실 인플레이션의 악화는 그 자체가 주로 생산성 증가율 둔화에 따른 결과였다. 그리고 생산성 둔화는 선진국들이 경제의 생산 부문에 많은 통제와 규제의 부담을 안기기 이전에 시작됐다.

환경, 안전성, 고용 관행 등을 비롯한 어마어마한 수의 새로운 규제들이 생산성을 심각하게 저해했다는 점은 의심할 여지가 없다. 그렇지만 결코 그것만이 주요 요인이라고 할 수 없다. 생산성이 위태로워진 이유는 사람들이 그것을 도외시했기 때문이다. 생산성 스스로 제 앞가림을 한다고 생각한 이는 케인스만이 아니었다. 갈수록 그렇게 생각하는 경영자들이 많아졌다. 그러나 생산성 저하보다 위험한 것은 없다. 그로 인해 경제 위축이 불가피해지기 때문이다. 또 인플레이션 압력이 조성되고 사회 갈등과 상호 불신이 조성된다. 자본의 생산성 또는 다른 주요 자원의 생산성이 위축되는 상황에서는 그 어떤 제도도 살아남을 수 없다는 마르크스의 말은 아주 당연하다.

따라서 경영상의 주요 과제는 생산성 추세를 역전시키는 일이다. 기업이건 공공서비스 기관이건 관리를 맡은 사람들이 혼란을 진정시키는 단 한 가지 중요한 일이 있다면 이 또한 생산성 증가다. 조직의 번영은 차치하고 살아남기 위해서라도 운영 관리자들이 생산성 개선에 끊임없이 힘써야 한다.

거의 모든 조직에서 모든 자원의 생산성은 크게 개선될 수 있으며 비교적 짧은 시일 안에 그렇게 될 수 있다. "한 사람이 해낸 일은 언제든 다른 사람이 또 해낼 수 있다"는 아주 오래된 속담이 있다. 어떤 경제, 어떤 업종, 인간 활동의 어떤 분야를 막론하고 평균 수준을 크게 웃도는 생산성을 보이는 조직이 있다. 한 회사가 두각을 나타내면 그것은 그 회사가 업계나 경제에서 또는 지역에서 평균보다 2배 정도 높은 생산성을 발휘하고 있기 때문이다. 무엇보다도 그렇게 앞서 가는 회사는 자본생산성에 있어서 언제나 평균을 2배 정도 능가하고 있다.

자본이 첫째라는 마르크스의 말은 맞다. 자본은 미래다. 예를 들어 미국에서는 제너럴 일렉트릭이 높은 위상을 이룩했는데, 이에 일차적으로 기여한 것은 기술적 업적이 아니다. 이 회사가 업계 2위의 강적인 웨스팅하우스와 다른 점으로 가장 먼저 꼽아야 할 것은 높은 자본생산성이다. 유럽의 전기용품 업계에서 지멘스가 경쟁자들에 비해 누리고 있는 위상에 대해서도 같은 이야기를 할 수 있다. 영국에서는 아널드 와인스톡Arnold Weinstoc 경이 빈사 상태에 있던 영국 제너럴 일렉트릭을 '중노동'이나 '노동 착취'가 아닌 자본생산성을 배로 높임으로써 10~15년 후의 업계를 주도하게 만들었다. 와인스톡이 직원들의 급료를 올려주고 고용의 안정을 기할 수 있었던 것은 회사의 자본생산성이 높은 수준을 유지했기 때문이다. 영국에서는 연쇄 소매점의 하나인 막스앤스펜서가 다른 경쟁사들을 능가하고 있는데, 일차적으로 이에 기여한 것은 매장의 단위 면적당 매출이 영국이나 유럽의 경쟁업체들과 비교해 2배 가까이 많기 때문이다. 이렇게 생산성이 높은 데는 비결이랄 것도 없다. 그저 부지런히 집요하게 꾸준히 노력하면서 생산성을 관리하기로 마음을 굳히면 되는 것이다.

지금 선진국의 모든 경영자들에게 요구되는 것은 이러한 결단이다. 이를 위해서는 그들의 조직 안에 두 가지 목표가 설정돼 있어야 한다. 첫째는 돈의 생산성, 즉 자본생산성을 8~10년 안에 2배로 늘리는 것인데 그러려면 생산성이 연간 약 7.5퍼센트씩 증가해야 한다. 둘째는 고용인원을 늘리지 않고 8~10년 안에 생산량을 최소한 50퍼센트 높이는 것이다. 이는 직원들의 생산성이 연간 4~5퍼센트씩 증가해야 함을 의미한다. 이 두 가지 모두가 성취 가능하다. 필요한 것은 부지런한 노력이다.

생산성을 위한 관건은 네 가지 자원, 바로 자본, 필수적인 물질 자산, 시간, 그리고 지식을 일관성 있게 조직적이고도 의식적으로 관리하는 것이다. 이들 자원은 각각 별도로 다르게 관리되어야 한다.

경영자들은 대부분 그들 기업에 투입된 돈이 1년 동안에 몇 번 회전되는지 대강 알고 있다. 그런데 많은 경영자들이 그 돈을 두고 '우리 것'이냐 아니면 '빌려온 것'이냐, 즉 '지분'이냐 '빚'이냐를 따진다. 그런데 실제로는 돈의 법적 소유주가 누구고 법적 조건이 어떤지는 돈의 생산성과는 아무 상관이 없다. 돈은 돈이다. 원천이나 법적 의무와는 상관없이 모든 돈의 원가는 대충 같다. 나아가 경영자는 그 돈이 구체적으로 어떤 사업에 투입되었는지 알고 있어야 한다. 통째로 관리한다는 것은 불가능한 일이다. 자본생산성을 관리하는 첫 단계는 기업의 모든 돈이 실제로 어디에 있는지를 파악하는 것이다. 그렇게 하고 나면 자본의 중요한 활용을 관리하는 일을 시작할 수 있게 된다. 어떤 기업의 경우 이는 미수금, 즉 고객에게 부여한 신용일 수도 있다.

제조업 등 비금융기업은 신용을 부여하는 일에서 은행과 경쟁할 수 없다. 비금융기업은 은행이 돈을 확보해서 관리하는 비용과 함께 자가 비용을 부담해야 한다. 따라서 비금융기업은 기업들이 별로 하지 않는 고객에 대한 신용거래를 할 때는 자사에 돌아오는 것이 무엇인지를 철저히 생각해봐야 한다. 돈은 고정자산 또는 소매점의 판매대나 매장에 잠겨 있을 수도 있는데, 이 경우에 관리해야 할 것은 일정 시간에 상품 진열대나 매장에서 이뤄진 거래량이나 수입이다. 아니면 돈이 비싼 기계에 잠겨 있을 수도 있는데, 이 경우 비싼 기계가 가동하지 않는 시간만큼이나 비생산적인 자본 낭비는 없다. 그럼에도 이에 관한 정보를 제공하는 회계 모델은 좀처럼 볼 수 없다. 실제로 전형적 비용 계산 시스템의 '표준 비용'이라고 하는 것에서는 그러한 정보를 숨기고 있다.

보통의 대학에서 자본이 투입되는 대상(극히 비싼 투자)은 1주일에 4~5일, 하루에 불과 몇 시간만 사용되는 강의실과 실험실 건물이다. 따라서 고도로 의욕적인 성인들의 평생교육을 위해 오후 늦은 시간이나 저녁 시간 또는 주말을 활용하는 효율적인 교육 프로그램을 개발한다면 대학은 불과 몇 년 안에 자본생산성을 배로 늘릴 수 있을 것이며, 특히 도심에 위치한 대학이라면 충분히 가능한 일이다. 그러나 무엇보다도 중요한 단계는 돈이 어디 있는지를 늘 파악하는 것이다. 필요한 자료는 회계 모델의 기초 정보 안에 있으며 경영자가 찾기만 한다면 아주 쉽게 구할 수 있다.

관건을 이루는 네 가지 자원 가운데 세 가지, 즉 자본, 시간, 지식의 경우는 모든 기관이 비슷하다. 그러나 네 번째 자원인 필수적 물질 자원의 경우는 조직에 따라 크게 달라진다. 동선銅線을 제조하는 업체에 동 인고트는 더없이 중요한 원자재다. 그러나 병원에서는 무의미하다. 병원에서는 '환자 침대'가 요긴한 물건이다. 조직체는 저마다 하는 일에 요긴하게 필요한 물건이나 자산이 무엇인지를 철저히 생각해야 한다. 예를 들어 병원의 경우 '병원 침대'라는 용어가 무의미한 것임을 깨닫게 됨으로써 그들의 중요한 자본생산성을 크게 높일 수 있었다. 병원 침대에는 여러 가지가 있다. 고통을 겪고 있는 환자의 병원 침대는 산모에게 필요한 병원 침대나 진단을 위해 입원한 환자의 병원 침대, 수술을 받고 회복기에 있는 환자나 발목 수술을 받고 깁스가 굳기를 기다리는 환자의 침대하고는 아주 다르다.

대개의 경우 관리자들은 그들 기업에 요긴한 물질 자원이 무엇인지 분명히 안다고 생각한다. 그렇지만 병원의 경우에서 보듯이 요긴한 물질 자원을 정의하기란 위험하고 어려운 일일 수도 있다. 다른 모든 자원과 마찬가지로 요긴한 물질 자원의 경우에도 마감 시한과 기대에 대한 피드백이 따르는 생산성 목표가 요구된다. 이 분야에서 얼마만큼 해낼 수 있겠는지를 잘 보여준 것은 석유수출국기구OPEC가 처음으로 석유 가격을 올렸을 때 에너지의 생산성을 진지하게 검토했던 몇 안 되는 회사들이었다. 석유파동이 있기 훨씬 전에 미국에서는 다우케미컬이 에너지 관리를 출중하게 잘한다고 정평이 나 있었다. 그때 이 회사는 1974년부터 1979년까지 5년 동안 다른 자원의 사용을 전혀 늘리는 일 없이 에너지 수요를 절반으로 줄이는 데 성공했다. 이는 에너지 사용에서 연간 생산성이 8~10퍼센트나 증가했음을 말한다.

지식노동자를 적재적소에 배치하라

인적 생산성을 관리하려면 무엇보다 가장 생산적이지만 동시에 가장 비용이 많이 나가는, 즉 고도의 자격을 갖춘 사람들에게 맡긴 일이 무엇인지를 파악하고 있어야 한다. 가령 존 스미스가 경리 부서에서 일한다는 것을 아는 것만으로는 불충분하다. 그가 맡은 일을 제대로 수행하고 있다면(그렇지 않다면 그는 경리부서에 있어서는 안 된다) 구체적으로 그에게 배정된 일이 무엇인지 알아야 한다. 특히 지식노동자의 경우에는 잠재력을 발휘해 실적을 낼 수 있는 자리에 배치해야 하며, 그들의 기량과 지식으로는 도저히 결과를 낳을 수 없는 자리에 배치해서는 안 된다. 배정 관리는 지식노동자의 생산성에 있어 중요한 관건이다.

여기서 가장 먼저 요구되는 것은 사람들의 장점을 파악하는 일이다. 특히 증명된 실적 기록이 있는 사람들의 경우 그렇게 해야 한다. 그들이 무엇을 잘하는지, 어디에 소속된 사람인지를 알고 있어야 한다. 둘째로 최대한 장점을 발휘해 결과를 낳을 수 있는 자리에 배치해야 한다. 그러자면 기회를 부여해야 하는데 그런 기회는 그들의 능력에 부합해야 한다. 한 세기 전 육체노동의 생산성을 키우는 방법을 고민한 프레더릭 테일러는 손으로 행하는 구체적인 작업에는 '바른 방법 한 가지'가 있을 것이라 생각했고, 그 방법은 그 일에 종사하는 대다수의 사람들에게 적합하리라 생각했다. 그러나 그의 생각은 그릇된 것으로 판명됐으며, 특히 기술과 지식을 요하는 작업의 경우 그러했다. 지시에 따라 움직이고 기술을 요하지 않는 단순 반복적인 일이 아니라 그 이상의 것을 필요로 하는 일을 놓고 이야기할 때 우리가 생각해야 할 것은, 뚜렷하게 차이가 나는 결과를 성취할 수 있는 사람, 괄목할 정도로 수준이 높을 뿐만 아니라 질적으로도 뛰어난 결과를 성취할 수 있는 사람은 극히 드물다는 사실이다. 따라서 우리는 그러한 사람들의 장기를 살려 엄청난 결과를 가져오도록 그들을 적소에 배치해야 한다.

고용된 사람들에게 보수를 줘서 시키는 일을 제대로 하게끔 하는 것이 관리자에게 부여된 책무임을 깨달아야 한다. 조직에 몸담고 있는 모든 사람에게, 우선 자기 자신에게, 다음으로 총책임자에게, 그다음에는 동료들에게, 마지막으로 부하직원들에게, 6~9개월마다 다음과 같이 물어보는 것이 관리자가 해야 할 일이다. "이 조직에서 우리는 무엇을 하고 있고, 나는 보수와 함께 부여된 책무를 수행하는 데 도움이 되는 일을 하고 있는가? 우리는 또 나는 업무 수행에 방해되는 일을 하고 있지는 않은가?"

모든 사람이 이 질문을 해야 한다. 대다수 관리자들은 기계와 관련된 일이건 사무직 일이건 일상적인 일을 가장 잘 처리하는 방법을 자신이 언제나 잘 알고 있다고 생각하는데, 전혀 그렇지 않다.

"우리가 하는 일에서 당신의 업무 수행에 도움이 되는 것은 무엇이고 방해가 되는 것은 무엇인가?"라고 물을 때마다 우리는 업무 수행에 도움이 되기보다 방해가 되는 일들이 더 많다는 사실을 알게 된다.

일상적이지 않은 모든 업무의 경우 역시 이 질문은 필수다. 첫째, 일하는 개개인은 다른 누구보다도 무엇이 자신의 생산성을 높이고 무엇이 도움이 되며 또 방해가 되는지 잘 알고 있어야 한다.

둘째, 생산성이 충분히 살아나려면 지식과 기술을 가진 사람이 책임을 져야 한다. 책임자의 직무는 자원으로서의 역할을 하며 일에 대한 동기를 부여하고 사람들의 의욕을 북돋아주는 것이다. '생산성'이라는 것이 그들의 일에서 진정 무엇을 의미하는지 그들은 잘 알고 있다. 다시 말해 그 질문을 하지 않으면 동기를 죽이게 된다. 그리고 일상적인 일조차, 테일러가 처음으로 깨달았듯이, 일을 해내는 사람만이 진짜 '전문가'다.

끝으로 일본 사람들이 가르쳐준 것처럼 끊임없이 배워야 한다. 일하는 사람들은 자신이 이미 하고 있는 일을 더 잘하는 데 도움이 되는 방법을 알아내도록 부단히 도전받아야 한다. 배움에 대한 일본인이 지닌 선禪의 구체적인 개념을 도입해서 이미 익숙한 일을 더 잘하기 위해 학습한다는 인식이 생겨야 한다. 이는 업무 그룹 안에 심리적 안정감이 충분히 조성돼 있어 자신이 하는 일이나 동료나 기계 등에 업무상 두려움을 느끼지 않고 있음을 전제하고 하는 이야기다. 이를 위해서는 인원이 남아돌지 않도록 사람들을 잘 훈

런시켜 배치하려는 고용주 측의 결심이 서야 한다. 그렇지만 무엇보다도 필요한 것은 사원들에게 체계적으로 질문하고 그들의 답변을 귀담아들으려는 적극적 태도다. 그러려면 일하는 사람이 감독하는 사람보다도 업무에 관해 더 잘 알고 있거나, 적어도 다른 무엇인가를 알고 있으리라는 개연성을 인정해야 한다. 이는 일에 지식과 기술을 적용하는 사람들에게 특히 중요하다. 가진 지식이나 기술이 불충분하지 않는 한 기술을 가진 사람은 직장에서 다른 누구보다도 일에 관해 아는 것이 많고 그 일을 더 잘 해내기 마련이다.

물론 경영자들은 생산성을 관리해야 한다는 것을 잘 알고 있다. 그렇지만 대다수는 이를 덜 생산적인 자원과 생산성이 높은 자원 간에 균형을 잡는 '트레이드오프trade off'를 추구해야 하는 것으로 생각한다. 예를 들어 대다수 경영자들과 많은 경제학자들이 생산성 관리라는 것이 고비용이면서 생산성 낮은 노동력을 보다 생산적인 자본재로 대체하거나 또는 정반대의 경우를 의미한다고 생각한다.

그러나 이런 트레이드오프가 전반적인 생산성 제고에 효과가 있었다는 증거는 별로 없다. 사무직원을 줄이기 위해 컴퓨터를 설치한 회사들 가운데 뜻했던 성과를 거둔 곳은 많지 않았다. 컴퓨터를 사용하는 회사들의 대다수가 '오퍼레이터' 또는 '프로그래머'라고 불리는, 비용이 더 드는 직원들을 갈수록 더 필요로 하는 상황에 처했다. 마찬가지로 '자동화'로 인해 대량 실직 사태가 빚어질 것이라던 지난날의 우려도 한결같이 기우로 밝혀졌다. 자동화는 임금이 낮은 수작업을 임금이 비싼, 기술이 필요한 전문적인 일로 바꿔놓았다. 컴퓨터와 자동화는 생산성을 높여주는 경우가 많았지만 트레이드오프 때문은 아니다. 하버드대학의 사이먼 쿠즈네츠Simon Kuznets는 생산성을 연구한 공로로 노벨 경제학상을 받았는데, 그의 연구는 아주 다른 결과를 보여준다. 20세기에 미국 경제가 급속도로 팽창한 것은 투자 증가와 특히 자본생산성이 향상된 결과다. 그런데 고용도 투자만큼 빠른 속도로 증가했다. 그리고 임금은 전반적으로 높아진 생산성 때문에 훨씬 빠른 속도로 증가했다.

이처럼 생산성 대체이론은 그 인기에도 불구하고 언제나 미심쩍었으며, 앞으로는 전혀 받아들여지지 않을 것이다. 이제부터는 모든 자원이 생산성 향상을 위해 관리되어야 한다. 경영자들은 한 자원의 생산성을 낮추며 다른 자원의 생산성을 높이는 트레이드오프를 통해 전반적인 생산성을 높이는 일은 불가능하다고 생각해야 한다. 나아가 어느 한 자원의 생산성 하락은 쉽게 상쇄되지 않는 전반적인 생산성 저하를 가져올 가능성이 크다는 사실을 알아야 할 것이다.

육체노동과 달리 지식노동은 자본 투입에 의해 대체될 수 없다. 반대로 투자는 지식노동에 더 많이 필요해진다. 이러한 사실을 맨 처음 알게 된 곳은 병원과 대학이었다. 병원의 경우 투자가 증가하면 인건비가 줄어드는 것이 아니라 임금이 비싼 새 노동력의 수요가 증가했다. 현미수술顯微手術, 신장투석 또는 쇼크 방지를 위한 고가의 자본재 장비는 고도로 훈련을 쌓은 사람만이 사용할 수 있기 때문이다. 병원에서 식기를 세척하는 일과 같은 단순 노동은 많은 부분 기계에 의존하게 되었다. 그러나 기술이 필요하지 않거나 기술 수준이 낮은 노동력을 줄인 것은 거액의 투자로 인한 기술직 고용 증가에 의해 상쇄되고도 남았다.

대학에서도 똑같은 일이 일어났다. 과거에는 노동집약적이었을 뿐 자본집약적이지 않았던 이들 기관이 지금은 자본집약적인 동시에 노동집약적인 기관이 되었다는 사실은 어째서 보건비용과 고등교육 비용이 불균형하게 빠른 속도로 증가했는지를 잘 설명해준다. 그런데도 병원을 경영하는 사람들이나 대학을 운영하는 사람들은 이 사실을 깨닫지 못하고 있었다. 그들은 단순히 자본이 투입되면 노동력을 덜게 된다고 생각했다. 즉 '노동'과 '자본' 간에 트레이드오프 관계가 이뤄질 것으로 생각했던 것이다.

심지어 제조업에서도 자본과 노동 간의 트레이드오프 관계가 항상 성립했던 것은 아니다. 한 예가 제지업이다. 1929년에 제지업에 투자된 1달러는 연간 3달러 상당의 종이를 생산했다. 자본이 연간 세 번 정도 생산적으로 회전된 것이다. 그러나 1980년에 이르면서 제지산업의 자본생산성이 줄어들어 연간 1달러치의 종이를 생산하는 데 3달러가 들었으니 자본생산성이 50년 전과 비교해 9분의 1로 줄어든 것이다. 다시 말해 대대적인 기계화로 제지산업의 노동생산성은 현저히 높아졌지만, 그 증가폭이 자본생산성이 줄어든 정도에는 못 미친 것이다. 즉 트레이드오프 관계가 성립하지 않은 것이다.

제철소도 같은 경험을 했고 자동차 산업도 마찬가지였다. 크라이슬러가 고전한 이유 중 하나는 노동 대 자본의 트레이드오프가 성공하지 못해 전반적으로 생산성이 떨어졌기 때문이다. 재래식 작업을 위한 당장의 인원 부족은 선진국의 경우 분명 자동화를 더욱 매력적으로 보이게 하고 갈수록 그것이 필요해지게 만들 것이다. 그러나 그와 동시에 자본생산성이 크게 향상되지 않는 한, 노동력 절감은 이루기 어려운 것으로 판명날 것이다. 특히 '노동'이 고도의 기술 인력, 지식 인력, 관리직 전문 인력을 의미하는 경우라면 예외 없이 그와 같은 인력 절감은 있을 수 없는 일이 되고, 이 경우 '노동'의 생산성을 높일 유일한 방법은 사람의 생산성, 곧 시간의 생산성과 지식의 생산성을 높이는 수밖에 없다.

그러므로 혼란기의 관리자는 가장 중요한 네 가지 자원, 곧 자본, 필수적인 물질 자원, 시간, 지식을 각각 별도로 관리하지 않으면 안 된다. 그리고 모든 자원의 생산성이 꾸준히 증가하도록 관리해야 한다.

기업의 유지비용을 계산하지 않은 이윤은 환상이다

펀더멘탈 관리에는 기업이 내일 생존하는 데 필요한 비용을 오늘 벌어놓는 일도 포함된다. 이 비용을 마련하지 못하는 기업은 쇠퇴해 사라지기 마련이다. 이 돈은 '미래비용'이 아니다. 비록 나중에 지출되지만 지금 발생한 것이다. 그것은 '발생한' 또는 '거치된' 비용이며, 기업의 경상계정에 표시돼야 할 진짜 비용이다. 이 비용을 벌지 못하는 기업은 경제를 어렵게 하며, 일차적 사회적 책임 즉 기업과 경영진에게 위임된, 부의 생산과 고용 창출 능력을 유지하는 일을 다하지 못하는 것이다.

'이윤'이라는 것은 회계상의 환상에 불과하며, 이는 아무리 강조해도 지나치지 않다. 석유수출국기구와 같은 매우 드문 정치적 독점의 경우를 제외하고 이윤이란 없다. 다만 기업을 유지하기 위한 거치비용만 있을 뿐이다. 우선 자본은 자원이다. 그리고 '공짜' 자원은 없다. 그러므로 기업이 유지되기 위한 최소한의 비용이 바로 자본비용이다.

경제 활동에는 그 자체에 거치비용, 즉 기업(또는 경제)이 내일도 그대로 유지되기 위해 오늘 벌어야 하는 비용이 포함된다. 경제 활동이란 지금 가진 자원을 미래에 거둘 성과를 위해 투입하는 것이라고 정의할 수 있다. 미래에 대한 기대에는 언제나 큰 위험이 따른다. 그렇지만 위험이 따르지 않는 경제 활동은 불가능한데, 이는 농업이 현재의 수확 일부를 내년 작물을 위한 종자로 거치하는 것과 같다. 경제 발전은 현재 자원을 시계를 넓혀서 변화와 쇄신이라는 더 큰 불확실성에 투입하기 위해 더 큰 위험, 더 복잡한 위험에 대처할 수 있는 능력을 의미한다. 그러므로 경제 발전은 자본을 형성해, 다시 말해 과거의 비용과 현재의 비용을 충당한 후 당기 생산 잉여를 발생시킬 수 있는 경제 능력에 의해 좌우된다.

경제 발전은 육체노동을 지식과 기술로 대체하는 능력을 의미하기도 한다. 그것은 보다 낫고 보다 많은 미래의 일자리를 만들어냄을 의미한다. 그리고 이때의 경제 발전 역시 일차적으로 자본형성률과 갈수록 많아지는 금액을 미래의 일자리 조성에 투자할 수 있는 능력에 의해 좌우된다. 일을 수행하는 데 필요한 지식이 많아질수록 더 많은 자본이 요구된다. 장비와 기계에 직접 투자해야 하는데 그러자니 투자 규모는 연필 구입비용에서 휴대용 계산기 구입비용으로 바뀌는 정도로 껑충 뛰는 것이다.

학교 교육을 비롯한 인적 자원의 자본형성에는 갈수록 많은 투자가 필요해지므로 간접 투자는 이보다도 많아진다. 학교를 졸업하고 첫 직장을 갖게 된 20대 초반의 젊은 엔지니어에게는 직간접으로 돈이 투자돼야 하는데(일부는 고용주가 부담하고 일부는 가족과 납세자들이 부담한다), 그 규모는 목공 기술을 갖춘 그들의 조부가 60년 전 도제 과정을 마치고 첫 직장을 가질 때까지 들어간 돈의 약 25배나 된다. 그리고 엔지니어의 아들 경우, 지금 아버지에게 필요한 총액보다 5~10배 더 많은 돈이 필요하게 될 것이다. 다시 말해 모든 선진국이 오늘의 젊은이들에게 그들이 기대하는 내일의 직장을 마련해주려면 투자 규모를 대폭 상향 조정해야 한다는 이야기다.

이제는 과거의 비용과 현재의 비용을 충당할 정도로만 벌어들여서는 부족하다. 이미 지출된 비용인 회계 모델의 비용을 충당했다고 수지가 맞아떨어지는 것은 아니다. 기업을 유지하기 위한 비용은 이미 발생했다. 다만 지출되지 않았을 뿐이다. 그 액수가 얼마나 될지는 공인회계사가 이미 지출된 비용을 산출하는 경우처럼 정확하게 산정할 수는 없을 것이다. 그렇지만 고정자산 평가나 특허권 평가 또는 미제 청구권 평가와 같은 방대한 회계 수치처럼 동일한 오차 범위의 개연성을 적용한다면 쉽게 산정될 수 있다. 사실 기업 유지에 필요한 비용은 통상적인 대차대조표와 수지계산에서 나오는 대부분의 수치들보다도 훨씬 정확하게 산정될 수 있다. 영국 경제학자 앨프레드 마셜Alfred Marshall이 경제학의 원리를 설명한 책을 출간한 후로 시장경제에서는 기업 유지비용이 자본비용보다 결코 낮을 수 없다는 게 경제학의 원리로 받아들여졌다. 기업이 투입한 총액에서 버는 돈이 자금의 현행 요율을 밑돈다면 그 기업은 적자 운영을 하고 있는 것이며, 미래의 자금을 훔치고 있는 것이다.

내년에 파종하는 데 필요한 곡물 종자를 먹어치우는 농부의 모습을 상상하면 누구나 이를 인정할 것이다. 기업의 경우 이를 인정하지 않는 것은 주로 '이윤'이라는 환상 때문이다. 설사 농부에게 종자 곡물이 남아돈다 할지라도 그것이 이윤이 아니라는 사실은 모든 사람이 알고 있다. 그러나 회사 장부에 보고된 '이윤'이 이윤이 아니라는 사실은 아무도(기업을 경영하는 사람들을 포함해) 이해하지 못한다. 그것은 '종자 곡물'이다. '기업을 유지해나가기 위한 비용', 거치된 것이기는 하지만 순수한 실제 비용이다.

혼란기에는 불확실성이 커지고 현재의 자원을 미래에 투입하는 데 따른 위험이 크기 때문에 자본형성의 필요성이 커지기 마련이다. 게다가 앞으로 다가올 시대에는 사회적으로나 기술적으로나 큰 변화와 혁신이 이뤄질 것이므로 역시 미래의 위험이 더 클 것이다.

모든 선진국에서는 고도의 투자를 요하는 기술직으로의 급격한 전환이 진행되고 있다. 개발도상국들의 경우 앞으로 필요한 것은 일자리(주로 제조업 부문)이며, 일자리에 필요한 투자 규모의 총합은 각각의 일자리에서 보면 아주 낮은 수준일지라도 현재 상상할 수 있는 수준을 초월하게 될 것이다.

이와 동시에 자본형성을 방해하는 요인은 갈수록 늘고 있다. 모든 선진국에서 자본형성이 급격히 억제되고 있다. 물론 그 한 가지 이유는 인플레이션이 자본을 잠식하는 데 있다. 일반 대중은 직관적으로 이를 눈치 채며 물가 상승 국면에서는 저축을 늘리게 되는데, '상식'적으로 보면 돈을 물건으로 바꿔야 한다는 논리가 성립하는데도 반대로 저축을 한다. 경제학자들과 같은 전문 지식이 없는 일반 대중은 저축한 돈의 가치가 떨어지는 데 대비해 비축액을 늘려야 한다고 생각하기 때문이다.

선진국의 경우 자본형성을 위축시키는 구조적이며 항구적인 변화도 있다. 50년 전 케인스는 현대 경제가 어떤 조건에서는 '지나친 절약'을 하는 경향이 있으므로 자본형성을 억제하며 소비를 부추겨야 한다고 말함으로써 전형적인 경제이론을 뒤집었다. 그러나 인구의 구조적 변화*를 감안하면 선진국에서 '과소 저축'(케인스가 그의 시

---

* 이에 대해서는 이 책 3장과 함께 나의 다른 책 《보이지 않는 혁명: 어떻게 연금기금 혁명이 미국에서 일어나는가The Unseen Revolution: How Pension Fund Socialism Came to America》 (New York: Harper & Row, 1976; London: Wm. Heinemann, 1976) 참조.

대에 대해 진단했던 것과는 정반대되지만 고전경제학과는 양립하지 않는 것)으로 치우치는 만성적이고 구조적인 경향이 오랫동안 주된 흐름이 될 것임을 예상하고 있어야 한다. 일본이나 독일처럼 개인 저축률이 높은 나라에서도 개인 저축은 갈수록 '자본형성'과는 무관한 '소비 유보'가 될 것이다.

모든 선진국에서 개인 저축은 대부분 은퇴를 위한 자금이며, 이 비중은 갈수록 커지고 있다. 이 자금을 정부가 수집하는 한(어디서나 그것이 가장 큰 부분을 이루고 있으며, 심지어 상당한 민간연금기금제도를 갖춘 미국과 영국에서도 그러하다) 그것은 오직 개인에게만 '저축'의 의미를 닐 뿐, 정부에게 그것은 당장에 '소비'가 된다. 민간연금기금에 불입되는 돈은 대부분 기금 가입자에게 지급되며 그렇게 지급된 돈의 가장 많은 부분을 그들은 곧 소비한다.

선진국 '개인 저축'의 다른 큰 부분은 주택에 투입된다. 주택은 매도가치가 높지만 내구성 소비재다. 경제적 가치, 곧 부를 생산하는 데 쓰이는 '자본재'는 아니다. 주택 투자는 '자본형성'이 아니다. 사회가 부유해질수록 그리고 임금과 급료를 통해 국가 소득의 수혜자가 되는 사람들의 숫자가 늘어날수록 개인 저축은 자본형성과는 거리가 멀어진다. 성공적인 사회는 개개인의 수명을 연장시키는 사회인데 그런 사회일수록 개개인에 의한 순수한 자본형성률은 낮아지게 마련이다.

자본형성률이 낮아지는 데는 다른 이유도 있다. 기업 활동에 따르는 당기 비용의 급격한 증가, 경제의 원가 부담을 크게 늘리는 정부 관료 체제의 팽창, 규제 증가, (환경을 위한 것이건 안전을 위한 것이건 또는 사회 정책적 목적을 위한 것이건) 이전 지불의 증가 등이 이에 해당된다. 이런 모든 것들은 기업 유지를 위한 비용을 벌어들이는 능력을 저해한다. 그러나 기본적으로 자본형성률이 낮아지는 이유는 구조적인 것으로 인구 구조와 인구 동태의 변화 때문이다. 이 변화의 결과로 말미암아 고령자들이 증가해 규모가 가장 큰 연령층이 되면서 저축률에 큰 영향을 미치는 것이다(3장 참조). 이 같은 변화는 선진 사회로 하여금 비정부 조직체(물론 일차적으로 기업)가 기업 유지비용을 벌어 '종자 곡물'을 마련하는 능력에 자본형성을 의존하도록 만들고 있다.

이 점은 대다수 경제학자들과 기업인들이 분명하게 느끼고 있다. 따라서 기업인들과 경제 전문가들 사이에서는 자본형성에 대한 우려와 기업 유지비용 확보가 미흡하다는 인식이 높아지고 있다. 그러나 일반 대중과 정치인, 노조지도자들(일선 매장에서 시작해 판매나 조사와 같은 기능직이나 기술직에 종사하는 각층의 직원들은 차치하고), 심지어 조직의 선임자들까지도 이 분명한 사실을 아예 보지 못하고 있다. '이윤'이라는 유행어 속에 이런 사실이 묻혀버렸기 때문이다. 흔히 '이윤'은 투자자에게 돌아가는 '보답'이라고 하는데 이것이야말로 터무니없는 소리다. '이윤'이라고 잘못 알고 있는 것은 실은 순수한 비용, 즉 기업과 경제의 미래비용인 것이다.

비용을 충당하는 것은 당연히 경영진의 책임이다. 그러므로 경영자는 기업의 유지비용을 벌어야 할 책임이 있다.

여기서 얻을 수 있는 한 가지 결론은 제3섹터(국민 경제 중 공공 및 민간 부문에 속하지 않는 부문—옮긴이)의 '비영리' 기관들(병원, 대학, 각종 서비스 기관들)이 유지비용을 경상비로 간주해야 한다는 것이다. 오늘날 이들은 경상비를 초과하는 운영 수입을 그들이 추구하지 않기로 되어 있는 '이윤'으로 취급해 비용의 실상을 숨기고 있다. 이는 스스로의 미래를 위태롭게 하면서 사회와 경제의 부흘 조성 능력에 부담을 주는 일이다. 제3섹터가 대수롭지 않은 곳일 경우에는 적당히 넘길 수 있었다. 그러나 이제 거의 모든 선진국에서 제3섹터는 지엽적인 영역을 크게 벗어날 만큼 팽창해 국민총생산의 최소 4분의 1을 이루는 규모가 되었다. 지금 우리가 알아야 할 것은 제3섹터 기관들의 적자가 과연 어느 정도인지 하는 것이다.

공공서비스 기관이 유지비용을 당기 경상비가 아니라 '미래비용'으로 취급하는 데 따르는 위험을 극적으로 보여주는 사례로는 영국의 국가보건서비스가 1950년부터 지금까지 병원 건축에 필요한 것으로 확인된, 측정 가능한 비용을 계상하지 않은 경우를 들 수 있다. 이 기간 거의 내내 보건서비스 회계는 납세자들이 지불한 비용 전액과 균형을 이룬 것으로 여겨졌다. 그런데 실상 막대한 적자가 숨겨진 채 운영되었다. 그 결과 영국의 여러 지역에서는 고통을 받긴 하지만 치료 행위를 늦춰도 병이 악화되지 않는 이른바 대기 수술elective surgery을 받으려는 환자들의 대기 시간이 갈수록 길어지고 있다. 영국에서 가장 인기 있고 가장 빠른 속도로 성장한 피고용인 수혜보험인 민간보건보험은 진료나 수술의 비용은 지불하지 않는다. 그것은 국가보건서비스가 지불한다. 민간보험이 해주는 것은 '새치기jumping the queue'가 전부다. 물론 이런 일은 국가보건서비스 설립의 전제 자체를 정면으로 거부하는 처사다. 실상 영국에서 민간보건보험의 폭발적인 성장은 국가보건서비스의 근본적인 실패를 웅변한다. 이는 국가보건서비스의 유지비용을 합당한 비용으로 취급하지 않는 행동, 사실상 그것을 전혀 '비용'으로 간주하기를 거부하면서 발생한 불필요한 실패다.

적자는 비누 제조업체에서 발생했건 대학에서 발생했건 병원에서 발생했건 또는 보이스카우트에서 발생했건 적자다. 운영 및 경영상으로는 조직들이 서로 판이하게 다를 수 있지만, 경제적인 면에서 그들의 유일의 차이는 세금을 징수하는 사람들이 그들을 어떻게 취급하는가 하는 점뿐이다. 많은 '비영리' 기관들은 재래식 회계에서 상당한 '이윤'으로 취급되는 것, 다시 말해 당기 지출을 초과하는 상당한 당기 잉여소득(그 원천이 무엇이건)을 그대로 보여줘야 한다. 많은 서비스 기관들의 경우 유지비용은 대단히 큰 규모인데, 앞으로 몇 십 년 사이에 대대적인 변화를 겪을 게 거의 확실한 대학과 병원이 좋은 예다. 그러나 유지비용이 그 확실성과 측정 가능성에도 불구하고 '이윤'으로 취급되는 한 제3섹터의 비영리 기관들은 실적 및 서비스를 위해 운영되지 않고 부실하게 운영될 것이다. 우리는 이들 가운데 많은 기관들이 납세자들로부터 보조받는 방식을 선택할 수도 있다. 또 어떤 것들은 민간 자선에 의존하게 하는 방식을 사용할 수도 있다. 그러나 이들 기관의 경영진은 실제로 적자 운영을 얼마나 하고 있는지를 알고 있어야 한다. 이는 스스로와 사회에 대한 의무다. 비용을 충당할 수 있을 만큼 벌어들이지 못한다 해도 말이다.

유지비용이 얼마인지를 알고 이를 비용으로 취급하는 것이 경영자들의 책임이라는 사실이 의미하는 바는 다음과 같다. 첫째, 자신들이 운영하는 기관의 재무제표를 인플레이션을 감안해 조절함으로써 관리자들이 그 기관의 경제적 실상을 파악하도록 해야 한다는 것이다.

둘째, 과거와 현재의 비용을 초과하는 당기 수입의 잉여가 사업 운영에 사용된 모든 돈의 자본비용을 현재의 시장가치로 산정한 것을 충당하지 못하는 한, 적자 운영을 하고 있음을 경영자들이 인정해야 한다는 것이다. 다시 말해 자본비용은 언제나 사업이 존속하기 위해 필요한 최소한의 비용이다.

더 나아가 유지비용을 철저하게 상정해 자본비용의 현행률을 초과할 확률이 높거나 그렇게 될 게 확실한 경우에 대비하는 것(적어도 그것을 파악하고 있는 것)도 관리자가 해야 할 일이다. 이미 언급했듯이 병원과 대학의 경우 유지비용은 앞으로 몇 년 동안 자본비용을 웃돌 게 거의 확실하다. 또한 재래식 제철소의 경우에도 새로운 공정과 자동화를 위한 자금 수요가 증가함과 동시에 환경보호 및 안전을 위한 투자 수요와 에너지 절약형 기술을 위한 자금 수요도 증가하면서 유지비용이 증가할 것이다. 이런 비용들이 당기 소득에서 충당되지 않는 한, 그 사업은 손익이 맞아떨어질 수 없다.

그리고 또 한 가지 필요한 것은 경영자들의 보수를 경제 현실에 맞게 조정하는 일이다. 임원들이 장부상의 '이윤'에 근거해 별도의 보수를 받고 있는 한, 그들은 소득 산출 방식을 바꾸는 데 반대할 게 분명하다. 그러나 유지비용이 당기 소득에 반영되기 전에는 결코 이윤에 따른 별도 보수를 지불해서는 안 된다. 순수비용인 유지비용을 벌어들이지 못했음을 밝히지 않는 것은 기만행위다. 있지도 은 이윤을 이유로 보너스를 지불하는 것은 횡령이다.

그러나 무엇보다도 오해를 부를 수 있는 용어와 회계 수치들이 달라져야 한다. 유지비용을 주주들과 일반 대중과 납세자들에게 자세히 밝혀야 한다. 경영자들은 위험과 변화와 혁신을 위한 비용 그리고 노동인구로 편입될 오늘의 젊은이들과 새로운 참여자들을 위해 내일의 일자리를 마련하는 데 드는 비용을 벌어들여야 할 책임이 있음을 더욱 강조해야 한다. 그렇게 하려면 우선 사업의 관리를 좌우하는 회계 수치들에 '이윤'이라는 망상이 아니라 '현실'을 반영해야만 한다.

생산성 저하의 위험성 다음으로 세계 경제와 각국 경제가 직면한 커다란 위험은 자본형성의 저하다. 모든 나라에서 '이윤'에 대한 저항이 거세지고 있다. '이윤 동기' 또는 '투자자에 대한 보상' 같은 수상쩍은 것을 가지고 이에 대한 설명을 시도하는 한 그것을 입증할 만한 증거는 전혀 없었으므로 저항은 힘을 더하게 될 것이다. 경영자들이 회계 수치들을 들여다볼 때마다 '이윤'은 없고 '유지비용'만 있다는 것을 자신에게 확신시키지 않는 한 오해를 불러일으키는 허튼소리를 계속하게 될 것이며, 결국 그런 소리는 오직 자신만 오도하게 될 것이다. 사람들은 속았다는 것을 눈치 채기 마련이다.

미국에서는 증권거래위원회SEC가 지난 몇 년 동안 공인회계사들에게 이윤을 미리 추정하도록 해왔지만, 잘될 가능성이 없어 보인다. 미래의 수입을 추정하는 것은 언제나 어려운 일이다. 혼란기에는 2~3년 후의 미래를 측정하는 일마저도 50퍼센트의 플러스마이너스 오차 범위에서나 가능하다. 그러나 기업 유지비용은 꽤 여러 해 후까지도 개연성 높게 추정할 수 있는데, 그 이유는 그것이 '미래비용'이 아니라 '거치비용'이기 때문이다. 미국 증권거래위원회는 그들이 감사하고 인증해주는 회계장부를 작성하는 사람들에게 기업 유지비용(최소한 자본비용을 포함시켜)을 추산해 기관의 공개 보고에서 순수비용으로 취급하도록 요구함으로써 미국 경제와 자유경제 전반에 더없이 크게 기여하게 될 것이다.

그러나 기업이나 공공서비스 기관에서 경영을 맡은 사람들은 미국 증권거래위원회와 공인회계사들이 움직여주기를 기다릴 필요가 없다. 당장 기업의 유지비용을 관리해 그것을 순수비용으로 처리해야 한다. 그렇게 하지 않으면 해마다 '기록적 이윤'을 발표하면서도 쌓여가는 손실의 중압으로 몰락하게 될 것이다.

2장

내일의 경영을 시작하라

MANAGING
IN TURBULENT
TIMES

펀더멘탈은 오늘의 사업과 관련이 있다. 그러나 모든 조직은 두 개의 '시대', 곧 오늘이라는 시대와 내일이라는 시대 속에서 생존하며 운영된다. 내일은 오늘로 만들어진다. 그러므로 경영자들은 항상 오늘(펀더멘탈)과 함께 내일을 관리해야 한다. 격변하는 시기에는 내일이 단순한 오늘의 연장이리라 장담할 수 없다. 변화에 대비해 관리해나가야 한다. 변화는 기회이자 위협이다.

기업의 체중을 관리하라: 자원을 결과에 집중하기

혼란기의 기업은 군살이 없으면서도 활력이 있어서 스트레스를 견뎌낼 수 있고, 그러면서도 민첩하게 움직여 기회를 활용할 수 있어야 한다. 비교적 평화롭고 예측 가능한 상황이 수년간 이어진 후 혼란기가 찾아왔을 때 특히 이 점이 중요해진다. 도전이 없는 한 모든 조직은 느슨하고 안일하며 산만해지기 마련이다. 그리하여 결과가 아니라 타성과 인습에 따라 자원을 배정하는 경향이 생긴다. 무엇보다도 모든 조직은 불유쾌하고 불편한 것을 피하려는 경향이 있다. 특히 유쾌한 것과 가장 거리가 멀고 가장 마음에 들지 않는 일은 자원을 결과에 집중시키는 일인데, 그 까닭은 그렇게 하는 게 언제나 '노No'라고 말하는 것을 의미하기 때문이다.

혼란기에는 기업이건 공공서비스 기관이건 조직의 모든 자원 배정을 관리할 필요가 있다. 자원을 어디에 배정해야 성과를 거둘 가능성이 큰지를 철저히 분석해야 한다. 조직에서 실적을 올리는 생산적인 자원이 어떤 것인지, 특히 실적을 올리는 생산적인 사람이 누구인지 알고 있어야 한다. 그러한 자원을 잠재력 있는 성과를 위해 투입하려면 조직적이고 지속적인 훈련된 노력이 필요하다. '기회는 먹여 살리고 문제는 굶어 죽게 하라'가 그 법칙이다. 자원은 집중됐을 때만 생산성을 발휘하며 쪼개지면 결과에 해가 된다.

자원 배정을 관리해 집중시키는 한 가지 방법은 예산을 두 가지 짜는 것이다. 이미 실행되는 일들을 위한 운영예산과 새롭게 구상된 벤처 사업을 위한 기회예산으로 말이다. 운영예산은 기회예산보다 훨씬 부피가 크기 마련이다. 그럼에도 최고경영진은 두 예산에 똑같은 시간과 관심을 할애해야 한다. 두 예산에 경영진이 던져야 할 질문은 매우 다르다. 운영예산에 대해서는 '이 일과 지출은 정말 필요한가? 필요하지 않다면 어떤 식으로 손을 떼야 하는가?'라고 물어야 한다. 답이 긍정적으로 나온다면 '중요한 기능의 부전을 방지하기 위해 최소한으로 남겨둬야 할 것은 무엇인가?'를 알아봐야 한다. 기회예산의 경우 우선 물어야 할 것은 '이것이 우리에게 적합한 기회인가?'이다. 답이 긍정적이라면 다시 물어야 한다. '이 기회가 생산적으로 활용할 수 있는 최적의 노력과 자원은 어떤 것인가? 그리고 누가 적임자인가?' 운영예산은 언제나 운영에 필요한 최저한도의 자금을 바탕으로 짜여야 한다. 공식적인 의사결정이론의 용어를 사용하자면 그것은 '최적화된' 것이기보다 '최소한의 필요조건을 충족시킨' 것이어야 한다. 반대로 기회예산은 최적화된 것이어야 한다. 다시 말해 노력과 비용이 최고의 이익률을 내도록 자금이 배정되어야 한다.

그러나 자원(자본)을 결과에 집중하려면 내가 '기업의 체중 조절'이라고 일컫는 것, 곧 새로운 일을 시작할 때면 덜 유망하고 덜 생산적인 일의 체계적인 포기가 요구된다. 이는 특히 직원들이 하는 일에서 중요한 의미를 갖는다. 그것이 인사와 관련된 것이건 마케팅이나 조사 또는 다른 어떤 스태프 영역과 연관된 것이건 말이다. 이 영역의 전문가에게 항상 물어야 하는 것은 '새로운 활동을 시작하기 위해서 무엇을 포기하겠는가?'라는 것이다. 일반적으로 경영진은 지금까지 해온 일 가운데 덜 생산적인 일을 포기하지 않는 한, 직원들에게 새로운 업무 활동이나 노력을 허락해서는 안 된다. 직원들의 경우 노력의 집중만이 성과를 낳기 때문이다. 기업의 체중 관리 규칙은 신제품, 제품 라인 추가, 유통 채널 추가 등에도 똑같이 적용된다.

비생산적인 과거를 정리하고 기회를 포착하라

비교적 평온하고 예측 가능한 수년간의 시간이 지나고 나면 모든 사업은(기업체건 공공서비스 기관이건) 지난날 약속한 것들의 무게에 짓눌리는 경우가 많다. 더 이상 보탬이 되지 않는 제품이나 서비스가 여기 포함된다. 처음에는 매력이 있어 보였지만 5년이 지난 지금까지도 여전히 희망적인 것에 불과한 취득이나 벤처 사업, 실적을 올리지 못하는 지적인 아이디어, 사회적·경제적 변화로 불필요해진 제품과 서비스 그리고 목표를 성취함으로써 낡은 것이 되어버린 제품과 서비스 등이 그 예다. 바다에 장기간 머물렀던 선박은 만각류蔓脚類를 씻어내야 할 필요가 있으며 그렇게 하지 않으면 기동력과 속력이 줄어들게 된다. 오랫동안 평온한 바다에서 순항한 기업도 이와 마찬가지로 자원을 축내기만 하는 제품이나 서비스, 벤처를 정리할 필요가 있다.

모든 사업에 항상 이와 같은 체계적 정리 정책을 적용해야 하지만 혼란기에는 특히 그러하다. 모든 제품, 대내적인 것과 대외적인 모든 서비스, 모든 공정, 모든 활동을 몇 년에 한 번씩 시험대에 올려 다음과 같은 내용을 따져봐야 한다. '이미 시작한 일이 아니라면, 지금 알고 있는 것만큼 당시에도 알고 있었다면 이 일에 착수했을까?' 이에 대한 답이 부정적이라면 '다시 조사해보자'는 결정 같은 것은 필요하지 않다. 그보다 이렇게 물어야 한다. '어떻게 하면 여기서 손 뗄 수 있겠는가, 어떻게 하면 자원이 추가로 투입되는 것을 막을 수 있겠는가?'

이렇게 따져보고 그 결과에 따라 행동해야 할 때는 조직이 어려운 상황에 처했을 경우가 아니다. 조직이 성공을 거두고 있을 때 그렇게 해야 한다. 그런 때야말로 자원이 과거의 것에 배정되고, 성과를 낳은 것에 배정되고, 도전적인 목표에 배정되고, 완수되지 않은 필요 사항에 배정되고 난 후일 가능성이 가장 크기 때문이다.

시대의 변화를 따르는 일은 근래에 와서 특히 공공서비스 기관들에게 매우 중요하다. 많은 경우 성공 자체로 인해 서비스 기관들이 진행했던 프로그램, 활동, 서비스가 시대에 뒤처진 비생산적인 것이 되어버린다. 그러나 서비스 기관의 경우 실패와 비생산적인 일들을 정리하는 것조차 쉽지 않다. 그들 대다수는 성공이란 이미 성취한 것의 포기를 의미한다는 사실을 받아들이지 못한다. 서비스 기관은 결핍 지향적이지 않고 필요 지향적이다. 그들은 수익과 결과보다도 '좋은 일'과 '사회적' 또는 '도덕적' 기여에 관심을 갖기 마련이다.

사회봉사 활동을 하는 사람은 한 가족을 구제 대상에서 벗어나게 하려는 자신의 노력이 실패하면, 그 상황이 곧 더 많은 노력과 더 많은 돈이 필요함을 보여주는 것이라고 믿는다. 자신이 50년 넘는 세월 동안 과감하게 벌인 일이 완전히 실패로 돌아갔으니 이제 일을 접어야 한다는 사실을 받아들일 수 없는 것이다. 모든 학생이 학교에 다녀야 한다는 오래된 목표를 이룩한 교장 선생님은 이제 더 많은 학생들을 학교에 더 오랫동안 머물게 하려는 쓸데없는 노력을 계속할 것이 아니라, 어떻게 하면 보다 짧은 기간에 더 실속 있는 학교 교육이 이뤄지게 할 것인가를 고민해야 한다는 사실을 납득하지 못한다.

서비스 기관들 중에서 그들의 운영 환경이 어떻게 바뀌었는지 철저히 살피고 고려하려는 곳은 별로 없다. 거의 모두가 운영을 더 열심히 하고 더 많은 자금을 확보하는 것만이 가장 중요한 과제라고 믿는다.

서비스 기관의 실적 측정이 쉽지 않다는 바로 그 이유 때문에 조직적인 정리 과정이 필요하다. 어제의 일에서 자원(돈, 그러나 무엇보다도 사람)을 체계적으로 빼낼 필요가 있다. 서비스 기관을 운영하는 사람은 최소한 조직이 당초 추구했던 바를 성취하기 위해 방법을 어떻게 달리해야 하는지를 항시 자신에게 물어야 한다.

그런데 일반 기업의 경영자들도 그들의 제품, 서비스, 활동이 어떤 결과를 낳아 고객을 만족시키기만 하면 단기적인 인간 활동으로 보지 않고 '좋은 일'이라거나 '도의적 의무'를 행한 것이라거나 또는 경이로운 창조주가 만들어낸 그 무엇이라고 생각하는 경우가 너무 많다. 어제를 정리하려는 기업은 터무니없이 적으며 그 결과 내일을 위해 활용할 수 있는 자원을 확보한 기업 역시 소수에 불과하다. 혼란기에 기업은 불의의 큰 타격을 헤쳐 나갈 수 있어야 한다. 예상치 못한 기회가 불쑥 나타났을 때 그것을 포착할 수 있어야 한다. 이 두 가지 모두를 위해서는 자원을 결과에 집중시키고 자원을 축내는 비생산적인 과거를 정리하는 것이 필수다.

전략을 세워 성장을 관리하라

기업은 성장을 관리해야 한다. 그러려면 성장 전략이 필요하다.

  1950년대와 1960년대에는 모든 것이 성장해야 하며 성장에는 한계가 없다고 믿었고, 1970년대에는 성장은 영영 끝났다는 생각이 유행했다. 이러한 생각은 둘 다 잘못되었다. 기하급수적인 속도의 성장은 차치하고, 영원토록 성장하는 것은 아무것도 없다. 그렇지만 18세기 초 이후로 50년 정도를 주기로 세계 경제의 선진국들은 '활기찬 10년'을 경험해왔는데, 그런 시기에는 모든 것이 성장하고 모든 것이 영원히 성장하는 것으로만 여겨졌다. '활기찬 10년'의 첫 번째 사례는 영국 '남해회사 버블'과 존 로의 '프랑스 미시시피 개발 계획 버블'(영국 남해회사 버블은 1711년에 설립된 남해회사가 자사 주식과 영국 국채를 시가로 교환해주는 사업을 시작하면서 1720년 봄부터 가을까지 주가가 폭등한 사건을 말한다. 존 로가 인수한 미시시피회사가 주도한 미시시피 계획 개발 버블은 1719년과 1720년 여름 사이에 발생했는데 프랑스의 식민지였던 미시시피 강 유역 루이지애나 주 개발권을 지닌 회사가 금광을 개발한다는 소문을 퍼뜨려 주가를 폭등시킨 사건이다―옮긴이)이 있었던 1710년경이었다. 다음은 1770~1780년대에 있었다. 그리고 1830년경과 1870년 경에도 활기찬 10년이 있었다. 1910년의 경우, 적어도 유럽에서는, 1차 세계대전으로 인해 활기찬 10년이 중단되었다. 미국에서는 1929년까지 지속되었다. 그런 다음 1960~1970년대가 있었다.

이렇게 활황기가 끝날 때마다 엄청난 문제가 발생했고, 그때마다 사람들은 성장이 영영 멈추었다고 생각했다. 하지만 실제로는 결코 그렇지 않았으며 지금도 성장이 멈추었다고 생각할 이유는 없다. 이런 시기를 겪을 때마다 성장은 새로운 토대를 찾아 옮겨간다. 그러므로 기업으로서는 그들이 강점을 갖는 어느 영역이 성장할지를 철저히 분석하고, 더 이상 성과를 기대할 수 없는 영역의 자원을 새로운 기회를 잡을 수 있는 영역으로 옮기는 것이 중요하다.

혼란기에는 시류에서 밀려나는 쇠퇴가 가속화한다. 따라서 과거를 조직적으로 정리하는 한편 자원을 체계적으로 집중시키는 것이 성장 정책의 첫 번째 요건이 된다. 혼란기가 도래했을 때는 기업뿐만 아니라 비기업 공공서비스 기관도 시장에서 변두리로 밀려나지 않기 위해 어느 정도로 성장해야 할지를 결정하는 것이 중요하다. 왜냐하면 자신이 속한 시장이 성장하고 있을 때 더불어 성장하지 않으면 안 되며, 변두리로 밀린다는 것은 소멸을 의미하기 때문이다.

자동차 회사인 크라이슬러의 정책은 무엇을 하면 안 되는지를 보여주는 좋은 사례다. 1960년경 크라이슬러는 사실상 성장을 하지 않기로 결정했다. 내부에 성장에 필요한 자원이 없었다. 성장을 하려면 합병을 해야 했는데 그 상대로 유럽 업체가 될 수도 있었다. 그런데 그렇게 하지 않고 크라이슬러는 '보수적인' 노선을 유지해 업계의 '리더'이기보다는 한 '요소'로 남기로 결정했다. 그리고 이 결정은 끔찍한 실수였음이 드러났다. 자동차 시장이 급속도로 성장하면서 1975년에 이르자 크라이슬러는 변두리로 밀려났다. 정부의 대대적인 구제 조치에도 불구하고 생존 자체가 의문시되었다.

1960년에 폭스바겐은 자금 사정, 제품, 엔지니어링, 마케팅 등 모든 점에서 크라이슬러보다 크게 뒤지는 회사였다. 그러나 폭스바겐은 시장과 더불어 성장하기로 결정했다. 폭스바겐은 '성장하는 시장은 어디 있는가?'라고 자문하고는 유럽 대륙, 브라질, 멕시코, 미국이라는 시장 네 곳에 집중했다. 이들 지역에서 폭스바겐은 주도권을 잡기 위해 노력했다.

크라이슬러는 세계 시장을 겨냥했지만 변두리 업체로 밀려나고 말았다. 변두리로 밀려난 조직은 경제의 하강 국면에서는 불균형적으로 더 하강하며 경제의 상승 국면에서는 불균형적으로 덜 상승한다. 그리하여 경기 순환의 고비마다 섬섬 더 약해진다. 게다가 일단 변두리로 밀려나면 내리막길에서 몸을 돌리는 게 매우 어려울 뿐 아니라 사실상 불가능에 가깝다.

이런 맥락에서 '변두리'라는 말은 산업의 구조와 관련된 말이다. 이 용어가 호텔업에서 의미하는 것과 화학공업에서 의미하는 바는 많이 다르다. 산업의 구조 역시 바뀐다. 30년 전에는 국내 시장에서 전자제품업체의 2위 자리를 차지한다는 게 충분히 가능했다. 미국의 웨스팅하우스와 독일의 AEG는 당시 자국 시장에서 2위 자리를 지킬 수 있는 탄탄한 위치에 있었다. 그런데 지금은 세계 시장의 작은 그룹에 속해 있을 뿐이다.

아마도 전자제품 업체에서는 영국의 아널드 와인스톡 경만이 이 점을 이해했던 것 같다. 그가 1960~1970년대에 주로 작은 변두리 기업들을 합병하는 한편 주도권을 잡을 수 없는 모든 영역을 사정 없이 접어버림으로써 설립한 영국 제너럴일렉트릭은 경쟁력 있는 기업이 되었다. 그러나 그가 처음 사업을 시작했을 때만 해도 훨씬 크고 강력했던 미국의 웨스팅하우스와 같은 회사들은 그 이후 방향을 잡지 못해 표류하면서 잇달아 이윤이 줄고 경쟁력이 떨어지는 처지가 되었다.

그러므로 시장이 성장하고 있거나 산업 구조가 달라지고 있는 상황에서는 언제나 최소한도의 성장이 필요하다.

기업은 그릇된 성장과 옳은 성장을 구별해야 하며 근육과 지방과 암을 분간해야 한다. 그 법칙은 간단하다. 기업 자원의 생산성을 전반적으로 증가시키는 단기간의 성장은 건전한 성장이다. 그런 사업은 잘 품고 지원해줘야 한다. 그러나 양적으로만 팽창할 뿐 비교적 짧은 기간 안에 전반적인 생산성을 높여주지 못하는 성장은 비계와도 같다. 일정량의 비계는 필요할 수도 있다. 그러나 비계가 너무 적어서 걱정인 기업은 별로 없다. 전반적인 생산성 증가로 이어지지 않는 양적 증가는 의미가 없으므로 제거되어야 한다. 끝으로 생산성 감소로 이어지는 양적 증가는 초기의 아주 짧은 기간 안에 멈추지 않는 한 퇴행으로 치닫는다. 이것은 과단성 있는 수술로 빨리 도려내야 한다.

이노베이션과 변화를 관리하라

1950년대의 마셜 플랜에서 1970년대 초반까지의 25년간은 경제와 마찬가지로 기술 역시 극도로 빠르게 성장하고 발전한 시기였지만, 동시에 그것은 연속성의 시기이기도 했다. 전쟁이 끝난 후 사용된 기술의 가장 중요한 특징은 이노베이션이 아니었다. 2차 세계대전 중에 현대식 무기와 방식을 도입한 현대식 군대가 세계의 외진 구석구석까지 침투함으로써 현대식 기술이 전파된 것이 진짜 특징이었다. 19세기에 철도가 사람들의 생활을 바꿔놓았던 것보다도 영화와 라디오가 훨씬 큰 변화를 사람들의 생활에 가져다준 것이다.

전후 25년 동안 기술의 전파가 크게 가속화했지만, 기술 자체는 내체로 이미 정해진 길을 계속 따라갔을 뿐이다. 1950~1960년대 그리고 1970년대의 '신기술'은 주로 1차 세계대전 전, 분명코 1929년 전에 나온 과학과 지식을 바탕으로 이뤄진 것이었다. 두 가지 큰 예외 중 하나는 컴퓨터지만 그 기본 개념과 기술도 1920년대에 많이 개발되었으며 나중에 나온 컴퓨터 기술은 이제 막 위력을 발휘할 뿐이었다. 그리고 또 하나는 의학 분야인데 1950~1960년대의

'기적의 약'은 2차 세계대전이 한창이었던 1940년대 이미 이뤄진 일들의 결실에 불과했다.

2차 세계대전 이후 25년 동안 우리는 늘 기술 변화의 속도가 가속화한다는 말을 들어왔다. 그러나 이는 대체로 오해에서 나온 말이다. 실제로 가속화하는 것은 기술 변화에 대한 인식이다. 기술 변화 자체는 빨라진 게 아니라 오히려 속도가 더 떨어졌던 것도 같다. 확실히 1945~1975년까지는 1856년부터 1차 세계대전까지의 기간과 비교할 만한 게 아무것도 없다. 1차 세계대전까지의 기술 변화는 최초의 합성염료 발견, 작동하는 최초의 발전기와 타자기의 디자인에서 시작됐다. 그 시기를 마무리한 것은 라이트 형제의 최초의 동력 비행, 리 디 포리스트Lee De Forest의 삼극 진공관, 그리고 전자 및 '데이터'의 개념 자체가 포함된 데이터 처리의 기본 개념을 마련해준 기호논리학이었다. 그 60년 동안에는 거의 즉각적으로 새로운 산업으로 이어지는 새로운 발명품이 평균 14~18개월마다 나왔다. 그러나 1947~1975 사이에는 정말 새롭다고 할 수 있는 산업은 고작 두 가지뿐이었는데, 컴퓨터와 전신성 약품(1930년대 말의 설파제 sulfas에서 시작해 1940년대의 항생제) 산업이다.

앞으로(이 책이 처음 출간된 시기는 1980년이다—옮긴이) 20~25년간은 거의 틀림없이 1947~1975년까지보다는 1914년(1차 세계대전)에 이르는 시기와 유사한 양상, 즉 기술의 급격한 발전을 보일 것이다. 기술 변화가 끝났다는 생각, 기술 변화가 바람직한 일이 아니며 그것을 막을 수 있다는 생각이 근래에 하나의 유행이 되고 있지만,

이것은 새로운 현상이 아니다. 기술이 급격히 변화하는 시기에 보통 나타나는 반응일 뿐이다.

1830년대에도 이런 반응이 나타났는데 당시 세인들의 큰 관심을 끌었던 것은 영국에서 기계를 파괴하며 폭동을 일으켰던 노동자들이었지 이노베이션을 이룩한 사람들이 아니었다. 서양사에서 기술에 대한 환멸감이 표출된 마지막 시기인 1890년대의 반응도 그러했다. 그러나 폭도로 변했던 노동자들이나 1990년대의 기술비관론의 경우와 마찬가지로 기술에 대한 오늘날의 낭만적 반대도 실속 없이 끝날 것이라 장담할 수 있다. 문제는 그런 반대가 큰 혼란과 차질을 빚을 수 있다는 것이다. 1890년에 웰즈H. G. Wells 세대가 보인 새로운 기술에 대한 두려움은 심각한 차질을 빚어 영국으로 하여금 19세기의 묵은 기술을 고집하게 함으로써 과학에 기초한 20세기 기술에서 뒤지게 했다. 그렇지만 두려움이 기술의 세계적인 전파와 발전을 방해하거나 그 속도를 떨어지게 하지는 못했다. 기술과 경제의 주도권이 다른 지역으로 옮겨갔을 뿐이다. 오늘날 선진국의 미래 기술에 대한 반대도 똑같은 결과를 가져오는 데 그칠 것이다.

새로운 지식이 제품과 서비스로 전환되는 데 걸리는 시간이 최근에는 많이 짧아졌다는 것이 일반적인 생각이지만, 실제로는 그렇지 않다. 30~40년이라는 시간이 걸린다.

베르너 지멘스Werner Siemens가 실용성 있는 발전기를 최초로 발명한 것은 1856년의 일이었다. 그로부터 22년이 지난 1878년, 토머스 에디슨은 전구를 설계해 전기가 실효성 있는 기술이 되게 했다. 몇 년 후 웨스팅하우스는 교류모터를 개발해 전기가 산업 생산의 원동력이 되게 했다. 1856년 퍼킨스William Henry Perkins는 콜타르로 최초의 합성 아닐린 염료를 만들어냈다. 그러나 독일인들이 퍼킨스의 기본적인 발명을 살려 현대식 염료산업을 발전시킨 것은 1880년에 이르러서의 일이었다. 메인프레임 컴퓨터가 실용적인 기계로 개발된 것은 2차 세계대전이 막 끝난 1945년의 일이었다. 30년 후인 1970년대 중반에 미니프로세서, 반도체, '일상 언어 로직'이 갖춰지면서 컴퓨터는 비로소 일상적인 도구가 되었다.

30~40년간의 이와 같은 도입 기간을 놓고 볼 때, 기술이 근본적으로 달라지는 시기는 아직 오지 않았다. 2차 세계대전 이후의 25년과 달리 앞으로의 20~25년은 기술을 고치거나 확대 연장하거나 활용하는 것이 아니라, 기술이 구조적으로 달라지는 시기가 될 것이다. 기술 변화가 새로운 영역으로 이동하게 될 것이다.

이러한 구조적 변화를 겪을 영역 중 하나가 '전자'다. 그와 관련한 기본적 과학 지식은 1930년대 말과 1940년대 초에 이미 등장했다. 그러므로 1980년대가 고도의 기술적 충격과 더불어 진정한 이노베이션의 시기가 될 것임은 거의 틀림없다.

특히 통신 분야에 엄청난 파장을 일으킬 것이다. 지금까지 전자 통신은 음성, 영상, 그래픽으로 정의되는 서로 다른 재래식 분야로 나뉘어왔다. 그러나 이제부터는 갈수록 총괄적 통신이 가능하도록 만들어질 것이다. 1980년대 중반까지는 기업통신위성Business Communications Satellite(IBM, 제록스, 미국 위성회사 콤샛의 합작사업)이 미국에서 업무를 개시하게 되고, 이를 계기로 음성, 영상, 그래픽(문서나 도표 따위)을 동시에 그리고 순식간에 전송하는 일이 가능해질 것이다. 지구상 어느 곳을 막론하고 25개 지점에 흩어져 있는 사람들이 하나의 영상을 통해 만나 직접 이야기를 나누고, 또 필요하다면 사무실이나 집을 나서지 않고도 같은 보고서와 같은 문서와 같은 그래프를 동시에 함께 보게 될 것이다. 이런 유의 통신 기능은 수많은 다른 시스템들을 통해서도 이용할 수 있게 될 텐데, 영국 체신청이 개척한 새로운 전화교환국과 미국의 벨 전화시스템의 경쟁사들이 개척하고 있는 전화서비스 등이 그러하다. 이런 흐름으로 인해 사람이 이동하지 않고서도 '직접' 만나는 일이 가능해질 것이다.

이에 못지않은, 아니 이보다 더 중요한 변화는 방대한 서류 뭉치를 발송하는 일을 그래픽 전송이 대신하게 되리라는 사실이다. 마셜 맥루한Marshal McLuhan은 1960년대에 전자 '메시지'가 재래식 '매체'인 인쇄물과 그래픽 정보를 대체하게 될 것이라고 예언해 큰 주목을 끌었다. 그러나 그런 일은 일어나지 않았고 앞으로도 일어나지 않을 것이다. 그와는 반대로 전자는 그래픽 및 인쇄된 자료의 전달을 위한 주요 채널이 돼가고 있다. 지금까지는 인쇄 공정을 통해 종이에 잉크를 칠한 다음 무거운 종이 뭉치를 먼 곳까지 느린 속도로 그리고 막대한 비용을 들여 개개 수신인에게 직접 배달해왔다.

그러나 오늘날엔 거의 누구나 집에 두 개의 출력 장비를 가지고 있는데 바로 전화기와 TV수상기다. 전화(영국 체신청은 벌써 그래픽 전송에 이를 사용하고 있다)는 쉽게 사용할 수 있는 값싼 양방향 채널이다. 단 그래픽의 질이 좋지 않은데 그런 상태가 계속될 것 같다. 반면에 TV의 그래픽은 질이 아주 좋다. 비디오카세트는 이미 거의 모든 상용 인쇄기보다 질 좋은 그래픽을 제공하고 있다. TV수상기는 아직은 일방 통신만 가능하다. 그럼에도 이 두 기구를 통해 그래픽을 전송할 수 있는 완전한 시스템을 갖게 되었는데 선진국에서는 거의 집집마다 이를 활용하게 될 게 확실하다. 남은 장애물은 기술이나 경제와 관련된 것이 아니라 법률 및 정치와 관련된 문제일 뿐이다. 그래픽 전송은 재래식 방식과 비교할 때 속도가 더없이 빠른 것은 말할 것도 없거니와 값도 몹시 저렴하다. 상당히 자신 있게 예언할 수 있는 것은 앞으로 20~25년 안에 지금의 신문이나 잡지의 상당 부분이 전자 방식으로, 전화기 또는 TV수상기의 출력 기능을 통해 전달되리라는 것이다.

보건 분야에서도 기술적으로 큰 변화가 있을 것으로 예측된다. 1930년대 초반부터 1950년대 사이에 크릭Francis H. C. Crick과 왓슨James Watson이 유전자 코드를 해독하며 나온 새로운 지식은 생화학과 생체역학(곧 수술)을 보완할 생체전기학 및 생체유전학의 개발, 그리고 인체가 거부 반응을 일으키지 않는 인공 기관의 개발로 이어질 것이다. 생물유전학은 유전적이든 불완전한 물질 대사의 결과든 인체가 스스로의 힘으로 기관의 결함이나 결핍에 변화를 가져오거나 바로잡게 하는 분야다. 이러한 새로운 기술들은 전통 의학을 밀어내지 않고 그것을 보완해줄 것이다. 그러나 이를 통해 '내과의학'과 '수술' 간의 오래된 구분은 모호해질 가능성이 크다.

1995년에 이르기 훨씬 전에 20세기의 '현대식' 제조 기술인 '조립 라인'은 많이 사라지고 진정한 자동화가 이를 대체하게 될 것이다. 첫 도입에서부터 줄곧 '조립 라인'은 항구적인 해결책이라기보다 일시적인 방편이었으며 게다가 엔지니어링이 빈약했다. 인간의 힘을 활용하는 게 아니라 기계의 조건에 인간의 힘을 종속시키는 방법이었기 때문이다.

조립 라인은 상징적인 중요성에도 불구하고 극소수의 인력을 고용하는 데 그쳤다. 전성기를 이루었던 2차 세계대전 무렵 조립 라인을 갖춘 제조 부문에 고용된 인력은 미국 노동인구의 5~8퍼센트에 불과했다. 물론 이보다 많은 사람들이 조립하는 일을 하고 있지만, 대부분의 조립은 조립 라인에서 이뤄지지 않는다. 예를 들어 라디오, TV수상기, 컴퓨터 또는 항공기를 조립하는 사람들은 '조립'하는 일을 하고 있지만 '조립 라인'에서 일하고 있는 것은 아니다. 그들은 일반적으로 작업장의 다른 사람들이 어떻게 하고 있건 각자 자기 자신의 리듬과 페이스에 따라 완전한 업무를 하고 있다.

인류 특유의 강점(리듬과 속도를 달리하는 여러 가지 일을 하며 판단력을 갖고 있고 그를 사용할 수 있는 능력)을 활용할 수 있는 분야에서는 자동화가 별 소용이 없다. 그러나 인간을 기계의 부품처럼 다루거나 잘못 이용하는 조립 라인의 경우에는 진정한 자동화가 더없이 훌륭한 역할을 할 수 있다. 지시 사항이 프로그래밍된 '수치제어공작기계'가 급속도로 조립 라인을 밀어내고 있다. 이 공구는 조립 라인이 할 수 없는 일을 한 가지 하고 있는데, 그것은 혼란을 일으키거나 기계가 멈춰 섬으로써 엄청난 비용이 소요되는 일 없이 생산품과 생산 방식을 바꿀 수 있다.

요컨대 10~15년 안에 우리는 19세기 말에 기계에 전기모터를 달았을 때 일어났던 것과 비교할 만한 중요한 발전을 보게 될 것이다. 1900년경의 제조공장이나 소매점, 심지어 사무실을 촬영한 사진은 어느 것을 봐도 기계에 동력을 전달하는 도르래나 벨트 또는 페달을 볼 수 있었다. 1930년에 이르면서 동력 생산은 기계 자체의 일부분이 되었다. 1930년까지 재봉틀은 페달의 힘으로 움직였으나 그 이후로는 전기모터가 장착되었다. 1925년까지만 해도 방직공장의 방추에 사용되는 전력은 공급원이 일원화돼 있었다. 그 이후로는 방추마다 소형 전기모터가 장착되었다. 1950년에는 타자기가 그 뒤를 이었으며 이제는 모두가 전기 타자기를 사용하고 있다.

이제부터는 갈수록 많은 기계에 정보와 제어 기능이 장착될 것이다. 미니프로세서 형태의 컴퓨터는 생산 도구의 일부로 지난 75년간 전기모터가 했던 역할을 하게 될 것이다. 의료 및 검사 기구들은 독자적인 프로세서와 제어 장치를 갖추게 될 것이다. 의료 목적으로 사용되건 공장에서 사용되건 항공기에서 사용되건 모두가 그렇게 될 가능성이 높다. 정보 처리 및 정보 분석이 수술 기구와 통합되는 것은 그 자체로 19세기 말과 20세기 초에 원동력 생산체와 기계공구가 결합했을 때만큼이나 큰 변화다. 게다가 더 짧은 기간에 그렇게 될 것이다.

새로운 정보 기술은 은행 업무에도 변화를 가져올 수 있다. 일차적으로 거래와 정보에 주안점을 둔 소비자 금융은 상업 및 산업을 위한 금융서비스와는 별도로 주요 산업이 될 수도 있다. 미국의 거대 소매상인 시어스로벅은 이미 저축대부협회(일종의 소비자금융기관)를 매입하기 시작했으며, 이것을 미국 가정의 필요에 초점을 맞춘 전국 체인으로 만들어나가고 있다. 그러나 기업, 특히 국제적 기업의 금융 수요는 정보 면에서 그리고 금융서비스 면에서도 마찬가지로 아예 다른 것이 될 수도 있다. 소매점이나 가족 고객, 상업성 고객, 대형 회사 등 온갖 고객에게 금융서비스를 제공하던 어제의 '만능 은행'은 서로 다르게 고도로 전문화돼 독립은 아닐지라도 별개의 기관들로 쪼개져 각기 다른 방식으로 정보와 금융서비스를 혼합한 형태로 변신하게 될 가능성이 크다.

   위에서 제시한 예들은 기술로 인한 변화의 목록이 아니라 샘플이다. 분명한 것은 2차 세계대전이 끝나고 30년 동안 새로 나온 어마어마한 양의 지식이 기술에 영향을 주기 시작했다는 사실이다. 지식이 실행으로 옮겨지고 있는 것인데, 이는 급격한 변화를 의미한다. 기술 변화는 이러한 변화의 일부분일 뿐이다. 사회 변화와 사회적 이노베이션도 이에 못지않게 중요히 여겨야 한다. 기술 변화에 대한 일반 대중의 태도와 무관하게 수많은 분야에서 급격한 변화의 시기를 맞이할 것으로 예상된다. 변화에 대한 저항 때문에 큰 대가를 치를 수도 있을 것이다. 변화에 대한 저항은 경제적 리더십이 기존의 국가들에서 새로운 국가들로, 전통적 산업에서 새로운 산업으로 이동하게 됨을 의미할 수도 있다. 19세기 후반에 영국은 리더십을 잃었고, 그 리더십은 독일과 미국으로 건너갔다. 그리고 2차 세계대전이 끝난 뒤 일본은 여러모로 기술적으로 뒤처졌다는 바로 그 이유 때문에 전통적인 서방 산업이 대체로 도외시했던 분야인 첨단 기술 소비자용품에서 주도권을 잡을 수 있었다. 이와 같은 리더십 이동이 다시 일어날 수 있으며 실제로 그 확률은 높다. 어쨌든 기술적·사회적 이노베이션으로 인해 경제와 사회의 구조가 달라질 가능성이 크다는 사실은 달라지지 않는다.

더군다나 그 변화는 효율적 운영에 필요한 경제 규모의 변화로 이어질 확률이 높다. 어떤 산업에서는 적정 규모가 증대하고, 또 어떤 산업에서는 적정 규모가 줄어들 수 있다. 전통적으로 이노베이션이 이뤄지는 상황에서는 작은 편이 유리했다. 과거의 기술로 성공한 규모가 큰 회사들은 공격적이기보다는 방어적 입장이 되기 쉽다. 그러나 내일의 기술은 초창기에 거액의 투자를 요할 수 있다. 예를 들어 통신 시스템은 규모가 큰 시스템이기 마련이다.

다른 분야에서는 적정 규모가 훨씬 작아질 수 있다. 세계 제철산업은 심각한 위기를 맞고 있지만, 고철을 새로운 강철로 바꾸기 위해 직접 환원 방식을 쓰는 '미니 제철소'의 경우는 그렇지 않다. 지난 20~30년간 세계에서 생산된 어마어마한 양의 강철이 고철이 돼 재활용을 기다리고 있으므로 내일의 철강 수요는 새로 파낸 철광석을 제련해 공급할 게 아니라 철강 제품을 재활용하는 방식으로 상당 부분 충족시킬 수 있다. 그러나 철광석이 아니라 고철로 철을 생산하는 미니 제철소는 일관 작업을 하는 지금까지의 제철소와 비교하면 난쟁이 격이다.

이처럼 산업에 따라 운영의 적정 규모는 다를 수 있다. 석탄을 기화 또는 액화하고, 혈암이나 타르샌드(사암)로 탄화수소를 개발하며, 대규모 태양에너지 또는 풍력에너지 시스템을 구축하는 등 새로운 에너지원을 개발하기 위한 잠재적 신기술에는 거대한 시설과 막대한 투자가 필요하다. 그렇지만 에너지의 경우에도 개별 주택의 태양에너지 집열기산업처럼 아주 작은 규모의 산업이 등장할 수도 있다.

출판업계의 한 경향은 분명 대규모 시스템을 지향하고 있다. 그래픽의 전자 통신을 위한 국가적 또는 세계적 시스템은 규모가 대단히 클 것이다. 그러나 이와 동시에 전화기나 TV수상기가 출력 기능을 갖추게 되면, 미국 내에서 1만 명 이상의 독자를 확보하는 게 불가능하고 세계적으로는 2만 5,000명 이상의 독자를 확보하기 힘든, 양봉가를 위한 특수 잡지와 같은 그야말로 규모가 작은 출판사업이 무한한 기회를 누리게 될 것이다. TV수상기로 전송될 수 있다면 규모가 작아도 경제적으로 유지가 가능해질 수 있다.

다시 금융업의 경우를 예로 들면 양방향 모두 가능하다고 할 수 있다. 스위스의 은행들이나 미국의 클리브랜드 트러스트와 같은 곳은 지난 30년간 주도적인 지역 은행으로 성공했지만 장차 그런 규모는 적정치 않은 것으로 판명될 수도 있다. 그렇지만 양극단에 놓인 모두에 기회가 있을 것이다. 세계적으로 온갖 금융서비스와 정보서비스를 제공하는 그야말로 '세계적 클래스'를 갖춘 은행과, 근본적으로 지역적인 특수 금융기관(지난 30년간 활황을 보인 리스 회사들이 좋은 예다)에게 동시에 기회가 주어질 것이다. 의료 분야와 특히 교육의 경우에도 이런 현상이 나타날 수 있다. 대규모 경제와 극소규모 경제만 있고 중간 규모가 없는 시기가 올 수도 있다.

과거에는 기존 산업에서 새로운 산업이 발생하는 경우가 거의 없었다. 그러나 지난 30년간 생겨난 새로운 산업들은 주로 2차 세계대전 전에는 존재하지도 않았거나 전에는 알려지지도 않아 두각을 나타내지 못했던 회사들이 개발한 것이었다. 한 예로 1939년까지만 해도 IBM은 매출이 몇 백만 달러에 불과한 작은 회사였다. 1950년까지도 전혀 컴퓨터 분야에서 성공할 회사처럼 보이지는 않았다. 기술적·과학적 전문성을 별로 찾아볼 수 없었고 시장에서의 위상이랄 것도 보잘것없었다. 제너럴일렉트릭, RCA, 웨스팅하우스 등 역사가 긴 회사들이 틀림없이 승자가 될 것으로 보였다. 유럽에서도 위상을 다진 지멘스, AEC, 필립스와 같은 회사들이 컴퓨터 업계를 주도할 것으로 보였다. 그러나 IBM은 과거라는 부담이 없었기 때문에 컴퓨터 분야에서 리더가 될 수 있었다.

2차 세계대전 이전에 있었던 여러 대형 화학회사들 가운데 지금 제약 분야에서 높은 위상을 지키고 있는 회사는 1940년대에 신약 분야가 개척되면서 그 분야로 진출했던 훼히스트뿐이다. 오늘날 이 분야에서 두각을 나타내고 있는 로슈나 화이자나 머크와 같은 회사들은 1950년까지만 해도 작은 회사들이었다.

내일의 대기업들 가운데는 아직 존재하지도 않거나 거의 눈에 띄지 않는 회사들이 많을 것이다. 그렇지만 역설적이게도 내일의 이노베이션은 지난날과는 달리 훨씬 더 많이 기존의 대기업으로부터 이뤄질 것이다. 한 가지 이유는 자본 수요의 엄청난 증가에 있다. 기본적인 발명에 소요되는 돈에 대해서도 같은 이야기를 할 수 있다. 새로운 산업을 시작하는 일은 차치하고라도, 발명된 것이 제품이나 서비스로 개발되는 데 드는 돈과 시간과 노력은 전과 비교해 몇 갑절이나 많아졌다. 특히 개발 단계에서는 상당한 전문 기술을 갖춘 인력의 수요가 증가하는데, 그런 사람들은 주로 이미 성공한 대기업에 있다.

그러므로 기존 기업들, 특히 대기업들이 어떻게 하면 이노베이션을 이룩해나갈 수 있는지를 알아내야 한다. 기존 기업들은 이노베이션 기회를 포착한 다음 이노베이션에 효율적인 리더십을 부여할 수 있는 전략을 짜야 한다. 이제는 기존 기술을 연장하고, 확장하거나 수정하는 등의 응용을 시도하는 것만으로는 충분치 않다. 지금부터는 말 그대로 쇄신을 통해 기술적으로나 사회적으로 진정 새로운 부를 생산하는 능력을 창출하지 않으면 안 된다.

'이노베이션'이 꼭 조사 연구를 의미하지는 않는다. 조사 연구는 이노베이션의 한 수단에 불과하다. 이노베이션은 첫째, 체계적인 과거 청산을 의미한다. 다음으로 혁신을 위한 기회를 체계적으로 찾는 것을 의미한다. 기술, 공정, 시장의 취약성과 관련해, 새로운 지식의 리드타임(제품을 고안하고 생산하는 데 이르는 시간)과 관련해, 그리고 시장이 필요로 하는 것 및 원하는 것과 관련해 기회를 체계적으로 찾아야 한다. 이는 기업가 정신이 발휘될 수 있도록 조직을 정비하고, 새로운 제품이나 기존 제품의 개조가 아니라 새로운 기업을 창조하려는 적극적 태도를 의미한다. 마지막으로, 기존 경영 구조와는 별개의 이노베이션으로 벤처를 창출하고 이노베이션의 경제성 및 관리와 이노베이션을 창출하는 사람들에 대한 충분한(파격적인) 보상을 위해 그에 알맞은 회계 개념을 만들어내려는 적극적 태도를 의미한다. 앞으로는 기존 회사들이 성공하려면(살아남기라도 하려면) 이노베이션을 주력 업무로 삼고, 그들 스스로 과거의 기업 태도를 청산하며 이노베이션이 요구하는 재무와 경영의 구조를 갖추기 위해 노력하지 않으면 안 된다.

당연히 대기업의 서열은 빠른 속도로 변하게 될 것이다. 마셜 플랜에서 시작해 1970년대 초반에 이르는 아주 안정적이었던 시기에도 한 세대 동안 《포춘》의 '500대 기업' 가운데 약 250개 기업이 아예 사라져버리거나 선두 주자 대열에서 탈락했다. 혼란기에는 경제적 신진대사가 더 빨라진다. 이노베이션을 위해 조직을 정비하는 대기업은 유리한 입장에 설 것이며, 현재의 기술 및 시장 여건에서 그와 같은 이노베이션에 필요한 인적 자원과 자금을 확보하게 될 것이다.

내일을 위한 기업 전략을 세워라

지난 25~30년 동안 '기획'이라는 개념은 대단히 생산적인 것으로 밝혀졌다. 기획은 급격한 변화보다 꽤 좁은 범위 안에서 추세의 연속성을 생각할 수 있다. 오늘을 출발점으로 미래를 예상할 수 있다. 이것이 기업인, 정치인, 경제학자 들이 통상 '기획'이라고 할 때 의미하는 바다. 내일은 오늘의 연속이라고 생각할 수 있는데 어쩌면 그 '혼합'은 달라도 기본적 형태는 대동소이할 것이다.

오늘 가정할 수 있는 개연성이 가장 큰 일은 형태에 큰 변화를 가져올 유일무이한 사건이다. 유일무이한 사건은 기획이 불가능하다. 그러나 그것은 예견이 가능하거나 유리하게 이용할 준비를 할 수 있다. 가장 큰 변화가 예측되는 분야를 예상해 내일의 전략을 짤 수 있는데, 그런 전략은 기업이나 공공서비스 기관으로 하여금 예견하지 못한 것과 예상할 수 없는 것을 유리하게 이용할 수 있도록 해준다. 기획은 오늘의 추세와 연속선상에 있는 내일을 최대한 활용하고자 한다. 이러한 전략의 목적은 내일이 갖는 새로운 기회를 제대로 활용하는 것이다.

어떤 기관이든 현재 하고 있는 일과 앞으로 마땅히 해야 할 일을 전략적으로 생각해야 한다. 고객이 무엇을 위해 돈을 지불하는지 철저히 생각해야 한다. 고객의 입장에서 '가치'는 어떠한 것인가? 이 질문이 기업의 경우와 마찬가지로 비영리 공공서비스 기관(병원이건 대학이건 동업조합이건 적십자이건)에도 똑같이 중요하다는 점을 반드시 기억해야 한다. 어떤 기관이건 그들의 장점이 무엇인지 철저히 생각해야 한다. 장점은 추진하고 있는 일에 적합한가? 장점은 만족할 수 있는 정도인가? 장점은 성과를 거둘 수 있는 곳에 적절히 배치되었는가? 특정 사업의 현재는 어떤 모습이고 단기 '시장'은 구체적으로 어떤 것인가?

전형적으로 기업들은(비영리 공공서비스 기관의 경우는 더하지만) '중용happy medium'을 꾀하는 전략이야말로 가장 편하고 위험이 적으며 적절한 이윤을 가져다준다고 생각하지만, 이는 그릇된 생각이다. 많은 경우, 시장에서의 성공은 양극단에 몰려 있다. 표준을 정하는 몇 안 되는 시장 주도 업체나, 국한된 부문의 제품이나 서비스를 공급하지만 나름대로 독자적인 탁월성을 발휘하는 지식서비스, 특수 수요에 부합할 수 있는 장점을 가진 업체들이 그런 성공을 거두게 된다. 양극단의 중간 위치는 바람직하지 못하며 생존력을 갖기도 어렵다.

지난 몇 년 동안 보스턴컨설팅그룹은 대규모 매출과 시장 진출 자체는 수익성 측면에서 조화를 이루지 못한다는 이론을 제시해 큰 주목을 끌었지만, 부분적으로만 사실이다. 실제로는 큰 시장에서 주도권을 잡거나 좁은 틈새시장을 선점한 특수 업체만 이윤을 얻었다. 그리고 '시장 리더십'이 의미하는 것은 산업과 시장 구조의 문제이지 시장에 따라 크게 달라지는 매출량의 문제가 아니다.

세계 자동차산업을 놓고 볼 경우 자동차 회사들은 각각 전 분야를 망라하는 극소수의 자동차 회사의 하나로 살아남아서 번창하는 것이 가능하다. 그러나 크라이슬러가 시도했듯이 미국 3위의 업체로서는 더 이상 살아남을 수 없다. 비록 크라이슬러가 앞서 말했듯 매출에서 그런 자리를 지키기는 했지만, 지프나 롤스로이스의 경우처럼 시장의 비교적 좁은 틈새를 차지하고 특수성을 살려 이윤을 내는 것은 가능한 일이다. 크라이슬러가 구상했던 것과 같은 중간 위상이야말로 더 이상 지켜낼 수 없는 것이다. 지역 시장 장악을 꾀했던 중간급 회사들은 갈수록 변두리로 밀려나고 있다.

　서적 출판 분야는 사정이 좀 다르다. 서적 출판은 언어 장벽이라는 이유 등 때문에 '세계 시장'을 겨냥할 수 있는 사업이 아니다. 출판사는 규모가 아주 작을 경우 크게 불이익을 당할 수 있으므로 유통시스템을 이용해야 하지만 규모나 매출량에 큰 프리미엄이 따르는 것은 아니다. 또한 서적 출판은 편집자가 여러 저자들과 갖는 개인적 관계에 의존하는데 어떤 편집자도 아주 많은 수의 저자들과 함께 일할 수는 없다. 이 점으로 인해 서적 출판에는 최소한도의 규모가 요구되는데 그렇다고 대규모 출판사가 크게 유리한 입장에 서는 것은 아니다. 대형 출판사는 불이익을 당할 수도 있는데 규모가 커질 때 출판사의 일차적 고객인 저자들이 느끼는 매력이 줄어들 것이기 때문이다. 그렇지만 출판사업의 경우에도 '전문' 출판사가 있다. 불과 몇 백 부밖에 팔리지 않지만 세계적 전문가들을 독자로 삼는, 유통 비용이 최소한도로 그치는 여러 지식층의 모노그래프(특정 테마에 관한 연구 논문)를 출판하는 회사들이 그러하다.

　공공서비스 기관들도 이와 마찬가지로 새로이 규모를 특화해야 하는 국면을 맞이한 것인지도 모른다. 예를 들어 지난 10년 동안 미국에서는 규모가 작은 종교계 대학들이 괄목할 정도로 특수성에서 강점을 보였다. 이런 대학은 교과 범위를 줄여 8~10개의 과목에 자원을 집중시켜 그 범위 안에서 작은 학교의 장점을 잘 살릴 수 있다. 학생과 교직원들은 서로 친밀한 사이가 되고, 고도의 기강과 단결심이 조성되어 종교, 윤리, 배움의 기본에 헌신하는 자세를 갖게 되는 것이다.

이와는 반대로 꾸준히 성장하는 규모가 큰 전통적인 대학들이 있는데 그런 대학들이 포용하는 학생 수는 2,500명쯤 될 것이다. 오벌린, 포모나, 칼턴 등의 전형적인 '좋은' 대학들이 정말 살아남을 수 있을지는 갈수록 의심스럽다. 작은 종교계 대학처럼 아주 제한된 학과에만 집중하기 어려운 대학들의 경우 살아남으려면 대학원을 열어 언어, 수학, 공연예술, 그래픽아트, 고학 등의 분야에서 종합적인 고등교육을 제공해야 할지도 모른다. 그러나 미국 고등교육의 경우에도 적정 규모의 상한선이 있을 수 있다.

학생 수가 8,000명에서 1만 명을 넘어서면 더 이상 규모의 경제를 살릴 수 없고 갈수록 경제성을 잃게 된다. 수입은 차치하고 등록하는 학생 수보다도 행정적인 간접비가 더 빠른 속도로 증가하게 된다. 다시 말해, 미국의 고등교육 구조는 질적인 면에서 '시장 리더십'을 따져야 할 상황이며 최소 규모 및 최적 규모라는 기준을 놓고 볼 때 양적 측면이 기본적으로 제약 요인이 되고 있는 상태다.

병원의 경우도 마찬가지다. 오늘날 미국 병원의 경제성 있는 규모는 병상 200개 정도이지 싶다. 위로 올라갔을 때의 적정 규모는 약 800개 정도의 병상을 갖춘 병원인데 이를 초과하면 비용이 더 소요될 뿐 효율성은 좋아지지 않는다.

그러므로 '시장 리더십'이라는 것은 질의 문제이지 규모만의 문제가 아니다. 종교계 대학의 경우처럼 거의 모든 분야에 진정 '특수성'을 가진 사람이 선점할 수 있는 좁은 틈새 공간이 있다. 일반적인 예로 제약업계에서 과학적·기술적으로 별달리 우수하다고 할 수 없음에도 워낙 규모가 작다 보니 대형 제약회사들이 거들떠보지 않는 작은 분야에서 리더십을 차지하게 된 회사가 있다. 이 회사가 처음 내놓은 제품은 안과 의사들이 백내장 수술을 할 때 좀 더 빨리 수술을 하면서도 실수의 위험성을 덜어주는 데 사용되는 효소였다. 이 회사가 과학적으로 기여한 바는 효소의 저장 수명을 늘려준 일 정도로 대수롭지 않은 것이었다. 그러나 일단 제품이 시장에 나오자 다른 업자가 경쟁에 나선다는 것은 무의미한 일이 되었다. 대규모 제약회사가 시장에 뛰어들 수도 있겠지만 그래봐야 값을 떨어뜨릴 뿐이다.

시장의 리더가 되는 전략과 좁은 문으로 들어가는 이른바 '톨게이트' 전략, 이 두 가지는 모두 성공할 수 있다. 지켜나갈 수 없는 것은 양자 간의 중간 전략이다. 이 둘을 합친 전략은 거의 틀림없이 실패한다. 두 영역이 요구하는 행동은 서로 다르고 그것이 가져다주는 보상도 나쁘며 그에 걸맞은 성격 또한 서로 다르기 때문이다. 그러나 한 기업에서 여러 개의 각각 다른 틈새시장을 겨냥하는(각기 특정 시장을 겨냥하고, 특화를 꾀하며, 다른 '톨게이트' 시장을 선점하는) 일을 하나의 사업으로 합치는 것은 가능할 뿐만 아니라 유리한 경우가 많다.

기업은 이런 전략의 강점이 무엇인지를 파악하고 전략을 짜내야 한다. 우리는 무엇을 잘하는가? 우리가 실적을 올릴 수 있는 분야는 어디인가? 대다수 기업과 공공서비스 기관들 모두 어느 분야에서나 '리더'가 되는 일이 가능하다라고 생각한다. 그러나 강점은 언제나 구체적이고 특별해야 한다. 보수는 강점에 지급하는 것이지 약점에 지급하는 것이 아니다. 그러므로 첫째로 물어야 할 것은 "무엇이 우리의 구체적인 강점인가?"이다. 그런 다음에는 이렇게 물어야 한다. "그 강점은 알맞은 것인가? 그 강점은 내일의 기회에 적합한가, 아니면 어제의 기회에 알맞은가? 이제 더 이상 기회가 없거나 애당초 기회가 없었던 곳에 강점을 활용하려 했던 것은 아닌가? 그리고 끝으로, 우리는 어떤 강점을 추가해야 하는가? 인구 동태와 지식 및 기술의 변화, 세계 경제의 변화, 기회와 환경의 변화를 활용하려면 어떤 실행 능력을 더 갖춰야 하는가?"

전략을 구상할 때 기업은 집중과 분산에 주력해야 한다. 우리는 어떤 기업이 성과를 거두는지 알고 있다. 장기간에 걸쳐 가장 수익성이 높은 기업은 제대로 선정한 단일 품목에 주력한 회사들인데 IBM이나 제너럴모터스가 그 예다. 장기적으로 가장 형편없는 이윤을 거두는 기업은 부적절한 제품을 선정해 그것에만 주력하는 기업인데 바로 선진국의 재래식 제철산업이 그러하다. 그러나 핵심 단일 품목을 중심으로, 특히 단일 시장을 중심으로 다양화한 기업도 올바른 품목을 선정해 단일 품목에 주력하는 기업만큼이나 이윤을 내며 성공할 수 있다. 미국의 존슨앤존슨이 전형적인 예다. 이 회사는 하나의 표준 제품과 함께 면으로 된 거즈에서 시작해 첨단 산아 제한 용품까지 생산하면서 기술적으로 크게 다양성을 발휘하고 있다. 그렇지만 그런 다양성에도 불구하고 모두가 소비자들을 위한 보건 제품이며 같은 판로인 약국을 통해 판매되고 있다.

장기적으로 잘못 선정한 단일 품목에 주력하는 기업만큼이나 이윤을 내지 못하는 것은 복합기업, 즉 시장이나 기술에 있어서 핵심적인 중심 품목이 없는 가운데 다양화한 기업이다. 아주 적은 수의 서로 다른 사업에서 지배권을 행사하는 '현명한 투자자'라는 것이 있을 수 있고, 실제로 그렇게 해서 이윤을 낼 수도 있다. 이를 보여주는 예가 영국의 피어슨그룹인데, 그들은 여러 기업의 지배 주주다. 신문 및 잡지 발행, 주요 머천트 뱅크, 건설 회사 등등 다양한 사업을 벌이고 있다. 독일과 미국에 있는 6개 회사의 지배 주주인 독일의 플릭Flick도 그러한 예이고, 영국의 토머스 틸링Thomas Tilling이나 미국 피츠버그에 있는 멜론스Mellons도 여기 속한다. 이들 투자자들은 하나하나의 사업에 관심을 쏟을 수 있도록 적은 수의 사업에 주력한다. 그들은 거부권을 행사할 수 있도록 주식을 충분히 확보한다. 그들은 중대한 결정을 내릴 때 거기 참여하며, 사업들이 정책과 목표와 전략을 철저히 숙고하는지 확인한다. 또한 사업이 일류로 경영되고 있는지 확인한다. 그러나 그들이 직접 운영하는 것이 아니고 자율적 운영권을 가진 전문 경영인들로 하여금 경영하게 한다.

이와 달리 '복합기업'은 단일 경영 체제하의 집합체로 공통적인 단일 핵심부 없이 매우 다양한 사업들이 엮인 것이라서 장기적으로 우수한 결과와 실적을 기대할 수 없으며, 혼란기에는 더욱 그러하다.

문제점들은 예측이 가능하다. 기업을 잘 알고 이해하게 되면 매우 큰 이득이 덤으로 따라오기도 하는데, 그런 식견은 재무제표만 분석해서 얻어지지 않는다. 주어진 좁은 영역에서 산업이나 기술이나 시장의 여러 가지 상황에 끊임없이 노출되는 경험을 통해 쌓을 수 있는 공감이 요구된다.

그렇지만 잘 선택한 '옳은' 제품도 조만간 '그른' 제품이 돼버린다. 모든 제품은 조만간 '상품'이 된다. 모든 제품은 나이가 들면서 결국 시대의 유물이 된다. 그 어떤 제품도 30~40년 이상 '바른' 제품으로 남기를 기대할 수 없다. IBM의 제품은 분명히 '그른' 제품이 되는 시점에 와 있다. 미국의 전화회사도 독점적 지위를 현명하게 관리해왔지만 이제 제품이 '그른' 것으로 밀려나는 단계에 와 있다. 이런 단계에 이르면 기업은 사업을 다양화해야 한다.

그러므로 이제 내려야 할 중대한 전략적 결정은 언제 다양화를 시작하고 어떻게 다뤄나갈 것인가이다. 단일 제품이나 제품 라인이 아직도 옳은 것으로 명맥을 유지하고 있는 단계에서 너무 일찍 다양화를 시작한다면 리더로서의 위치가 흔들릴 수 있다. 그러나 너무 오래 기다리면 살아남는 것 자체가 힘들어질 수 있다.

경영자들의 성적표를 확인하라

'경영 감사Management audits'는 근래에 기업 쪽 사람들과 함께 기업을 비판하는 사람들과 규제 기관들, 경영 세미나 그리고 경영 간행물 등에서 열띤 논쟁거리가 되고 있다. 이에 대해 이야기하는 사람들은 보통 기본적인 경영의 질을 철저히 살펴봐야 한다고 주장한다. 경영진의 사기와 성실성, 창의성, 사회적 가치관, 인간적 공감 능력 등을 살펴봐야 한다는 것이다. 이에 반대하는 사람들은 이를 난센스라고 반박한다. 중요한 것은 실적이며, 실적은 결산을 통해 충분히 측정할 수 있다는 주장이다.

분명히 말할 수 있는 것은 양쪽 모두 틀렸다는 것이다. 경영은 평가받을 필요가 있다. 꽤 짧은 시일 안에 주식이 공개된 회사의 경영에 대해서는 사회가 이를 평가해야 할 법적 의무를 질 개연성마저 있다. 그러나 '경영 감사'를 외치는 사람들이 이야기하는 것들, 예컨대 성실성이나 창의성은 소설 쓰는 사람들에게나 맡기는 게 좋다.

그렇다고 '결산'이 경영 실적을 평가하는 적절한 척도가 되는 것도 아니다. 결산 결과는 경영 실적이 아니라 기업 실적을 측정한다. 그리고 오늘의 기업 실적은 주로 지난 몇 년간 경영진이 해내거나 해내지 못한 것을 보여준다.

물론 오늘의 경영자들은 지난날의 수동적 관리자들과는 사뭇 다른 역할을 하고 있다. 그들은 자신들이 물려받은 결정들을 수정할 수 있다. 미래와 관련된 결정들은 그렇게 될 가능성이 농후하지만 그들이 물려받은 결정이 빗나갈 경우에는 그것을 접어야 한다. 이것이야말로 그들에게 부과된 가장 중요하고도 가장 어려운 임무다. 그런데 오늘의 경영자에게는 리드타임이 갈수록 길어지면서 어떤 분야에서는 그것이 10년도 더 되는 상황에서 기업의 미래를 만들어 나가야 하는 책임도 부과되고 있다.

그러므로 경영 실적은 주로 오늘의 기업을 미래에 잘 대비시켜나가는 것을 의미한다. 이것이 경영 실적 측정 내지는 최소한 실적 평가가 가장 필요한 부문인데 혼란스러운 시기에는 특히 그러하다.

기업의 미래는 주로 4개 분야에서 지금의 경영진이 올리는 실적에 의해 좌우되는데 이 4개 분야를 바탕으로 경영의 평균 실적을 평가할 수 있다. 각 분야에서 평가 점수를 알게 되면 경영진은 실적을 크게 개선할 수 있다.

1. **자금 배정**: 거의 모든 회사가 자금을 배정하는 정교한 절차를 갖고 있다. 부문별 책임자가 사실상 마음대로 할 수 있는 회사의 경우에도 최고경영진은 여전히 아주 적은 투자에 대해서도 최종 결재권을 갖는다. 그런데 대다수 경영진은 자금 배정을 결정하는 과정에 많은 시간을 할애하면서도 그렇게 배정된 자금이 어떻게 집행되는지에 대해서는 별다른 관심을 갖지 않는다. 많은 회사들의 경우 자금이 어떻게 쓰이고 있는지를 알아내기 힘들다. 물론 거액을 투자한 공장 건설이 예정보다 늦어진다거나 비용이 당초 계획했던 것보다 많이 소요된다거나 하면 그때는 모두가 그러한 사실을 알게 된다. 그러나 일단 공장이 돌아가기 시작하면 투자할 당시에 기대했던 바와 실제 실적을 비교해보는 경우가 별로 없다. 그리고 규모가 작은 투자

의 경우 총체적으로 따지면 똑같이 중요한 것인데도 일단 결정이 이뤄지고 나면 좀처럼 살펴보거나 하지 않는다.

경영진의 능력과 실적을 평가하는 데는 자금이 배정되는 과정과 실제 결과를 예상했던 바와 비교해보는 것보다 더 좋은 방법은 없다. GM은 약 50년간 그렇게 해온 것으로 알려져 있다. 경영진의 투자 결정 실적을 모니터하는 시스템이 처음으로 공개된 것은 1927년이었다.

우선 비교해봐야 하는 것은 투자 자체의 수입과 투자 결정을 내렸을 당시 기대했던 수입이고, 그 다음으로는 투자 결정이 기업 전체에 가져다주는 수입 및 수익성과 투자 결정 당시에 기대했던 내용이 어떤 것이었는가 하는 점이다. 자본 배정 결정의 결과를 피드백하는 일은 비교적 간단하다. 관건은 결정에 따라 목적한 바에 전력투구하려는 의지와 실제 결과가 나왔을 때 그를 그대로 받아들이는 '지적인 정직성'(전문가가 아님에도 전문가인 것처럼 행동하지 않는 것, 실수를 기꺼이 인정하는 것을 의미한다—옮긴이)이다.

2. **인사 결정**: 관리 인력 및 전문 인력의 개발 및 배치야말로 궁극적으로 모든 조직에서 경영 실적을 높이는 방법이라는 점에 모두가 동의한다. 오늘 내리는 결정이 결실을 맺도록 보장하는 길은 이것뿐이다. 미래와 관련해 내리는 결정, 다시 말해 오늘의 경제 자원을 미래의 불확실성에 투입하는 경영상의

결정은 그러한 성격 자체로 인해 어려움에 부딪치게 된다. 그리고 오늘의 결정에 대한 뒤처리는 미래 사람들의 능력에 의존해야 한다. 사람들은 이 분야가 대단히 중요한 것임을 인정하지만 보통 '막연한' 것으로 간주한다. 그러나 한 사람에게 일을 맡길 때 그에게 기대하는 바가 무엇이며, 인사 결정이 어떤 결과를 가져올 것인가 하는 것은 막연하지 않다. 그 어느 것도 양적으로 표현할 수는 없지만 두 가지 모두 쉽게 판단할 수 있다.

어떤 인사 결정이 기대했던 만큼의 결과를 가져오지 않을 경우 확실해지는 사실 한 가지는 인사 결정을 한 경영자가 그릇된 결정을 했다는 점이다. 승진 인사가 좋은 결과를 가져오지 않을 때 승진한 사람을 탓하는 것은 투자가 좋은 결과를 낳지 않았다고 해서 거기에 투입된 돈을 탓하는 것만큼이나 불합리한 일이다. 인사 결정이 어떻게 이뤄지며 어떻게 작용하는지 아는 경영자는 자신이 임명한 사람을 나무라지 않는다. 그들은 자기 자신을 나무란다. 자신이 승진시킨 사람이 자격이 없는 것으로 판명되는 경우는 극히 드물다. 이 경우 경영자는 결코 '사람을 잘 판단하는 사람'이 좋은 결정을 내린다고 믿지 않는다. 좋은 결정을 내리는 사람은 그를 위해 노력하는 사람이며, 특히 자신이 선택한 사람이 실제로 업무를 어떻게 해나가고 있는지를 반드시 살피는 경영자임을 알고 있다.

조직의 정신과 조직에 몸담고 있는 사람들의 발전을 평가하는 일은 쉽지 않으며, 과학적으로 평가하는 일은 더더욱 어렵다. 그러나 그 정신과 발전의 결과를 평가하는 일은, 다시 말해 사람들에 대해 내린 결정의 결과를 기대했던 바와 비교해 평가하는 일은 쉽다. 거기에는 다만 기대했던 실적과 비교해 판단하는 '성적표'만 있으면 되는 것이다.

3. **이노베이션**: 연구 노력, 개발 노력, 새로운 사업이나 새로운 제품에 기대했던 것은 무엇인가? 그런데 1년, 2년, 3년, 5년이 지나서 실제로 나타난 결과는 어떤 것인가? 우리는 늘 연구 결과를 예측하거나 미래를 투시하는 것은 불가능하다는 말을 듣는다. 그러나 그것을 측정하거나 적어도 평가하는 것은 가능하다. 그렇게 함으로써 연구 활동이 시작됐던 때의 약속과 기대에 비춰볼 수 있다. 이는 개발 노력이나 새로운 사업, 새로운 제품, 새로운 시장 그리고 나아가서 이노베이션 전반에 해당된다.

가장 유능한 경영진조차도 이노베이션 분야에서는 타율이 아주 좋아봐야 3할 정도에 그칠 가능성이 크며, 실제로 성공하는 경우는 세 번에 한 번 정도다. 이노베이션은 불확실성이 크다. 그렇지만 어떤 경영진은 제품 도입 및 개발 분야에서 꾸준히 남들을 크게 앞지르는데 거기에는 분명 행운 아닌 다른 이유가 있다고 봐야 한다. 프록터앤갬블, 3M, 독일의 지멘스 또는 일본의 히타치를 예로 들 수 있다. 이처럼 타율이 높은 기업들은 그들의 이노베이션 실적을 기대했던 바에 비추어 평가하는 일이 관례가 되어 있다. 대다수 기업들은 이노베이션을 약속했던 바를 바탕으로 관리하지만, 이노베이션을 유능하게 해내는 사람들은 결과에 대한 피드백을 바탕으로 그것을 관리한다.

4. **전략 vs 실행**: 끝으로 경영의 실적은 기업 전략에 비춰 측정할 수 있고 또 그렇게 해야 한다. 기업이 기대했던 바대로 되고 있는가? 설정했던 목표가 실제로 일어난 일에 비춰 볼 때 기업 내부와 시장, 경제, 사회의 여건을 감안해 바르게 설정된 목표였는가? 그리고 그 목표는 성취되었는가? 실적에 비춰 전략을 판단하려면 기대하는 바가 구체적으로 정해져야 하고 기대에 대한 실제 상황에 피드백을 해주어야 한다. 이노베이션 경우처럼 아주 유능한 회사는 기업 전략의 평균 타율이 유달리 높지 않고 3할 이하일 것이다. 그렇지만 역시 야구에 빗대서 말한다면 이들 경영진은 적어도 언제 스트라이크아웃을 당하고 언제 치고 나가야 하는지를 알고 있다. 무엇보다도 그들은 자신이 무엇을 잘하며 개선해야 할 점은 무엇인지 알고 있다.

3장

거대한 인구 구조 변화를 관리하라

MANAGING
IN TURBULENT
TIMES

우리를 끊임없이 놀라게 하는 큰 뉴스들 중에서 석유파동도, 널리 예언되고 있는 식량이나 금속 또는 광석의 부족도, 지금 이 순간 발생하고 있는 다른 그 어떤 '위기'도 인구 구조와 동태에 일고 있는 변화만큼 중요하지는 않다. 현실적이라는 점을 차치하고 말이다. 그런데도 이 문제를 인식이나마 하고 있는 기업은 별로 없으며, 정부의 경우는 더더욱 드물다. 흔히 이야기하는 개발도상국들의 '인구 폭발'이 큰 문제이기는 하지만 이 또한 가장 중요한 문제는 아니다. 진정 중요하면서도 사람들이 인식하지 못하고 있는 눈앞의 문제는 선진국의 노동력 부족이며, 특히 제조업 및 서비스 부문의 전통적 일자리에서 일할 젊은이들의 부족이다. 모든 선진국이 규모, 연령 구조, 교육 구조, 노동인구 구성에서 심각한 변화에 직면해 있는데, 이는 부분적으로 1940년대 후반부터 1960년대 중반까지 나타난 '베이비붐'의 결과이며 더 큰 요인은 1960년대 후반의 '베이비버스트baby bust'(출산율이 급감한 세대—옮긴이)다.

인구 동태의 변화는 새로운 기회를 가져올 것이다. 새로운 시장과 새로운 패턴의 경제 통합이 이뤄지고 이를 계기로 새로운 정책의 필요성이 대두될 것이며, 특히 선진국들은 구조적으로 남아도는 인력을 예상하고 대처해야 할 필요성으로 인해 그와 관련한 사회 정책이 요구될 것이다. 실업수당을 지급하는 서구의 접근법과 일본의 '평생고용' 정책은 모두 기껏해야 부분적 성공을 거둔 미흡한 정책에 불과하다. 무엇보다도 인구 동태는 기업과 정부, 고용인과 피고용인, 노동조합이 가장 소중히 여겨왔던 신념과 습관을 바꿔놓을 것이다. 인구 동태는 완제품 위주던 국제 교역을 '생산 분업'으로 대체함으로써 국제 경제 및 국제 무역의 일반적인 통념을 재고시킬 것이다. 또한 소비자 시장의 구조 및 분할에 대한 사람들의 강한 신념을 흔들어놓아, 그로 인해 전통적인 '다국적 기업'이 '다국적 연합'으로 바뀔 가능성이 크다. 노동력 부족과 노동력 과잉이 동시에 존재하게 되어 고용 및 실업의 전통적 개념과 척도를 뒤흔들 것이다. 선진국들로 하여금 고등교육을 받은 경영 및 전문직의 고용 기회 마련을 최우선 과제로 삼게 하는 한편, 경제 빈곤화의 위험을 무릅쓰고 미수련 내지는 반숙련 노동자들의 일자리를 보호하도록 압력이 조성될 것이다. 지난 100년 동안 성취해 소중히 간직해온 일정 연령의 '은퇴'를 구시대의 유물로 만들 것이다. 선진국들의 노동력이 크게 변화해 하나의 '노동력'이 아니라 각기 서로 다른 필요와 기대와 행동 특성을 가진 여러 '노동력들'이 존재하게 될 것이다.

인구 동태는 전통적 조직이 급격한 변화를 일으켜 '머리 둘 달린 괴물'로 바뀌면서 자율적 경영 조직과 자율적 전문직 조직이 공생적 긴장 속에 공존하게 할 것이다. 이와 같은 역학 관계는 새로운 다른 경제적·사회적·조직적 전략의 필요성을 대두시킨다.

인구 동태의 새로운 현실을 파악하라

경제학자와 기업인과 정치인은 인구가 문제라는 것을 늘 알고 있었다. 그러나 거기에 관심을 기울이지 않았고 그런 태도가 별 문제 없는 것으로 통했다. 그 이유는 인구 동태의 변화가 기업인이나 정치인이 내려야 하는 결정과는 무관할 정도로 긴 시간적 스케일로 나타나기 때문이다. 기업인이나 정치인의 결정이 5~10년의 타임 스팬time span, 즉 시간 범위를 갖는 것과는 달리 전통적인 인구 변화는 40~50년 만에 일어난다.

그러나 20세기 후반에 접어들며 인구 변동의 시간 범위에 돌연변이가 나타났다. 이제 인구 변동은 극도로 짧은 기간을 두고 일어나며, 과격하고 변덕스럽고 모순된 양상을 띠게 되었다. 그런데도 다른 무엇보다도 더 예측이 가능해졌다.

자유세계의 모든 선진국에서는 2차 세계대전 이후 '베이비붐'이 있었다. 베이비붐이 시작된 미국에서는 1947~1949년 동안 출생률이 50퍼센트 가까이 증가했는데, 일찍이 볼 수 없었던 이 같은 증가에 대해서는 설명할 길이 없다. 일본도 1950년대 초반 미국의 뒤를 이어 출생률 증가를 보였으며 증가율이 미국과 비슷했다. 자유세계의 주요 선진국 중에서 마지막으로 '베이비붐'이 나타난 나라는 독일이었다. 독일의 베이비붐은 1950년대 중반에 시작됐다.

그 뒤 전 세계 선진국들이 잇달아 하나같이 전례가 없는 베이비버스트를 겪었다. 1950년대 후반 일본에서 시작된 베이비버스트 현상은 1960년에는 미국으로 건너갔고, 마지막으로 1960년대 후반에 이르면서 독일에서 나타났다. 선진국마다(유일한 예외는 영국이었는데 영국은 억제해야 할 정도의 베이비붐을 경험하지 않았다) 신생아 수가 20~30퍼센트라는 전례 없는 감소율을 나타냈다. 출생률은 그 이후로 바닥권에 머물고 있다.

역시 영국의 경우는 예외지만, 전후 시기의 모든 선진국에 전에는 찾아볼 수 없었던 큰 변화가 닥쳐왔고, 이는 취업을 시작하는 연령과 취직해 경력을 쌓기 시작하는 젊은이들의 포부가 크게 달라지도록 만들었다. 다른 모든 인구 동태의 경우와 마찬가지로 가장 극단적인 경우는 일본이었다. 2차 세계대전 이전에는 일본 젊은이 20명 중 고등학교에 진학하는 학생은 3~4명에 불과했다. 나머지 16~17명은 중학교를 졸업하는 데 그쳤다. 그런데 지금은 젊은 남성의 절반이 대학에 다닌다. 나머지 절반은 고등학교를 마치자마자 취직한다. 오늘날 중학교를 마치고 취직하는 젊은 남성들은 거의 없다. 15세에 중학교를 졸업하고 더 이상 교육을 받지 않는 젊은 여성은 몇 안 되는 농촌 벽지에나 가야 볼 수 있다.

모든 선진국에서 기대수명은 크게 올라갔다. 미국이 1935년의 사회보장입법 조치로 정부 연금제를 도입했을 때 보험회계사들은 남성들의 기대수명을 58세로 잡았다. 그런데 지금은 70세를 넘었으며 계속 높아지고 있다. 45년 전 나이가 65세 된 사람의 남은 수명은 몇 개월에 불과했다. 오늘날 65세가 된 남자나 여자는 13~14년을 더 살 것이라 기대된다. 선진국에서 지금 나이가 65세 된 사람들의 대다수는 육체적으로나 정신적으로나 '중년'이며 정상적으로 기능할 수 있다.

가장 극단적인 경우는 역시 일본이다. 2차 세계대전 전에는 일본인의 출생 당시 기대수명이 남성은 48세, 여성은 52세였다. 1950년까지 이 수치는 달라지지 않았다. 그런데 30년이 지난 지금 일본은 다른 어느 나라보다도 기대수명이 높아 남녀 할 것 없이 70세를 훌쩍 넘겼다.

전후기에는 노동력 구성에 큰 변화가 일어났다. 미국에서 공식 고용 통계가 처음 개발된 1935년에 '고용'이란 가족을 거느린 남성 세대주가 전석으로 식상 일에 종사하는 경우를 의미했다. 물론 1935년에도 직장을 가진 여성들이 많았다. 그러나 농부나 구멍가게를 하는 사람의 아내처럼 급료를 받지 않아 취업인구로 간주되지 않는 사람들을 제외하고, 이들은 이제는 사라진 가정부거나 결혼을 하면 영영 노동시장을 떠날 젊은 미혼 여성들이었다.

1980년에 미국의 근로 시간 10시간 중 7시간은 여전히 성인 가장들의 몫이었다. 그러나 이들은 오늘날 수적으로 뚜렷이 소수를 이루게 되었으며 현재의 취업 인구에서 5분의 2를 넘지 않는다. 그보다 많은 숫자인 5분의 3이 45년 전에는 고려 대상도 아니어서 좀처럼 계산에 넣지도 않았던 사람들이다. 파트타이머로 노동시장에 오래 남아 있을 여성들, 은퇴 연령이 넘었지만 풀타임 또는 파트타임 근무를 하는 고령자들, 주로 파트타임 일을 할 수 있는 백인, 흑인, 멕시코인 학생들 등이 그런 예다.

미국의 고용 및 실업 통계는 여전히 직장을 가진 사람은 모두가 풀타임으로 일하고 있고 '무직자'는 모두가 항구적인 풀타임 직에 채용될 수 있는 것으로 간주한다. 여전히 무직자라는 사실 자체가 부양해야 할 식구들을 거느린 성인 남성 가장을 의미하는 것으로 생각한다. 그러나 모든 선진국에서 이런 생각은 모순된 것이다.

노동력은 잡다한 것이 되었으며 분할 현상은 계속될 것이다. 연령별 남녀 성별 분포에서도 분할 현상은 계속될 전망이다. 일본의 경우 결혼 후에도 직장에 머물러 있거나 자녀가 유년기를 넘기고 나면 직장으로(파트타임 또는 풀타임으로) 돌아오는 여성들이 갈수록 많아지고 있다. 노동 시간의 많은 부분은 여전히 남자 성인 가장의 몫인데 그들은 안정된 일자리를 찾는다. 그러나 선진국 곳곳에서 다른 사람들, 예컨대 결혼했거나 미혼인 여성들이 수적으로 우위에 있다. 많은 여성들(젊은 여성들의 과반수)이 풀타임 직에 종사하며 남성들과 같은 기회를 기대하게 될 것이다.

첨단 기술을 요하는 자리에서 일하는 사람들 중에는 직장을 기술을 익혀가는 곳으로 여기는 경우가 갈수록 많아지고, 대학이건 병원이건 기업이건 자신을 고용한 곳을 '편의 시설'로 간주하는 사람들이 많아질 것이다. 그들의 '충성심'의 대상은 회사나 대학, 공동체가 아니라 자신들의 기술과 도구와 전공 분야와 방법론이 된다. 도제 수업을 마치고 떠돌아다녔던 지난날의 장인들을 닮은 사람들과, 한 고용주를 위해 일정 기간 풀타임으로 일하고 다른 기간에는 다른 고용주를 위해 파트타임으로 일하는 사람들이 점점 많아질 전망이다.

이에 못지않게 중요한 게 '연령'의 의미 변화다. 19세기 이전에는 '퇴직연령'이나 '연금 계획' 같은 개념이 없었다. 사람들의 기대수명이 그리 길지 않았기 때문이다. '퇴직연령'이 처음으로 설정됐을 때(1880년대 비스마르크의 독일에서 처음 나온 개념) 사람들은 그 나이까지 살거나, 그때까지 건강을 유지하면서 일할 수 있으리라고는 생각하지 않았다. 전통적 연금제도는 고령의 퇴직자에게 퇴직연금을 준다는 의미보다 유족인 미망인과 자녀들을 돌보려는 취지에서 고안된 것이었다.

아식노 일본의 대다수 회사들과 특히 규모가 작은 회사들에서 많이 시행되고 있는 제도는 불과 50년 전에 고안된 것이다. 55세에 퇴직하는 사람은 2~3년 치 급료에 상당하는 퇴직금을 받고 은퇴한다. 그러나 고용된 사람이 55세가 되기 전에 사망하는 경우 미망인과 어린 자녀들에게 혜택이 돌아갔다. 일본인들의 기대수명이 40대였던 50년 전에는 이 제도가 불합리한 것이라고 할 수 없었지만, 55세가 된 일본인이 20년 이상을 더 살 것으로 기대하는 지금의 상황에는 전혀 맞지 않는다.

물론 55세가 되었다고 일본 사람들이 '은퇴'를 하는 것도 아니다. 그들은 그럴 수 있는 처지가 아니다. 일반적으로 이전보다 규모가 작은 직장을 찾아 훨씬 적은 보수를 받고 일하거나 기술을 살려 자영업을 하거나 아르바이트를 하게 된다. 이런 패턴은 이제 모든 선진국에서 볼 수 있다. 아직도 많은 사람들이 은퇴하면 일을 하지 않게 된다고 생각하지만 갈수록 그런 사례는 일반적인 것이 아니라 예외적인 것이 되어가고 있다. 특히 물가가 뛰는 상황에서는 일을 계속하는 사람들이 늘어나는데, 이런 경우 보통 다른 직장을 구하거나 파트타임 일을 하거나 아르바이트를 한다. 그리고 은퇴 아닌 은퇴를 한 사람들 중에 국가에 소득신고를 하지 않는 사람들이 많아지고 있다.

정해진 나이에 '강제로' 퇴직하는 전통적인 퇴직은 없어지고 있다. 그 이유는 얼마간 전통적 퇴직연령에 이른 사람들이 신체적으로나 정신적으로 아직 건강한 상태여서 일을 하지 않고 가만히 있을 수 없다는 사실에 있고, 또 얼마간은 모든 선진국에서 65세 이상의 사람들이 성인 인구의 5분의 1 내지 4분의 1에 이르면 경제가 그들의 무노동 상태를 지탱할 수 없다는 사실에 있다.

그러나 이에 못지않게 중요한 것은 반대편에 있는 신참 노동인구의 연령 변화다. 일이 더 힘들어졌다는 증거는 별로 찾아볼 수 없다. 예를 들어 캐나다의 영어권 지역에서는 지난 20년간 은행들이 대학 졸업자들을 신입사원으로 뽑았는데 지금은 추가로 경영학 석사 학위를 요구하고 있다. 그러나 교육 혁명이 다소 늦게 일어났던 불어권 퀘벡에서는 은행이 신입사원으로 고등학교 졸업자를 채용하고 있다. 그런데 이들 불어권 캐나다인들은 대학에서 4~7년을 더 보낸 영어권 동료들과 비교해 생산성에서 뒤지거나 업무에 필요한 준비가 덜 됐거나 일을 감당하는 능력에서 뒤지거나 하지 않는다.

1929년에 디트로이트 자동차 조립공장의 현장 감독들은 보통 초등학교에서 2년 동안 교육을 받은 사람들이었다. 그렇지만 그들은 대학 교육을 받은 1980년의 현장 감독들보다도 힘들고 중요하며 훨씬 독자적인 일을 했다. 1980년의 현장 감독은 노조 계약, 인사부 접촉, 품질 관리, 생산 스케줄, 훈련 감독 등 1929년의 현장 감독은 들어보지도 못한 일들에 둘러싸여 있다.

첫 취직을 하는 사람들에게 요구되는 교육 수준이 높아진 것은 이제 사람들이 훨씬 오랫동안 직장에 머물 것으로 예상되므로 첫 취직 시기를 늦춰야 할 필요성이 절실해졌기 때문인지도 모른다. 그러나 어떤 이유에서든 선진국의 경우(역시 영국은 예외다) 대학에 진학하지 않은 사람은 별 볼일 없는 '낙오자'로 간주될 위험이 크기 때문에 노동시장에 진출하는 연령은 바뀔 것이다. 사정이 달라진 것이다. 질적인 측면에서 이것이 의미하는 바는 노동시장으로 진출하는 젊은이들의 최대 집단(그리고 분명 젊은이들의 과반수)이 이제 손으로 작업했던 과거의 일로는 만족시킬 수 없는 기대를 가지고 취직한다는 사실이다. 그들은 일보다 경력을 원한다. 그들은 숙련된 사람으로서 적어도 전문성을 갖춘 관리직이나 전문직을 갖고자 한다. 그들은 기술적으로나 정신적으로나 농장이나 공장, 광산에서 하는 일을 비롯해 기술 유무와는 상관없는 온갖 육체노동 등 과거의 전통적인 일을 할 준비가 되어 있지 않고 그럴 자격도 없다.

요약하면, 2차 세계대전이 발발하기 직전인 1940년의 노동인구는 공장이나 농장에서 일하는 남성 노동자 위주로 이뤄졌다. 그러나 1980년대의 노동력은 남녀 양성으로 이뤄져 있다. 모든 선진국의 경우 노동력에서 여성이 차지하는 비율은 남성과 동등하며 특히 50세 미만 여성들의 경우가 그러하다. 다만 여성들의 경우 파트타임으로 하는 일이 매우 많다.

둘째로, 고등교육을 받은 젊은이들이 노동시장에 많이 진출하고 있는데 이들은 받는 돈과는 상관없이 전통적 일은 하려 들지 않는다. 풀타임으로 일하는 남성 가장이 주류를 이루지만 노동력이 다양해져 풀타임으로 일하는 여성 가장(주로 이혼한 여성)도 증가하고 있다. 갈수록 파트타임 근무를 하는 사람들이 많아지고 있는데 여성들이나, 가정을 갖는 것은 차치하고 경력을 쌓을 준비가 되지 않았거나 아직 학교에 다니고 있는 젊은이들, 공식적으로는 은퇴할 때가 지났지만 몇 달 동안 풀타임 일을 하거나 파트타임 일만 하려는 노인 등이 그런 사람들이다.

모든 선진국에서 젊은이들의 노동시장 공급과 전통적인 직장에 대한 젊은 인력의 공급은 순탄하지 않을 전망이다. 전통적 일을 해줄 전통적 노동자가 크게 부족한 상황에 직면하게 되었는데 특히 전통적 제조업들이 이런 인력난에 직면하게 되었다.

　1980년 미국에서 대학을 졸업하는 젊은이들은 베이비붐의 마지막 해인 1959년에 출생한 사람들이다. 그들이 지나가고 나면 취직하려는 젊은이들의 수는 급격히 줄어들 것이다. 하지만 미국의 경우 학사 이상의 학위를 가진 젊은이들 수는 몇 년 더 높은 수준을 유지할 것이다. 베이비붐이 늦게 시작돼서 늦게 끝난 독일의 경우 1984년까지 젊은 인력이 제법 많이 공급되겠지만, 이 고비를 넘기면 사정은 달라질 것이다. 이 시기가 지나고 나면 선진국들의 경우 젊은 인력 공급이, 특히 전통적인 직장에서 일할 젊은 인력 공급이 모든 국가에서 심각한 차질을 빚을 것이다. 일찍이 경험해보지 못한 낮은 수준이 될 것이다. 가장 먼저 베이비버스트를 겪은 일본의 경우 이미 이런 일이 벌어졌다.

　개발도상국들은 인구 구성에 있어서 선진국들과는 거의 정반대 되는 상황에 놓여 있다. 확실히 이들 나라에서도 기대수명이 길어져 고령자들이 많아질 것이다. 그러나 2차 세계대전 이후 개발도상국들의 인구 동태에 나타난 중요한 변화는 영아 사망률의 급격한 하락이었다. 멕시코의 경우 1938년에는 신생아 10명 중 2~3명만이 살아남아 20년 후 노동시장에 편입될 수 있었다. 그런데 1958년에는 멕시코에서 출생한 어린이 10명 중 7~8명이 20년 후인 1978년까지 살아남아 노동시장으로 나갈 수 있었다. 멕시코는 동남아, 아프리카, 중남미 등 개발도상 지역의 전형적인 예다. 출생률이 많이 증가한 것으로 생각하는데 그것은 오해다. 출생률은 실제로 모든 나라에서 떨어졌다.

오늘날 멕시코의 경우 가임 연령 여성 1,000명당 출생률은 1938년과 비교해 괄목할 정도로 낮아졌다. 그러나 당시와 비교해 서너 배나 많은 아이들이 성년이 될 때까지 살아남는다는 사실은 엄청난 인구 증가와 젊은 인구의 증가를 의미한다.

1960년까지는 이러한 현상을 찾아볼 수 없었다. 존 케네디 대통령이 취임한 첫해에 전문가들이 중남미를 위한 '발전동맹Alliance for Progress'을 만들었을 때만 해도 인구 동태의 변동은 예견되지 않았다. 그들은 영아 사망률의 하락을 예상하기는 했지만 하락폭은 소폭으로 느리게 나타날 것으로 봤다. 그런데 1960~1965년까지 5년 사이에 중남미의 영아 사망률은 급격히 떨어지면서 젊은 층 인구가 급격히 증가했다.

당시의 영아들이 1980년대 초반 지금 성인이 되고 있다. 그러므로 금세기의 남은 기간 동안 개발도상국들의 기본적인 문제는 일자리가 될 전망이다. 일자리만 해결된다면 식량은 해결될 것이다.

2010년경까지는 대다수 개발도상국의 인구가 다시 균형을 되찾게 될 것으로 예측된다. 홍콩, 대만, 싱가포르, 대한민국과 같은 국가에서는 이미 균형이 이뤄졌다. 중남미 대다수 국가들의 인구 동태도 균형을 찾아가고 있으며 증가 속도도 많이 둔화하고 있다.

그러나 지금부터 2010년까지 30년 동안 대다수 개발도상국들의 관건은 영아 생존율을 높이는 데 크게 성공하면서 발생한 문제에 대처하는 일이 될 것이다. 2차 세계대전 이후 30년간 영아 사망률

하락은 인류가 거둔 성공 사례의 하나다. 그 결과에 대처하는 것이 앞으로의 과제다.

사라지는 이민

전통적 노동력의 급격한 감소에 직면한 서방 선진국들의 경우, 이제 더 이상 공업화 이전의 개발도상국들로부터 새로 이민자를 받아들이는 것으로 노동력 감소에 대처하기는 어려울 것이다. 2차 세계대전이 끝난 시기에는 대량 이주를 통해 비교적 대수롭지 않았던 인구 문제를 해결할 수 있었다. 그러나 이제는 세계의 거의 모든 지역에서 이런 식의 해결을 기대할 수 없게 됐다.

마셜 플랜에서 석유파동에 이르기까지 25년간은 세계적인 이주의 시대였다. 공업화되지 않은 지역의 사람들이 대거 공업화된 도회지로 이동했다. 미국, 일본, 소련 등 일부 지역의 경우 그와 같은 대량 이주는 동일한 국가 경제 안에서 이뤄졌다.

2차 세계대전이 끝났을 때 일본 인구의 5분의 3은 여전히 시골에 살면서 과반수가 토지를 경작했다. 오늘날 시골에 사는 사람들은 전체 인구의 5분의 1도 안 되며 농부의 비율은 10퍼센트에 불과하다. 미국도 이와 마찬가지로 2차 세계대전 이후 농촌 인구가 3분의 2나 줄어 농사로 생계를 유지하는 인구는 20분의 1에 불과하다. 소련에서는 인구의 4분의 1이 아직도 생산성이 낮은 농장에 묶여 있지만 1945년에는 이 비율이 거의 50퍼센트였다.

서유럽에서도 이와 비슷한 농촌 탈출 현상이 일어났으며 특히 독일 남부 지역과 이탈리아, 스페인, 그리스에서 이런 인구 이동이 있었다. 그러나 서유럽의 이주 현상은 주로 공업화되지 않은 지역, 곧 남부 지역, 지중해 지역, 스페인, 시칠리아, 그리스, 포르투갈, 터키, 알제리, 유고슬라비아에서 서부와 북부의 공업 지대로 이주하는 형태로 나타났다. 1960년대 말에 이르면서 일부 국가에서는 '손님 노동자'가 여러 산업에서 원주민 노동자를 수적으로 능가하는 현상이 나타났는데 스위스의 경우가 좋은 예다.

이주가 아직도 계속되고 있는 나라는 오직 미국뿐이다. 미국은 멕시코로부터 대량 이주를 기대할 수 있는데, 가난한 이 나라는 노동력이 많이 남아도는, 실업률이 가장 높은 나라 중 하나이기도 하다. 2,000마일(약 3,200킬로미터)에 달하는 개방된 국경을 통해 멕시코로부터 엄청난 숫자의 사람들이 미국으로 몰려오는 것을 막을 길이 없는, 샌디에이고에서 덴버에 이르는 서남 지역과 이미 스페인계가 많이 정착해 있는 동부와 중서부 지역(뉴욕, 필라델피아, 시카고)으로 몰려들고 있다. 실제로 멕시코에서 온 이민자들에 의한 캘리포니아 남부 지역의 재점령은 이미 시작됐다. 그들이 공식적으로 '합법적' 이민자인지 '불법적' 이민자인지는 중요한 문제가 아니다. 어쨌든 미국의 서남 지역은 선진 세계에서는 유일하게 앞으로 20~25년 동안 전통적 제조업이 상당한 성장률을 보일 것이다. 경제적으로 멕시코인들의 대량 이민은 노동조합이 뭐라고 하건 미국 제조업에게 오랫동안 누리지 못했던 경쟁력을 누릴 수 있도록 해줄 전망이다.

그러나 나머지 서방 선진국들에서는 이민이 도움이 되지 않을 것이다. 2차 세계대전 이후 미국과 일본의 산업경제를 떠받쳤던 불완전고용 노동자들이 크게 줄어들었기 때문이다. 미국과 일본의 농장에는 공업화하지 않은 사람들이 거의 남아 있지 않다. 이들 두 나라에서 소규모 영농을 하는 사람들은 주로 조그마한 농장에 살면서 얼마 안 되는 닭을 키우고 있지만 이미 공장에 나가 일하고 있는 사람들이다. 일본인이 아닌 사람들, 예컨대 베트남인들의 이주는 생각할 수 없는 일이다. 일본인들은 오래전에 들어온 많지 않은 한국인들조차 아직 동화시키지 못하고 있다. 서유럽으로 말하자면 '손님 노동자'의 추가적인 대량 유입은 있을 법하지 않다. 이들 사회는 지난 25년간 이민이 가져다준 혼란 사태를 더 이상 용납하지 않을 것이다. 서유럽 국가들은 스위스와 독일 사람들이 이미 그렇게 했듯이 공업화 이전 지역으로부터 추가 이민을 권장하는 것이 아니라 '손님 노동자'의 유입을 줄일 것으로 예측된다.

우리는 통계학의 시조인 윌리엄 페티Sir William Petty가 18세기 초기에 랭커서와 요크셔에서 도시화가 이뤄지는 것을 처음으로 살핀 이후로 250년도 더 되는 기간을 통해 도시 문명의 흡수 능력에 한계가 있다는 것을 잘 알게 됐다. 유민의 물결이 너무 커지면 사회적으로 혼란을 불러일으킨다. 미국 대도시의 흑인 게토가 좋은 예다. 이런 시대상이 반영된 소설이 바로 찰스 디킨스의 《어려운 시절Hard Times》인데, 1840년대 초 작품인 이 소설은 랭커스터 면방직공장을 다루면서 산업 정글 속에 완전히 갇혀버린 채 짐승 취급을 당하는 무산 계급의 참상을 그렸다.

추가적인 대량 이민은 분명 거부 반응을 일으킬 것이므로 최소한으로 제한될 전망이다. 그러므로 대체로 선진국들은 그들이 가지고 있는 노동력을 적절히 활용하지 않으면 안 될 것이다. 노동연령에 이르는 젊은이들의 수가 급감하는 상황을 받아들여야 한다. 학교 교육의 상향화와 더불어 젊은이들의 기대도 높아질 것이다. 노동력 다양화가 심화하면서 여성도 남성과 동등하게 참여하겠지만 '일'의 개념은 과거와 같지 않아 더 이상 일은 평생 풀타임으로 하는 것임을 의미하지 않을 것이다. 그리고 퇴직연령의 강제성은 사라지고, 특히 '은퇴'가 자동적으로 '일'의 중지를 의미한다는 생각이 사라질 것이다.

반면에 개발도상국들의 경우 경제적·사회적·정치적으로 우선적인 과제는 취업연령에 달한 젊은이들의 급증에 대비해 일자리를 마련하는 일이다. 그들 젊은이는 고도의 훈련을 쌓았거나 훌륭한 기술을 갖춘 것은 아니지만 부모들보다는 훈련이나 기술에서 우위에 있으며, 라디오나 TV의 덕인지는 몰라도 사물에 대한 안목이 부모들보다 훨씬 높아서 부유한 세계는 어떻게 살고 있는지 알고 있다. 무엇보다도 젊은이들은 산간벽지가 아니라 급속히 팽창하는 도회지에서 살고 있으므로 사람들의 주목을 끌 수 있고 그래서 그들의 목소리를 낼 수 있다. 이것이 현실이다.

초국적 통합, 생산 분업에 주목하라

선진국에서 전통적 작업에 드는 비용, 특히 전통적 제조업의 노동 비용은 노동력 부족으로 인해 상승할 수밖에 없다. 그런데 많이 오른 노임을 주고도 일할 노동력이 확보되지 않을 것이다. 한마디로 사람을 구할 수 없다는 뜻이다. 노동집약적 생산 단계에 필요한 노동력을 다른 데서 구할 수 없는 한, 선진국들의 생산 능력은 줄어들 수밖에 없다.

한편 개발도상국들은 남아도는 노동력, 즉 노동집약적인 전통적 일밖에 하지 못하는 노동력을 위해 충분한 일거리를 마련하지 못하는 한, 사회적·정치적 안정이 심각한 위협을 받을 뿐 아니라 경제적 위상과 국민생산이 떨어지는 상황에 직면해 있다. 그들에게는 독자적으로 종합적인 산업을 개발할 기술이나 자본, 경영력이 없을 뿐만 아니라, 대개의 경우 산업이 생산하는 제품의 수요를 일으킬 시장마저 없는 실정이다. 따라서 기술과 고도의 경영술을 요하는 생산 단계를 위해서 선진국에서 갈수록 더 많이 남아도는, 교육받고 훈련을 쌓은 사람들에게 의존하지 않으면 안 된다. 또한 자신들의 남아도는 인력이 만들어내는 물건의 판로를 오직 선진국들에서 찾을 수밖에 없다.

그러므로 생산 분업의 관행은 선진국이나 개발도상국에게 똑같이 필요한 가장 중요한 경제 통합 형태다. 생산 분업에서는 개발도상국들의 자원인 재래식 일거리를 위한 풍부한 노동력이 선진국들의 자원인 경영력과 기술, 교육받은 인력과 그들의 시장 그리고 구매력과 합쳐지는 것이다.

미국에서 팔리는 남성 구두는 통상 미국 소들의 생가죽에서 출발한다. 그러나 일반적으로 그 생가죽은 미국이 아니라 브라질 같은 곳으로 보내져 무두질된다. 무두질은 고도의 노동집약적 작업으로 미국에서 그런 일을 할 인력은 많지 않다. 무두질이 끝난 가죽은 아마도 일본 무역회사의 중개상을 통해 카리브 지역으로 보내지고, 일부는 영국령 버진 아일랜드에서 갑피로 만들어지고 또 일부는 아이티에서 바닥 창으로 만들어질 것이다. 그런 다음 갑피와 바닥 창은 바베이도스나 자메이카와 같은 섬으로 옮겨져 제품이 되고, 그런 후 영국과 유럽 공동시장으로 옮겨져 미국 관세가 적용되는 푸에르토리코로 가서 마침내 완제품 구두가 되어 미국으로 돌아온다.

이 구두들의 원조는 무엇인가? 생가죽이다. 그런데 단일 품목으로는 가장 큰 원가 요소임에도 불구하고 생가죽이 신발 제조업자의 원가에서 차지하는 비율은 4분의 1을 넘지 않는다. 투입된 노동 구성비로 따진다면 그것들은 '수입 구두'라 할 수 있다. 투입된 기술로 따진다면 '미국제'다. 분명 그것은 진정한 초국적 구두다. 노동력이 많이 투입되는 과정은 개발도상국에서 처리된다. 가장 자본집약적인 과정으로 자동화가 많이 이뤄져 최대의 기술과 선진 경영력을 요하는 일은 필요한 기술과 지식과 장비를 갖춘 선진국에서 이뤄진다. 구두를 디자인하고 품질을 관리하며 마케팅을 하는 등의 전 과정 역시 그런 일에 필요한 인력이 있는 선진국에서 전적으로 이뤄진다.

생산 분업의 또 다른 예로 휴대형 전자계산기를 들 수 있다. 제품에는 일본 회사 이름이 붙어 있는데, 그것이 '메이드 인 재팬'이 되게 하는 이유는 오직 그 한 가지뿐이다. 제품에 사용된 전자 칩은 미국의 댈러스나 샌프란시스코 외곽에 있는 실리콘밸리에서 온 것일 텐데 아마도 중국인 하청업자들이 있는 싱가포르, 말레이시아, 인도네시아 그리고 어쩌면 나이지리아에서 조립되었을 것이다. 계산기 속의 강철은 인도의 제철소에서 온 것일지도 모른다. 그런데 고베나 요코하마의 자유항 구역에서 '메이드 인 재팬' 딱지가 붙여진다. 계산기는 세계 도처에서 팔리며 대부분은 선진국에서 소비된다. 디자인, 품질 관리, 마케팅은 고도로 선진화한 나라에 위치한 일본 회사가 한 것이다. 전자 칩의 디자인 및 제조를 비롯해 고도의 기술과 엄격한 품질 관리 그리고 고도의 투자를 요하는 생산 단계 역시 선진국인 미국에서 이뤄진다. 그러나 노동집약적인 작업은 개발도상국에서 이뤄진다.

생산 분업은 지난 10년간 가장 빠른 속도로 성장한 국제 교역 부문이어서 이런 예는 수도 없이 많다. 생산 분업은 디자인, 마케팅, 품질 관리의 수요를 크게 높이며, 이로 인해 기획, 조직, 통합, 상호 조정을 위한 경영 기술의 수요는 더더욱 커진다. 그것은 통제 및 통합의 전통적 수단인 투자를 도외시하지는 않지만 부차적인 것이 되도록 만든다. 또한 개발도상국의 경우 최소한도의 투자만 해도 되게 해준다. 모로코나 나이지리아나 말라야의 하청업자가 선진국의 큰 마케팅 회사로부터 주문을 받았다면 그는 은행과의 통상적인 단기 신용거래를 통해 자금을 마련할 수 있다.

반도체 기술을 선도한 이름 있는 전자회사 중의 한 곳은 서아프리카에 1만 2,000명이 넘는 인원(회사 전체 인력의 절반)을 확보하고 제조업무의 3분의 2를 수행하고 있다. 그런데 서아프리카에 이 회사 자본이 얼마나 투입되었느냐 하면 '한 달에 왕복 항공권 두 장' 뿐이다. 나머지 돈은 서아프리카 노동력이 만들어낸 물건을 구입하겠다는 모회사의 확약을 담보로 서아프리카 하청업자가 은행으로부터 받은 신용 대출이다.

이보다 더 복잡한 생산 분업의 또 다른 형태는 특히 일본 사람들이 많이 사용하는 방식으로 종합 플랜트를 통째로 수출한 뒤 주로 선진국 시장에서 판매되는 플랜트 제품으로 대금을 결제하는 방식이다. 한 예로 일본 사람들은 알제리에 거대한 석유화학 종합시설을 건설하고 있는데, 그 시설에서 생산하는 제품 중 알제리 자체가 사용하는 물량은 많아야 10분의 1에 불과하다. 나머지는 시설을 건설한 일본 사람들이 주로 자국 시장에서 판매한다. 이와 마찬가지로 일본 사람들은 동남아시아에 신발공장을 건설하고 있는데 그 대금 역시 주로 일본에서 판매할 생산품으로 결제될 것이다.

이 역시 생산 분업이다. 선진국은 공장과 제품의 디자인을 제공한다. 그런 다음 개발도상국에 공장을 건설하고 자본집약적이고 기술집약적인 완제품을 생산한 뒤 대부분 수출해 자국이나 다른 선진국에서 판매한다. 여기서 다시 그 석유화학품이나 신발은 누구의

'제품'인지 궁금해진다. 물론 투입된 노동력으로 따진다면 개발도상국 제품이다. 그러나 부가가치로 따진다면 일차적으로 '일본' 제품이다.

생산 분업은 대부분의 개발도상국들의 경우 일자리를 찾는, 폭발적으로 증가하는 취업연령 인구로 인한 난국을 극복할 수 있는 최선의 길이자 어쩌면 유일한 길이다. 취업연령이 되어 일자리가 필요한 젊은이들이 일찍이 볼 수 없었던 빠른 속도로 증가하는 데 대해서는 자본주의도 공산주의도 경제 발전에 대한 전통적인 그 어떤 이론도 해답을 주지 못하고 있다. 개발도상국의 젊은이들은 높은 수준의 학교 교육을 받았거나 고도의 훈련을 쌓지 않았다. 그렇지만 그들의 부모들보다는 잘 훈련받았고 교육 수준도 높다. 더 중요한 것은 그들이 농촌 벽지에서 살았던 공업화 이전의 지난날 사람들과는 달리 도시에서 살고 있다는 사실이다. 40년 전 시골에서 소요 사태가 벌어지면 멕시코 정부는 시골 경찰 1개 중대를 보냈다. 그들은 총을 쏘고 강간을 일삼음으로써 완전한 공포 분위기를 조성해 '평화와 평온'이 다시 유지되게 했다. 그 지역 사람들 외에는 그런 일이 있었다는 사실을 아무도 알지 못했다. 신문은 오로지 멀리 떨어진 수도에만 있었다. 지금은 벽지 마을에 사는 열네 살짜리 소년이 트럭 뒤꽁무니에 매달려 두 시간이면 큰 도시로 나갈 수 있다. 지금 멕시코에는 인구 100만의 대도시가 20곳이 넘지만 40년 전만 해도 큰 도시라고는 멕시코시티와 두 번째로 큰 도시인 베라크루스 항구뿐이었다. 모든 개발도상국이 이와 비슷한 큰 변화를 겪어왔다.

개발도상국에서는 또 다른 형태의 식민주의이자 선진국에 의존하는 행동이라는 이유로 생산 분업에 반대하는 목소리가 들리기도 한다. 하지만 노동집약적인 생산 업무를 국내가 아니라 개발도상국에서 수행한다는 것은 선진국에도 개발도상국에 대한 '의존'을 의미한다. 결국 따지고 보면 상호 의존은 호혜적인 관계이다. 선진국이 현재의 생활 수준을 유지하려면 개발도상국의 노동자원을 동원해야만 한다. 선진국은 기술자원과 경영자원 그리고 시장을 가지고 있다. 그렇지만 전통적인 일을 할 노동자원이 부족하며 이러한 현상은 갈수록 심각해질 것이다.

새 이론, 새 개념, 새 기준의 필요성

생산 분업은 급속도로 증가하고 있지만, 이의 성장은 별로 주목받지 못하고 있다. 아직은 이와 관련된 이론이나 개념, 척도가 없다. 생산 분업은 일반적으로 '국제 무역'과는 많이 다른데, 그 이유는 아직까지 경제학자나 정부 통계 전문가들에게도 거의 알려지지 않은 초국적 통합을 바탕으로 이룩된 것이기 때문이다.

국제 무역 이론은 200년 전 애덤 스미스가 가정했던 것에서 크게 달라지지 않은 채 지금에 이르고 있다. 아직도 비교 우위를 가진 지역들 간의 생산품 교환을 주로 이야기한다. 그 원형은 아직도 애덤 스미스가 예로 들었던 영국 원모사와 포르투갈 포도주 이야기다. 영국의 습도 높은 서늘한 기후는 양모와 모직물 생산에 적합하지만 포도주 생산은 거의 불가능한 데 반해, 포르투갈은 날씨가 따뜻하고 건조해 포도주 생산에는 좋지만 양모 생산은 거의 불가능하다. 이러한 점을 상호 보완하기 위해 무역이 이뤄진다는 이론은 여전히 국제 경제학자들의 무역에 대한 인식의 바탕이 되고 있다.

그렇지만 1880년부터 시작해 온전히 한 세기가 지나면서 국제무역의 현실은 크게 달라졌다. 그것은 경쟁력을 가진 물건의 교환, 한 나라의 기계공구와 다른 나라의 기계공구의 교환을 의미하게 되었다. 그 전형적인 예가 화학공업의 무역 패턴이다. 화학회사마다 다른 화학회사가 최대 고객이자 동시에 가장 중요한 경쟁자다. 그리고 미국 제조업계로서는 인구가 500만 정도 되는 스위스가, 인구가 스위스보다 100배나 많은 인도보다 훨씬 좋은 고객이다. 공업화가 진행될수록 공업화한 다른 나라들이 고객이 되기 때문이다.

미국은 종합 무역의 단계로 접어들고 있는데 생산 분업이 의미하는 바가 바로 그것이다. 그런데도 경제학자들이나 이론가들이나 정책 수립자들은 이 같은 도전에 전혀 대비하지 않고 있다. 개념과 척도의 부족은 심각한 문제다. 현재 미국이 갖고 있는 개념들로는 아식 생산 분업을 다룰 수 없다.

정부의 통계 전문가는 미국에서 나가는 생가죽을 '수출'로 기록하며 미국으로 들어오는 신발은 '수입'으로 기록한다. 그가 기록하는 수치들 그 어디에도 이 둘은 서로 연관되지 않는다. 미국의 목축업자는 미국 시장에서 이루어지는 외제 신발 판매에 자신의 생계가 달렸다는 사실을 알지도 못한다. 네브래스카의 목축업자에게 생가죽은 수지가 맞아떨어지는 것과 이윤을 내는 것 사이의 마진을 의미할 뿐이다. 뿐만 아니라 역으로 아이티에서 미국 구두에 들어가는 바닥 창을 만드는 업자는 그가 미국에서 생산된 생가죽에 의존하고 있다는 사실을 알지 못한다. 아무도 아직 그런 관계를 인식하지 못한 것이다.

또한 미국의 신발 노동자 조합이나 노스캐롤라이나의 신발 제조업자가 '값싼 외국 수입품'의 수입을 금지하라고 떠들어댈 때, 로키산맥 동쪽 대초원 지대의 목축업자들은 신발 제조업자들이 요구하는 것이 자신들의 생계가 달려 있는 미국의 생가죽 수출을 금지하라는 것임을 알지 못한다. 반대로 미국 제혁업계가 생가죽 수출을 금지해달라고 요구하면(실제로 그렇게 하고 있다) 미국 상점에서 판매할 신발이 없어지게 됨을 의미한다는 것을 신발 소매점들은(미국 소비자들은 차치하고) 깨닫지 못하고 있다. 그들은 전체 제혁 작업의 극히 일부나마 할 만한 미국인 노동자가 없다는 사실을 모르고 있다.

생산 분업은 외국 무역, 국가 경제, 제품에 대한 전통적 개념에 도전한다. 그러면서도 경제 통합에 이용할 수 있는 유일한 형태, 개발도상국과 함께 선진국의 자원이 공동의 이익을 위해 생산적으로 활용될 수 있는 유일한 형태가 되어가고 있다. 몇몇 개발도상국들은 이런 점에서 선진국들보다 상당히 앞서 가고 있지만 아직은 극소수 나라들만 이를 인식하고 있다. 이러한 추세에 저항하는 것은 각국의 정부들만이 아니다. 생산 분업의 흐름은 정부가 옳다고 여기는 것들을 중요시하지 않기 때문이다. 노조의 저항은 더더욱 심해질 것이다.

자동차산업에서 이룩한 가장 성공적인 생산 분업의 사례로 포드 자동차의 '피에스타'를 들 수 있다. 이 차는 연비가 우수하고 오염 가스 배출량이 적은데도 정부와 노조의 반대로 결국 미국에서 판매가 금지되었다. 피에스타는 콘셉트와 함께 세부적인 설계도 미국 것이었다. 그런데 실제 디자인은 독일에서 이뤄졌다. 독일은 엔진과 프레임을 만들었다. 멕시코에서는 트랜스미션과 브레이크를 만들었다. 캐나다는 전기 시스템을 만들었다. 그리고 마지막으로 미국 시장을 위해 미국에서 조립됐다. 피에스타는 미국 시장에서 크게 성공한 차가 되었다. 그러나 노조는 이 차가 성공해 미국 조립공장 노동자들에게 일거리를 제공한다는 사실에도 불구하고 미국에서 판매하지 못하도록 했다. 노조는 미국의 에너지 기관으로 하여금 미국 기반의 자동차 회사는 전적으로 '미국'의 노동이 투입된 차만 에너지 절약 요건에 따라 판매하도록 규제하게 만들었다. 만약 피에스타가 미국 회사가 아닌 다른 나라 회사에 의해 생산되었다면 수입될 수 있었을 것이다. 미국 간판을 단 '생산 분업' 제품은 노조에게는 반칙처럼 보이고 관리자들에게는 수수께끼 같은 것으로 비치면서 양쪽 모두에게 금기가 된 것이다.

다국적 기업에서 초국적 연합으로

앞으로 생산 분업이 세계적 경제 통합의 일반적 형태로 등장한다는 사실은 미래가 지난날의 '다국적' 기업을 위한 시대가 아닐 가능성이 크다는 것을 의미한다. 그러나 개발도상국에서 다국적 기업을 비판하는 사람들이 생각했던 것과 같은 형태가 될 개연성도 낮다. 오늘날 다국적 기업에 대해서 많은 이야기들이 있지만 실제로 그런 괴물은 존재하지 않는다. 마셜 플랜 이후 25년 동안 우리가 목격한 것은 선진국 회사가 본거지를 중심으로 해외에 지사와 계열사를 두는 19세기형 경제 통합의 부활이었다. 19세기의 전통적 '국제 회사'는 해외에 지사와 계열사, 분점을 가진 하나의 국가 회사였는데 오늘의 다국적 기업 역시 그러하다.

실제로 '다국적' 기업에서 제조업이 차지하는 몫은 오늘날보다 1차 세계대전 전에 더 컸다. 그리고 1914년 이전의 세계에서는 그와 같은 다국적 회사를 뭔가 별난 것이라고 생각하는 사람은 아무도 없었다. 예컨대 이탈리아의 피아트는 1900년 연초에 토리노에서 창업했다. 전적으로 오스트리아 자회사 소유인 오스트로피아트는 1903~1905년에 이르면서 모회사보다도 규모가 더 커졌는데, 이는 오스트리아·헝가리 제국이 1900년 당시의 이탈리아보다 훨씬 큰 개발된 시장이었기 때문이다. 토리노에서 설계되었지만 빈에서 제조된 오스트로피아트는 오스트리아·헝가리 군대의 참모부 차로 사용되기도 했다. 마찬가지로 지멘스도 1856년경 독일에서 창업했지만 1860년대에 이르면서 독일 시장보다도 영국과 러시아 시장에서 더 크게 성장했다. 영국은 유럽은 물론 세계에서 가장 발전한 나라였으므로 영국 지멘스의 시장 규모는 1880년까지도 여전히 개발도상국에서 영업을 하고 있던 모회사의 시장보다도 훨씬 더 컸다.

그리고 러시아에서는 1860~1880년까지 철도 건설이 성황을 이뤘는데 그 당시 유럽 전신 장비의 으뜸가는 공급자였던 지멘스는 러시아에 대한 공급을 독점하게 되었다. 에디슨이 원시적 단계의 백열등을 뉴저지에서 처음 선보이고 나서 3개월이 지나자 전구는 영국에서 팔리기 시작했고 얼마 후에는 일본에서도 팔리기 시작했다. 알렉산더 그레이엄 벨Alexander Graham Bell이 미국에서 전화기를 선보인 후 몇 달만에 벨 전화기는 유럽의 거의 모든 나라와 일본에 설치되었다.

19세기 후반에 시작해 1차 세계대전에 이르기까지 성공적인 회사, 특히 이노베이션을 추구하는 회사는 곧 다국적 기업이 되는 것이 당연하게 여겨졌다. 헨리 포드Henry Ford는 외국을 혐오하면서도 디트로이트에 먼저 문을 연 자동차 공장을 확장하기 전에 영국에 자회사를 설립했을 정도다.

1차 세계대전이 터지면서 이 같은 움직임에 제동이 걸렸지만, 2차 세계대전이 끝나자 지난날의 움직임이 다시 나타나기 시작했다. 1차 세계대전 전의 동향이 그러했듯이 2차 세계대전 이후의 동향도 주로 선진국들 사이에서, 그리고 선진국 내부에서 나타났다.

원자재를 생산하는 사람들은 원자재가 있는 곳으로 가야 한다. 원유가 사우디아라비아의 사막에 매장돼 있으면 원자재 생산자는 그곳으로 가야 한다. 그러나 채굴산업은 다국적 기업이 아니다. 그들은 기본적으로 선진국 시장을 위해 원자재를 생산하는 회사에 불과하다. 그들의 광산과 유전은 '기업체'가 아니라 '공급체'다.

기업은 시장이 있는 곳에 있다. 이것은 그다지 이상할 것 없는 사실인데도 정치인들과 언론은 이를 외면하는 경향이 있다.

이제부터는 다국적 기업이 아주 다른 모습을 보일 수도 있다. 첫째, 다국적 기업은 제조하는 회사이기보다 마케팅을 하는 회사가 될 가능성이 크다. 다국적 기업은 물건이 어디서 생산되건 그것을 선진국 시장에서 어떻게 마케팅해야 하는지 알고 있기 때문이다. 둘째, 다국적 기업은 기술과 디자인을 통해 경영권을 행사하는 경영관리 회사가 될 가능성도 높다.

내일의 다국적 기업은 오늘의 다국적 기업과 조직 면에서 아주 달라져야 한다. '다국적 회사'가 아니라 '초국적 연합'이 되어야 한다. 경영을 하며 마케팅을 하는 회사가 되고, 무엇보다도 생산과 유통을 조직해야 한다. 회사는 기술(또는 디자인)과 마케팅을 중심으로 조직될 것이다. 자국에서건 다른 어느 선진국에서건 '제조'를 하는 경우에는 가장 노동집약도가 낮은 생산 단계에 주력할 게 분명하다. 현지의 자회사는 그 나라 안에서 회사의 전 품목을 제조 및 판매하는 전통적 기업 형태에서 탈피할 것이다. 그리하여 초국적 연합은 갈수록 국경과 시장을 넘나들면서 노동자원과 시장자원을 최적화할 수 있도록 생산을 조직하게 될 것이다. 노동집약적인 생산 단계는 점점 더 노동력이 있는 곳에서 처리하고, 갈수록 자회사나 지점이 아니라 하청업자에게 맡기게 될 것이다. 그리고 결집력은 자본의 힘이 아니라 마케팅을 관리하는 힘에서 비롯될 것이다.

이를 위해서는 새로운 구조가 요구된다. 각기 대동소이한 활동을 하는 다수의 단위 조직을 최고경영진이 지휘하는 지금과 같은 피라미드식이 아니라, 최고경영진이 전체 조직을 하나로 통합하는 역할을 하게 될 텐데 그들의 통제력은 법적 권위보다도 마케팅을 통해 발휘될 것이다. 군대가 아니라 오케스트라를 지휘하는 지휘자의 모습 말이다. '초국적 연합'에 요구되는 것은 그룹 전체에 대한 최고경영진의 보다 강력한 관리와 함께 각 구성단위의 보다 큰 자유와 책임이다. 거기에 필요한 것은 전통적 조직 구조가 아니라 조직이론에서 '시스템 조직systems organization'*이라고 일컫는 것이다. 실상 제조와 마케팅을 여러 기업에서 분리시켜 두 개의 다른 회사로 만드는 일본의 관행을 본받아 제조 부문의 작업들을 조직하는 가운데 세계 시장을 겨냥하는 제품의 디자인 및 마케팅을 담당하는 뚜렷한 별개의 회사를 설립하는 것도 나쁘지 않다.

 새로운 초국적 기업의 정치적 측면은 조직적 측면의 변화보다도 더 크게 변화할 것이다. 전통적으로 다국적 기업들은 되도록이면 개발도상국들과는 어울리지 않으려고 애써왔다. 개발도상국들의 제한된 시장, 느리게 성장하는 시장에 투자하는 것은 그다지 매력이 없는 일이었으며, 페루나 말레이 반도 같은 곳에서 기업을 운영하려면 비용이 여간 많이 드는 게 아니었다. 그러므로 개발도상국에 대한 다국적 기업의 투자는 수익성이 별로 없었다. 다국적 기업

---

* 이에 대해서는 나의 책 《경영: 과제, 책임, 실제Management: Tasks, Responsibilities, Practices》 참조.

의 제조업체나 유통업체가 개발도상국에 진출하는 게 '착취'를 위해서라는 것은 터무니없는 말이다. 그들은 대체로 손해를 보면서 고전했으며, 제약산업과 같은 몇 안 되는 예외가 있었을 뿐이다(이런 예외가 있는 이유는 콜롬비아와 같은 가난한 나라의 경우 현대식 의과대학, 현대식 병원, 현대식 보건서비스 등의 비용을 감당할 수 없기 때문이다. 개발도상국은 그 대신 적은 돈을 투자해 현대 의학이 주는 혜택의 5분의 2 정도를 제공하는 약품을 살 수 있는 것이다).

내일이면 개발도상국들은 지금까지와는 다른 차원, 즉 제조 부문을 맡는 방식으로 다국적 기업들의 관심을 끌게 될 것이다. 개발도상국에 진출한 초국적 연합은 갈수록 선진국 시장의 상거래를 위한 물건들의 공급원으로 성장하게 되고, 그리하여 모회사는 갈수록 개발도상국에 의존하게 될 것이다. 거꾸로 선진국의 초국적 마케팅 네트워크는 갈수록 개발도상국 젊은이들에게 더 많은 일자리를 주게 될 것이다. 초국적 기업은 선진국으로 이어지는 통로로, 그리고 전체 시장에 이르는 통로로 개발도상국에게 갈수록 큰 중요성을 지니게 될 전망이다.

오늘날 개발도상국 정부들은 외국 회사들이 자신들의 나라에 들어와 사업을 하는 조건으로 자국민들이 투자할 수 있도록 해달라고 요구하는데, 인도와 멕시코가 그 예다. 그런데 이것은 가난한 나라들의 정부가 부유한 나라 회사들에게 보조금을 주겠다고 고집하는 것이나 마찬가지다. 국내 자본의 참여에 대한 그들의 요구가 해낼 수 있는 일은 오직 그것뿐이다. 그들이 해외에서 들어온 회사들에게 요구해야 할 것은 수출을 통한 소득 조성과 수출을 기반으로 하는 일자리 조성이다. 아직껏 이 점을 이해하고 있는 개발도상국 정부는 거의 없으며, 다만 홍콩, 타이완, 싱가포르 등의 실용주의적인 중국인들만이 예외다. 다른 사람들도 더러 눈치를 채기 시작했는데, 외국 투자를 유치하려고 다시 움직이고 있는 남미의 안데스 동맹 국가들이 그 예다.

마케팅은 멀리 떨어져서는 할 수 없는 일이다. 물건을 팔려는 사람의 나라와는 아주 다른 시장에서 그리고 훨씬 더 발전한 시장에서 판매에 성공한다는 것은 문자 그대로 불가능한 일이다. 그러나 개발도상국들 역시 그들의 노동력을 팔아야 하는 시장인 선진국의 정부, 여론, 노동조합에 영향력을 행사할 대표를 구해야 한다. 그들에게 필요한 것은 선진 사회의 일원이자 그 정치 제도에 속하는 누군가다. 다시 말해, 자신들의 노동력이 만들어낸 물건을 팔고자 하는 사회의 시민으로 인정받는 초국적인 존재가 필요하다는 뜻이다. 그러므로 그들은 개발도상국에 심각한 정치적 스트레스를 줄 새로운 초국적 기업에 더욱 의존하게 될 것이다. 이는 그들의 정서와는 크게 어긋나는 일이다. 이는 상호 의존적인 세계 경제에서는 더 이상 '주권'이란 없다는 사실을 노골적으로 보여준다.

이와 동시에 새로운 초국적 기업과 기업의 모국(선진국) 간의 관계에도 변화가 올 것이다. 전통적으로 모국은 자신들의 국경 안에 있는 다국적 기업들을 지원해왔다. 그런데 이제 더 이상은 그렇지 않다. 적어도 미국에 거점을 둔 다국적 기업들의 경우는 그렇다. 그 이유는 다국적 기업이 초국적 기업이 되어 세계적인 경제적 상호 의존의 상징이 되고 있다는 바로 그 사실에 있다. 갈수록 초국적 기업은 전통적 정치 노선을 초월하면서 전통적 정치 개념에 도전하게 될 것이다. 모국에서 육체노동을 하는 사람들을 위한 저임금, 저기능 일자리 마련보다도 기술을 가진 사람들의 고용에 치중하고, 개발도상국 제품을 마케팅하며, '국가 경제'라는 망상이 아니라 '통합된 세계 경제'라는 현실 속에서 살아감으로써 그렇게 될 것이다. 그러므로 초국적 연합과 그들을 관리하는 데 따르는 진정한 정치적 문제는 선진국에 있다. 선진국의 정치인과 노동조합과 무엇보다도 자신들이 물려받은 절망적일 정도로 시대에 뒤진 18세기와 19세기식 국제 경제 개념과 척도에 문제가 있는 것이다.

새로운 소비 시장을 주목하라

인구 구조와 인구 동태가 국제 경제와 국제 시장에 미치는 영향을 놓고 비교할 때 국내 시장에 미치는 영향은 미미한 것처럼 보일 수도 있다. 그러나 인구 동태는 선진국 내의 소비 시장도 재편하고 있다.

  1차 세계대전 이전에 '시장들'은 있었지만 '시장'은 없었다. 예를 들어 당시 미국에는 서로 접촉이 거의 없는 지역 시장들이 있었다. 캘리포니아, 특히 남부 캘리포니아는 대공황 때까지 미국의 국가 시장national market의 일부가 되지 못했다. 지나치게 구분된 특수 시장들도 있었다. 시어스로벅은 미국 농부들이 주요 시장이기는 하지만 뿔뿔이 흩어진 시장이라는 사실에 주목하고 그를 바탕으로 사업을 이룩했다. 농부들은 개인적으로는 가난하지만 단체로는 아주 유망한 시장이었다.

2차 세계대전 이후까지 국가 시장이 개발되지 않았던 일본과는 달리 서방 세계는 1차 세계대전이 끝나면서 국가 시장을 갖게 되었다. 두 대전 사이의 기간에 찾아볼 수 있는 마케팅 성공 사례로는 시어스로벅과 GM이 있는데 이는 전적으로 국가 시장과 시장 분할이 이뤄짐으로써 가능했다.

미국이 사회경제적 소득 계층에 의해 분할된 국가 시장이 되었다는 사실을 1920년에 처음 깨달은 사람은 GM의 앨프레드 슬론Alfred Sloan이었다. 그는 50퍼센트의 저소득층은 중고차 시장을 형성하고 극소수의 고소득층은 캐딜락의 시장이 된다고 보고, 신차 시장을 다섯 종목으로 분할했다. 그 다섯 가지(시보레, 폰티악, 올즈모빌, 뷰익, 캐딜락)는 각각 특정 소득 계층을 겨냥한 것이었지만 고객의 경제적 생활 사이클이 달라지는 데 따라 상향적인 선택을 할 수 있도록 서로 중복되게 설계했다.

1930년대 말에 이르러 선진국들의 시장은 분명히 사회경제적 계층에 따라 분할되어, 미국의 숙련된 시장조사자라면 누군가의 집 앞에 서 있는 자동차 모델이나 출고 연도만 봐도 또는 어떤 주택의 임대 금액을 아는 것만으로 그 가구가 각각 부문별로 무엇을 샀고 얼마치를 샀는지를 단번에 알 수 있는 지경에 이르렀다.

그러다가 사회경제적 소득 계층을 누구나 하나의 자연스런 현상으로 받아들이게 된 1950년에는 새로운 방식의 소비 시장 구분이 등장해 사회경제적 소득 집단에 겹쳐졌는데, 그것은 생활 양식에 의한 구분이었다.

포드자동차가 범접하기 힘든 경쟁자인 GM과 유사한 이미지로 변신하기 위한 10년 캠페인의 최종 작품으로 내놓았던 에드셀은 전통적 사회경제적 소득 구분에 맞춰 만들어낸 마지막 자동차였다. 그런데 그것이 참담한 실패로 돌아가자 포드는 어느 누구보다도 먼저 소비 시장에 근본적인 변화가 일어나고 있음을 깨달았다. 포드는 '생활 양식 자동차'(선더버드, 무스탕, 매버릭)를 선보이는 것으로 이러한 흐름에 대응함으로써 2차 세계대전이 끝났을 때 3위로 밀려났던 자사를 급속도로 강력한 2위로 부상시키는 한편 미국 밖에서는 초국적 자동차 회사들을 선도하게 되었다.

1960년대 말에 이르면서 자동차의 모델과 가격은 사회경제적 소득 계층과는 큰 관계가 없는 것이 되고, 주로 생활 양식의 차이와 관련이 있게 됐다. 적어도 중고차가 아니라 새 차를 구입하는 사람들 사이에서는 말이다. 자동차가 사회적 신분과는 더 이상 상관없는 것이 되었으나, 생활 양식과 자동차의 상관관계는 아주 밀접해졌다.

1970년대에는 인구 동태에 의한 새로운 소비자 구분 방법이 등장했다. 그것은 기존의 구분을 대체하는 것이 아니라 보완하며 새로운 시장을 창조했다.

1973~1974년 미국은 불황을 겪었는데 다들 대공황 이래 가장 심각한 불황이라고 생각했다. 투자를 놓고 따졌을 때 그것은 전형적 불황과 유사했다. 그런데 소비자 구매를 놓고 보면 양상이 몹시 특이해서 예상을 불허했다. 경제에 조금만 이상한 조짐이 나타나도 외식 횟수가 뚝 떨어진다는 것은 '누구나 알고 있는' 사실이다. 집에서 먹는 것보다 비용이 많이 들기 때문이다. 집에서 장만하는 음식에 추가적인 부담이 한 가지 있다면 그것은 시간인데, 불황에는 시간이 넘쳐난다. 그런데 1973년 미국은 불황을 겪었지만, 외식사업은 호황을 맞이했다. 그 이후로 외식 횟수는 2년마다 배로 증가해 1980년에 이르러서는 두 끼 중 한 끼는 외식을 하는 지경이 됐다. 사람들은 이제 식당이나 패스트푸드점을 이용하거나 직장 카페테리아, 병원, 학교, 공장, 사무실 등에서 밥을 먹는다. 완전히 조리된 음식을 사가지고 집에 와서 먹기도 한다.

이와 마찬가지로 불황에는 당장 여행산업이 타격을 입는다는 사실을 누구나 알고 있다. 그런데 1973~1974년의 미국에서는 이런 현상이 나타나지 않았다. 실제로 휴가를 떠나는 사람들은 극도로 가격에 민감해졌다. 환율이 조금만 달라져도 해외여행을 하는 사람이 줄어들고 특히 패키지여행을 하는 사람들의 경우 과반수 이상 줄어들었다. 그러나 여행의 총량은 불황의 영향을 받지 않았으며 실제로 불황 기간 내내 현저히 증가했다.

불황기에는 주거에 할애하는 돈이 줄어든다는 사실 역시 누구나 알고 있다. 따라서 미국의 대량 주택 건축자들 대부분이 서둘러 '기본 주택'이라는 것을 건설했는데, 이는 그때까지 20년 동안 추가되었던 편의 시설, 기구, 장식 등을 뺀 1950년대식 주택이었다. 그런데 기본 주택이 전혀 팔리지 않았다. 오히려 주택을 위한 지출은 증가했다.

서유럽과 일본의 소비 시장도 미국과 유사한 경향을 보였다. 이는 새로운 구분이 이뤄지고 있음을 시사하는데, 그 구분은 소득보다도 인구 동태와 관련이 있다. 소득과 생활 양식마저도 구매 동기를 부여하기보다는 제약 요인이 되는 경향이 커지고 있다. 인구 구분은 소비 시장의 원동력이 되고 있는데, 이는 심지어 인플레이션 상황에서도 변하지 않는 사실이다.

외식은 직장을 가진 기혼 여성의 증가와 직접적인 관련이 있다. 그들에게는 돈보다도 시간이 더 귀한 것이다. 이는 또한 성인 인구에서 고령자들이 차지하는 비율이 증가하는 것과도 관계가 있다. 노인들의 경우 식사하러 나가는 게 집을 벗어나 세상 구경을 하는 가장 쉬운 방법이다.

이처럼 기업은 인구 동태에 의해 첨예하게 구분되는 시장을 지향할 경향이 높다. 이미 고령자들의 시장은 규모가 몹시 커지고 있는데 장수하는 노인 시장의 경우가 특히 그러하다. 그리고 은퇴자들의 소득은 실직의 영향을 받는 것도 아니고 대체로 세금이 면제되는데다 물가에 연동하는 만큼 불황을 타는 일도 없다.

경기가 좋을 때 구매력이 급속도로 증가하는 또 다른 시장은 고등교육을 받은 젊은 성인층이다. 이 그룹의 경우 남녀 모두가 일을 하고 있기 때문에(일본에서도 이런 경향이 커지고 있다), 남녀 모두에게 소득이 있다. 이들의 소비 패턴은 한 사람의 소득에 의존했던 전통적 가구의 경우와는 다르다. 부부 모두가 직장을 가진 교육받은 젊은 가구의 구매 행태를 보면 아내의 소득은 '가구 소득'의 일부로 취급되지 않음을 알 수 있다. 육체노동을 하는 2인 소득 가구와 달리, 교육받은 젊은 2인 소득 가구에서는 여자의 소득을 여분의 수입으로 여긴다. 가계 지출은 남편의 소득에 맞춰 정해진다. 여자가 벌어오는 돈은 일상생활 비용으로 쓰이지 않고 특별한 지출(보통 큰 금액)에 쓰이는 경향이 갈수록 커지고 있다.

OPEC이 일으킨 1차 석유파동 이후 1979년 전까지 미국 자동차 시장에서 이례적인 성공을 거둔 캐딜락 세빌은 가격이 1만 5,000달러에서 2만 달러에 이르는 고가의 자동차다. 세빌은 GM이 사치스러운 것을 원하는 성공한 전문 직업인을 위해 설계한 대형차로 1979년에 2차 석유파동이 터질 때까지 GM이 예상한 바를 웃도는 매출을 기록했다. 그런데 세빌을 구입한 것은 본래 의도했던 전문 직업인들이 아니라 독자적인 소득이 있는 여성들이었다. 교육받은 기혼 직업여성들의 존재는 수업료를 받는 사립대학에 응시하는 학생들이 증가하는 현상을 설명해주기도 한다. 학생들의 학비를 누가 부담하는지를 조사한 학교들의 기록에 따르면 어머니의 소득에서 학비가 지출되는 경우가 30년 전에는 20명 중의 1명에 불과했지만 지금은 20명 중에서 6~8명에 이를 정도로 급증했다.

지금까지 살펴본 다양한 시장들은 각기 다른 물건을 구입한다.

무엇보다도 이 시장들은 서로 다른 가치를 지닌 것들을 구입한다. 똑같은 한 가지 마케팅 방식으로 과연 이런 집단들 중 하나 이상에 다가갈 수 있을지, 그리고 어떤 조합으로 그렇게 해야 하는지는 두고 봐야 할 일이다.

인구 변화가 경영 전략에 미치는 영향을 살펴라

인구 변화와 그로 인한 파장은 워낙 포괄적이고 파급 효과가 엄청나서 기업과 공공서비스를 막론하고 모든 기관에 영향을 미친다. 그러나 변화가 워낙 광범위하기 때문에 모든 기관과 심지어 각각의 기업에도 다르게 작용한다.

   소비 시장의 새로운 구분이 기계공구 제조업체에는 별다른 의미가 없을 수도 있다. 그러나 생산 분업은 제조업체에게 결정적 중요성을 가질 수 있다. 병원을 운영하는 이에게 생산 분업은 전혀 의미가 없다. 디트로이트나 뒤셀도르프에 있는 병원의 환자용 변기는 다른 곳이 아닌, 바로 디트로이트와 뒤셀도르프에서 비워야 하는데, 이는 선진국의 경우 기술이 거의 필요하지 않은 병원의 허드렛일들을 해결하는 데 드는 비용이 가장 비싸진다는 것을 의미한다. 그러나 2인 소득 가정은 미국 병원에 큰 영향을 미칠 수도 있다. 병원이 환자 유치를 기대할 수 있는 반경이 크게 단축될 수도 있는 것이다.

입원한 아이의 어머니는 아이 곁에 있거나 적어도 하루 두 번은 아이를 찾는다. 직장을 갖지 않았거나 파트타임으로 일하고 있다면 10~15마일을 가도 아이와 함께 있기를 바란다. 그런데 풀타임으로 일하고 있는 경우라면 그녀의 행동반경은 5마일 정도로 줄어든다. 수명이 길어지는 것과 함께 출생률이 떨어지는 것은 병원 운영에 분명히 큰 영향을 미치지만 은퇴한 사람들의 구매 패턴이나 초국적 경제 통합은 병원을 운영하는 사람들에게는 부차적인 정보에 불과하다.

이처럼 인구 변화는 모든 기업에 어떤 기회가 생겨나고, 그들이 스스로 정한 목표에 어떤 변화가 요구되며, 그것이 시사하는 행태 및 관행의 변화가 어떤 것인지 철저히 검토할 것을 요구한다. 인구 동태는 환경의 주요 변화를 나타내는 것으로 모든 경영 조직의 시장에, 만들어내는 제품이나 서비스에, 성과를 위해 스스로를 조직하는 방식에, 그리고 제품이나 서비스를 고객에게 제공하는 방식에 큰 변화를 가져오는 것이다.

심지어 소규모의 지역 기업도 초국가적으로 사고하고 운영해나가야 할지도 모른다. 그리고 이미 세계 경제에 합류한 기업들은 아주 다르게 생각하며 행동하는 것을 배워야 할 것이다. 현지 시장이나 지역 시장 안에서 영업하는 작은 기업은 생산을 초국가적으로 조직하는 것을 배우고, 하나로 집중화한 생산 공정이 아니라 생산을 단계별로 조직하는 방법을 배워야 할지도 모른다. 아니면 다시 팔기 위해 완제품을 사들이고 있다면 도처에서 부품을 구입해 조립하는 것을 배워야 할 수도 있다.

이미 세계 경제에 참여하고 있는 회사들의 경우도 태도와 행동 방식, 관행에서 한층 더 큰 변화를 위한 도전을 받게 될 것이다. 노동집약적인 생산 단계에는 개발도상국들이 갖는 잠재력을 활용해야 한다. 그리고 미래의 '외국 자회사'는 19세기의 과거형 자회사와는 다를 가능성이 크다는 것을, 특히 개발도상국에 위치한 자회사가 그러하다는 것을 알아야 한다. 그 기반은 현지 시장이 아니라 개발도상국 시장인 것이다. 그것은 '상거래'가 아니라 '공급'이다. 그에 대해 던져야 할 질문은 '그 시장에서 얼마나 팔 수 있는가?'가 아니다. '수출해서 선진국의 마케팅 시스템에 통합될 부품들을 생산할 능력이 어느 정도인가?'를 물어야 한다.

정치적으로도 초국가 기업은 태도가 달라지고 정책이 달라져야 한다. 다국적 기업들은 개발도상국들과 거래할 때 자신들의 강점이 풍부한 자본에 있다는 생각으로 일해왔다. 그런데 갈수록 개발도상국들에게 중요한 것은 일자리와 더 많은 수출 소득이 될 것이다. 투자는 최소화하는 것이 바람직하다. 투자를 하고 나면 투자자가 상대국에게 발목을 잡혀 정치적인 동요나 사회적 동요에 취약해지기 때문만은 아니다. 개발도상국에서 초국가 기업의 바람직한 위상은 (특히 그런 나라들에서 예상할 수 있는 경제적 상호 의존에 대한 저항을 고려할 때) 개발도상국이 외국 회사의 해외 마케팅 능력의 혜택을 보도록 해주는 데서 찾아야 한다. 사실 이것이야말로 유지 가능한 유일한 위상인지도 모른다.

가장 바람직한 일은 진정한 국가 시장을 개발할 잠재력을 통해 스스로 세계 경제 속에 통합될 수 있는 나라에 진출하는 것이다. 그러므로 생산 분업식 제조업을 맡기기에 가장 바람직한 나라는 '거의 선진화한 나라'일 수 있다. 이런 나라들은 기업에 필요한 외국인 경영자, 전문인력, 기술자들이 일반적으로 주거지로 선호하는 나라다(4장 참조). 그러나 초국가적 영업의 이론적 근거는 지난날의 다국적 기업의 경우와 달리 개발도상에 있는 대상국의 시장에 있는 것이 아니고 그 나라가 공급하는 노동력에 있다. 외국 기업을 받아들이는 나라의 입장에서 외국 기업에 매력을 느끼는 것은 그들의 자본 때문이 아니다. 그들이 수출 부문에서 일자리를 만들어내고 해외 시장을 조성해 개발하며, 현지 사람들을 경영자, 마케팅 요원, 전문기능인으로 키워 그들 외국인들처럼 통합된 세계 경제 속에서 활동하는 훈련을 쌓을 수 있도록 해주는 데서 매력을 느끼는 것이다.

또한 여러 기업들과 대다수 공공서비스 기관에 대해 자국의 시장과 인구 동태도 똑같이 혁신적인 생각(새로운 콘셉트, 태도, 정책 그리고 관행)을 요구할 수 있다.

하나의 노동력에서 여러 노동력으로 이동하라

경제학자들과 관리자들의 보호 아래 정부의 통계는 아직도 하나의 '노동력'을 이야기한다. 그러나 이 용어는 오해를 부를 수 있다. 갈수록 제각기 기대하는 바가 다르고 필요로 하는 것이 다르며 특성도 다른 노동력들이 늘어나고 있기 때문이다. 이런 노동력들이 불경기와 같은 경제적·사회적 상황으로부터 받는 영향은 각기 다르다. 대다수 인사 정책이나 복지 제도, 그리고 노조가 한결같이 요구하듯이 다양한 노동력을 모두 같은 것으로 취급하면 부작용이 따르기 마련이다.

오해를 부르는 실직 수치

선진국들은 모두가 아직도 한 가지 실직 수치만을 고집하고 있다. 미국에서처럼 실직 수치는 일반적으로 실직한 성인 남성 세대주의 수를 알아보기 위해 고안된 것이다. 그러나 여기에 속하는 사람들은 이제 서방 세계 어디서나 전체 노동력의 과반수에 이르지 못하는 실정이다. 따라서 이 수치는 큰 오해를 불러일으킬 뿐만 아니라 그릇된 해석을 낳고 있다.

대다수 미국인들은 무의식적으로 월간 '실직' 수치가 풀타임으로 일하면서 경험을 쌓은 성인 남성들 중 풀타임으로 일할 자리를 찾아 나선 사람들의 수를 의미한다고 생각한다. 그렇지만 미국 통계 수치에서 '실직'으로 표시된 사람들의 대다수는 성인도 아니고 풀타임으로 일했던 적도 없는 사람들이며, 풀타임 일자리는 고사하고 그런 직장에서 필요로 하는 사람들도 아니다.

정부는 실업 통계를 바꿀 수 없다. 노동운동단체들이 그것을 신성시하기 때문이다. 그러나 기업인들은 적어도 그 수치를 어떻게 해석해야 하는지 알고 있다. 미국 경제에는 세 갈래의 고용 수치가 있는데 기업인들은 그것을 살펴보고 길잡이로 삼아야 한다.

첫째로 노동력 참여 수치가 있는데 이는 노동인구의 수와 함께 비율을 나타낸다. 1973~1974년에 '불황'이 닥쳤을 때 소비자 구매가 줄지 않았는데 이는 우연한 일이 아니다. 그 시기 중 2개 분기를 제외하고는 노동시장 참여와 직장을 가진 미국인의 총수가 증가를 거듭했기 때문이다. 이들 수치가 알려주는 것은 소비자 구매력이 어느 정도인가다.

두 번째로 의미 있는 수치는 고용된 그리고 고용되지 않은 남성 성인 세대주의 수다. 이들은 전체 노동인구의 과반수에 미달하지만 일하는 시간의 대부분을 경제에 기여한다. 풀타임으로 일하는 노동자들과 기술을 가진 노동자들 모두가 기여도에서 압도적으로 과반을 이룬다. 그리고 그들은 아직도 어디서나 가구 소득의 주요 원천이며 저소득 계층의 경우 특히 그러하다. 그러므로 그들의 고용 또는 실업이 노동시장과 임금 압력의 가장 믿을 만한 지표가 되는 것이다.

미국의 경우 1973~1974년의 불황기에 완전 고용된 성인 남성 세대주의 수와 비율이 줄어든 기간은 단 4개월뿐이었다. 다른 시기에는 꾸준히 증가했으며, 그 기간 내내 '완전 고용률'은 96퍼센트를 웃돌았다. 바꿔 말해 실업률이 높았다는 이 기간 동안 거의 내내 미국 경제는 실제로 상당한 노동력 부족을 겪었는데 기계공이나 공구를 다루는 사람을 구하려 했던 사람들은 곧 이러한 사실을 깨달았다.

끝으로 공식적이지만 순전히 정치적인 실업 수치가 있다. 이것은 기업과 경제 정책을 오도하는 것인데도 이에 의해 누군가에게 가할 정치적인 압력의 정도가 결정된다.

그러므로 모든 선진국의 관리자들은 고용 수치와 실업 수치의 복잡성을 인지해야 한다. 지침으로 삼을 수치 한 가지를 선정해야 한다면 남성 세대주의 고용 수치나 실업 수치를 택해야 한다. 그것이 미국과 서유럽이 측정하고자 하는 실업 수치와 가장 가깝기 때문이다.

인사 정책의 차등화가 필요한 이유

다시 말하지만 기업인은 자신들을 잘못된 길로 이끌 소지가 다분한 실업 수치를 바꿀 수 없다. 다만 그것을 바르게 해독하는 법을 배울 수 있을 뿐이다. 그러나 기업인들은 실업 수치만큼이나 시대착오적이며 기업을 그릇된 방향으로 이끄는 자사의 인사 정책은 바꿀 수 있다. 거의 모든 기관에서 인사 정책의 기초가 되는 것은 모든 노동력이 질적으로 다 같다는 생각, 당연히 일차적으로는 그 노동력이 풀타임으로 일하는 성인 남성 세대주들로 구성되며 그들의 생계와 가족의 생계가 전적으로 그들의 임금 또는 급료에 의존하고 있다는 생각이다.

그러나 여기에 속하는 사람들은 지금 모든 선진국에서 소수를 이루고 있다(어쩌면 일본은 예외일 수도 있다). 풀타임으로 일하는 성인 남성들조차도 세대주가 아니라 2인 소득 세대의 한 소득원일 뿐인 경우가 수적으로나 비율로나 갈수록 늘고 있다. 그런데 현재의 인사 정책에서는 그와 함께 고용된 그의 배우자가 여러 가지 연금제도에 가입해 있는데, 이는 두 사람 모두가 돈을 벌 수 있으며 따라서 가족 전체가 두 사람이 가입한 연금제도의 수혜자가 돼야 한다는 가정에 입각한 것이다. 갈수록 풀타임이나 파트타임으로 일하는 여성들이 증가하고 있는데, 그들의 일부는 세대주이며 또 일부는 직장이 있는 남편과 결혼해 '부양자'로 간주되고 있다. 한 직장에서 연금을 받고 '은퇴'하고는 다른 직장으로 가서 풀타임이나 파트타임으로 일하는 사람들도 있다. 이런 예는 많은데 이들은 주류 집단의 일부일 뿐이다.

정부건 기업이건 비영리 기관이건 고용주는 이렇게 서로 다른 피고용인 집단을 위한 각기 다른 인사 정책을 개발해야 한다.

고용된 사람들 중 어느 한 집단을 대상으로 고안된 훈련 계획, 인사 정책, 감독 체제를 모든 고용자들에게 일률적으로 적용하는 것은 말이 되지 않는다. 앞으로 꼭 필요한 것은 관료주의적 편의나 전통이 아니라 사람에게 맞춘 인사 정책이다.

산업계나 정부는 아직도 노동시장이 자신들이 갖고 있는 일자리를 내다 팔아야 하는 시장이라는 사실을 깨닫지 못하고 있다. 일자리는 토스터나 신발이나 잡지와 마찬가지로 잠재적 고객을 상대로 마케팅을 해야 할 '제품'인데 말이다.

자녀들을 다 키운 어머니는 10년 이상 가정에서 최고경영자 노릇을 했다. 그런데도 직장을 갖게 되면 혼자 힘으로는 아무것도 해본 적이 없는 바보 취급을 당한다. 이와 마찬가지로 직장에서 은퇴한 나이든 사람들도 이미 해본 경험이 있는 일을 다른 직장에 가서 풀타임이나 파트타임으로 하기 마련이다. 그런데 그들의 경험을 인사 정책이 고려하지 않고 있다. 아무도 그들에게 "무엇을 할 수 있는가?"라고 묻지 않는다. 그저 열여섯 살짜리 고등학교 중퇴자들과 함께 훈련을 받도록 할 뿐이다.

부대 급여를 다양화해야 하는 이유

노조지도자들에게 100년 동안 세뇌당한 결과 고용주들은 일률적인 혜택이 바람직하다고 믿게 되었다. 오늘날 '부대 급여fringe'(의료보험, 연금 등과 같이 기업이 직원들의 복지를 위해 일부 부담하는 비용—옮긴이)는 거의 기본급 자체만큼이나 커졌다. 고용주들은 모두 부대 급여 비용이 너무 많다고 불평한다. 그런데 그 돈의 상당 부분이 의도한 수급자에게 별다른 혜택을 주지 못하고 있다.

　직장에서 건강보험에 가입한 아내는 그녀가 든 건강보험의 혜택을 거의 받지 못한다. 그럼에도 건강보험을 위해 월급의 8~10퍼센트가 공제된다. 그녀는 또 회사 연금제도에 소득의 6~8퍼센트를 불입하지만 그 돈을 한 푼이라도 건질 확률은 거의 없다. 결혼한 그녀가 혜택을 누릴 자격을 갖추게 될 때까지 그 직장에 오래 머물 가능성은 거의 없기 때문이다. 그뿐 아니라 그녀는 사회보장제도에 돈을 불입해야 한다. 그런데 그녀는 20년 후 자신의 소득에 입각해 연금 신청을 하기보다는 남편의 부양가족으로 고령연금을 신청하는 게 더 유리하다. 이러나저러나 모든 선진국 연금제도는 한결같이 결혼한 취업 여성들에게 불리하게 되어 있다는 얘기다.

하루빨리 도입해야 하는 것은 인구 변동기에 노동력의 다양성을 수용할 수 있는 정책이다. 한 사람에게 '혜택'이 되는 것이 다른 사람에게는 부담이 될 수도 있다. 사원 복지를 위해 고용주가 거치하는 임금 및 급료의 비율은 모든 피고용인 또는 모든 종류의 피고용인에게 동일하게 적용되어야 하는 게 마땅하다. 그러나 그 돈이 어디로 갈 것인지는 종업원 개개인의 필요, 정황, 가족 사정, 생활 주기에 따라 좌우된다. 복지 정책은 일정한 옵션의 형태를 취해 종업원 개개인이 가장 크게 혜택을 받을 수 있도록 가장 훌륭한 선택을 할 수 있게 해야 한다. 스스로에게 알맞은 것을 가장 잘 아는 사람은 자기 자신이다.

이 아이디어를 노조지도자들이 싫어하는 이유는 이 일률성을 바탕으로 조합원의 과반수가 최대 단일 소수집단에 종속되기 때문이다. 정부 관리들도 싫어하는 이유는 자신들이 항상 개인에게 무엇이 가장 좋은지 잘 알고 있다고 믿기 때문이다. 고용주들도 반발하는데 복지와 인사 정책의 궁극적 기준은 행정적 편의라고 생각하기 때문이다. 그렇지만 이러한 정책은 갈수록 더 필요해질 게 분명하다. 선진국에서는 종업원들이 스스로 어떤 복지가 자신에게 가장 알맞은 것인지 선택할 수 있는 자유를 강력히 요구하게 될 전망이다. 즉 제2의 직업적 진로 선택의 자유, 일정 연령이 되면 퇴직할 것인지 아니면 일을 계속할 것인지 선택할 수 있는 자유와 그들에게 부여되는 업무와 관련한 더 큰 선택의 자유 등을 요구하게 될 것이다. 따지고 보면 이것은 지식노동자의 본질적 특성으로 선진국에서는 갈수록 지식노동자들이 인사 정책과 복지 정책의 틀을 좌우하게 된다는 뜻이다.

사라지는 퇴직연령에 주목하라

앞으로 모든 선진국에서 퇴직연령을 늦추고 퇴직이 신축성 있게 이뤄지며 개인이 선택할 수 있는 사항이 되도록 하는 것이 경제의 사활이 걸린 문제가 될 것이다. 한마디로 사회와 경제는 늘어나기만 하는 퇴직자들을 그대로 부양할 수 없다는 말이다. 고령자들 역시 시간이 지날수록 점점 더 은퇴에 반발하고 있는데 그들은 자신들의 뜻을 관철시킬 힘을 갖게 될 것이다.

1935년 미국에서는 65세 된 사람 한 명당 근로자의 비율이 11명이었다. 지금 이 비율은 1대 3이 되었다. 1990년까지는 비율이 1대 2 가까이 될 것이다. 경제학자들은 부양해야 할 고령자의 이 같은 놀라운 증가가 신생아의 급격한 감소에 의해 어느 정도 상쇄된다고 주장하겠지만, 그것은 정치적으로나 사회적으로나 경제적으로나 타당성이 없는 말이다. 일정 액수를 급료로 받아 아이들의 신발을 사주는 근로자는 자신이 '이방인'이라거나 더 나아가 '피부양자'를 위해 돈을 낸다는 생각은 하지 않는다. 그저 자기 식구들을 위해 돈을 낸다고만 생각할 뿐이다. 자신의 급료에서 은퇴한 누군가를 위해 동일한 액수가 공제되는 근로자는 그것이 강제적인 세금 징수이며 자신이 번 돈을 강탈당하고 있는 것이라고 느낄 법한 충분한 이유가 있다.

사람들은 신체적으로나 정신적으로 일할 능력이 있는데도 일하지 않는 남을 위해 자기 돈을 내라고 하면 반발할 것이다. 마찬가지로 갈수록 증가하는 고령자들은 은퇴 후 사회의 엄청난 짐이 될 것이며 분노와 저항의 대상이 될 것이다.

어떤 방식으로든 취업연령을 연장하지 않는 한 선진국 경제는 인플레이션 압력에 시달릴 수밖에 없다. 고령자들은 저축보다 소비가 더 많기 마련이다. 그러므로 일하는 젊은이들의 급료에서 노인들의 은퇴연금으로 이체되는 돈은 인플레이션을 유발하는 구매력이 된다. 한편 젊은이들도 노인들을 위해 자신들에게서 가져간 돈을 보상하라며 보수를 올려달라고 한다면 인플레이션 압력이 조성된다. 다시 말해 부양비율이 견딜 수 없는 지경에 이르는 것이다.

모든 선진국에서 고령 퇴직자와 일하는 사람 간의 비율이 1 대 3 정도로 유지되도록 하는 것이 경제 정책 및 사회 정책의 중심 목표가 돼야 한다. 모든 선진국에서 퇴직연령이 서구의 전통적 퇴직연령인 65세를 훌쩍 넘어 1995년까지는 72세 가까이 될 것으로 예상된다. 그들이 적어도 파트타임으로나마 일을 하고 있다면 '합법적으로' 일하건 아니면 '회색 경제gray economy'(세금을 안 내는 경제활동을 의미—옮긴이)에 종사하건 그건 중요한 일이 아니다.

그러나 취업생활을 연장하려는 주요 요인은 경제가 아니다. 진짜 요인은 육체적으로나 정신적으로 '젊기 때문에' 뭔가 할 일이 있어서 밖에 나가 생산적인 생활을 하려는 노인들의 욕구다.

《보이지 않는 혁명: 어떻게 연금기금 혁명이 미국에서 일어났는가 The Unseen Revolution: How Pension Fund Socialism Came to America》에서 나는 미국의 의무 퇴직연령이 1980년대 중반까지는 65세에서 70세로 늦춰질 것이라고 예언한 바 있다. 이에 대해 비판적인 시각을 지닌 사람들은 거의 모두가 이를 터무니없는 소리라고 생각했다. 다들 미국의 의무 퇴직연령은 크게 낮아질 거라고 생각했다. 실제로 의무 퇴직연령을 60~62세로 낮추자는 노조의 제안이 국회에 상정돼 있었다. 그리고 정부, 노조, 경제학자, 기업과 대학을 불문하고 경영과 관련된 모든 사람들이 정년 연장에 격렬히 반대했다. 그런데 내 책이 나온 지 12개월이 되었을 무렵 캘리포니아 의회는 연령을 불문하고 의무 퇴직을 아예 불법화하는 법안을 통과시켰다.

그로부터 얼마 후 미국 의회는 앞서 언급한 사람들의 단호하고도 조직적인 반대를 무릅쓰고 연방정부에서 일하는 사람들의 의무 퇴직연령 규정을 없애버렸으며 다른 모든 사람들의 퇴직연령을 70세로 올렸다. 여기에는 고령자들의 압력도 더러 작용했는데 그 압력은 더 드세질 것이다. 선진국에서는 고령자들이 이미 전체 투표권자의 절반 정도를 차지하고 있기 때문이다. 또한 이들의 투표율이 35세 이하 유권자들과 비교해 훨씬 높기 때문이기도 하다. 이에 대해서는 전통적 퇴직연령을 맞이하고 있는 모든 사람들의 입장도 마찬가지다. 물론 부분적으로는 의무 퇴직연령의 상향 조정 내지는 폐지가 힘겨운 경제적 여건이 몰고 온 결과인 측면도 있었다.

유럽의 추세는 여전히 강력한 반대를 지향하고 있다. 거의 모든 유럽 국가에서 의무 퇴직연령을 낮추자는 제안이 나오고 있다. 오직 일본만이 인구 동태의 논리를 수용하는 입장이다. 일본의 경우 지금 정년을 60세로 밀어올리고 있는데, 실제로 일본의 기대수명을 감안한다면 일본의 정년은 70세로 올리거나 아예 정년을 없애야 한다.

한편으로 입법하는 사람들과 노조가 어떤 결정을 내리건 늘어나기만 하는 고령자들은 '은퇴'하려들지 않을뿐더러 은퇴할 수도 없으므로 어떻게 해서든 계속 노동인구로 남아 있을 것이다. 미국, 서유럽, 일본 할 것 없이 모든 선진국에서 공식적으로는 은퇴했지만 실제로는 파트타임으로나마 일하고 있는 노인들의 비율이 꾸준히 증가하고 있다. 암시장gray labor market 또는 부업의 꾸준한 증가가 이를 시사한다. 이렇게 일하는 사람들은 풀타임이건 파트타임이건 그들의 소득을 세무당국에 신고하지 않는다.

영국 내국세청Inland Revenue 책임자는 1979년에 영국의 실제 국민소득의 7.5퍼센트는 세무당국에 신고가 되지 않아 영국국민소득 통계에 잡히지 않는다고 추정했다. 스웨덴의 경우 이 비율은 20퍼센트까지 올라가 국민총소득 중 5분의 1이 통계에 잡히지 않는다. 미국에서는 정부의 회계감사원이 최근에 부업으로 생긴 미신고 소득의 규모를 개인 소득의 10퍼센트로 추정했다.

거의 모든 나라에서 영국이나 스웨덴처럼 공식적으로 은퇴한 사람은 전혀 일하지 말아야 한다고 규정돼 있거나, 미국과 영국처럼 노조로부터 일하지 말라는 압력을 받을 뿐 아니라 일을 계속할 경우 퇴직금을 전액 박탈당하거나 대폭 삭감당하고 있다. 그 결과 이들은 공식적으로는 은퇴한 것으로 신고하고 부업이나 암시장 노동을 하면서 당국에는 알리지 않는다.

의무 퇴직에 대한 저항은 근로자들의 교육 수준이 달라지면서 더욱 심해질 것이다. 미국에서 현재 기존의 정년인 65세가 되는 사람들 10명 가운데 8명은 중학교까지만 다닌 사람들인데 반해 지금부터 노동시장으로 진출하는 사람들 10명 가운데 6명은 고교 이상의 교육을 받은 사람들이다. 현재 은퇴하는 사람들은 주로 평생 육체노동을 해온 사람들인 반면에 새로 노동시장에 들어오는 사람들은 일차적으로 기술직에서 일할 수 있는 사람들이다.

대체로 육체노동을 해온 사람들은 제철소에서 35년간 일하고 55~60세에 퇴직하는 것으로 만족한다. 이들 중 절반, 어쩌면 그보다도 많은 사람들이 다시 일을 할 텐데, 낚시질을 하거나 이웃과 잡담이나 하면서 시간을 보내는 게 따분하기 때문이기도 하고 또 용돈이 필요하기 때문이기도 하다. 그러나 지식노동자들에게는 뭔가 생산적인 일을 계속해야 할 필요성이 절대적이다.

두 번째 직업의 필요성

일정 연령에 퇴직하지 않고 일을 계속해야 할 필요성은 지식노동자들로 하여금 40~50대에 제2의 진로를 찾게 할 것이다. 이전에 진로를 바꿔본 적이 없었던 사람들이라면 65세에 새 일자리를 구하기가 쉽지 않다. 그러나 어떤 종류의 지식노동이든 같은 일을 너무 오래하다 보면 싫증이 나기 마련이다.

최악의 예가 대학교의 교직이 아닌가 한다. 편협한 고용주가 그렇게 만드는 것이다. 프랑스 혁명을 가르치기 시작한 젊은 학자는 그 주제를 좋아한다. 그런데 15년이 지나면 나이는 아직 40대 초반인데도 주제에 벌써 싫증을 느낀다. 그의 머릿속에 있는 한 권의 책은 오래전에 저술된 것이다. 지금 그는 1년에 책 두 권의 서평을 쓰느라고 끙끙댄다. 그의 강의는 같은 내용을 끝없이 반복한다. 농담을 하면 학생들은 마지못해 웃어주지만 그 농담은 케케묵은 것들이다. 그러나 대학 규정은 그가 아예 역사과를 떠나는 것은 고사하고 역사의 다른 시기를 강의하는 것조차 허락하지 않는다.

병원 역시 엑스레이 기사가 물리치료나 다른 의료기술을 행하는 것을 허락하지 않는다. 심지어 한결 융통성이 있고 유동적이라고 하는 기업 역시 여전히 관리직이나 전문직에 있는 사람을 같은 업무 영역과 환경 속에만 묶어두는 경향이 있다. 그러나 기진맥진하지 않더라도 환경을 바꿔 다른 도전을 해보고 '분갈이re-potted'를 해야 할 필요가 있다. 그에게는 제2의 출발이 필요하다. 새로운 환경에서 새로운 동료들을 만나고 새로운 도전을 시작해야 하는 것이다.

제2의 진로에 대한 압박감이 커지면서 이미 고등교육을 받은 성인들을 위한 평생교육이 확대될 것이다. 이에 못지않게 중요한 것은 성공한 중년 간부, 특히 중간급 간부들을 새로운 임무와 도전이 따르는 새로운 자리에 배치하는 것을 제도화하는 일이다.

일본 사람들은 '종신 고용'과 한 회사에 대한 '충성심'을 중요시

함에도 불구하고 중역들에게 제2의 진로를 마련해주는 데 있어 유럽이나 미국보다 한 수 위다. 일본 회사들은 기왕에 쌓은 경험이나 공식적 훈련에 크게 구애됨이 없이 관리직에 있는 사람들을 한 자리에서 다른 자리로 이동시킨다. 판매를 관리하던 사람을 경리로 보내고 엔지니어링을 관리하던 사람을 인사를 관리하는 자리로 보낸다. 이렇게 함으로써 일본 대기업의 임원들은 평생 한 분야에서만 일하는 경향이 있는 미국이나 유럽의 임원들보다 더 큰 자극을 받고 다양한 경험을 하게 된다.

정리하자면, 내일의 경영자는 풀타임으로 일하는 사람과 파트타임으로 일하는 사람, 남성과 여성, 정년을 넘긴 사람, 하나의 기능직이나 기술직(예컨대 오늘의 컴퓨터 특기자)에만 관심이 있는 사람, 그리고 특정 임무를 수행하고 나면 다른 고용주를 찾아가는 사람을 다루는 방법을 익혀야 한다. 대학, 병원, 기업 할 것 없이 고용주는 인사관리가 아니라 사람을 관리해야 한다는 뜻이다.

경영자와 프로페셔널, '머리 둘 달린 괴물'을 인정하라

속담에 "의사들만으로 병원을 운영할 수 없고, 의사들 없이도 병원을 운영할 수 없다"라는 말이 있다. 마찬가지로 대학을 운영하는 사람은 "교수단만으로 대학을 운영할 수 없지만, 교수단 없이 대학을 운영할 수도 없다"고 말할 수 있다. 이것은 기업을 포함한 모든 현대 조직에 적용되는 말이다. 모든 기업은 '머리 둘 달린 괴물'이 되고 있는데 그것은 특정 기관보다도 자신의 전문 분야에 헌신하는 '프로페셔널professional'(어떤 분야의 전문가를 의미하는 말로 드러커는 지식근로자가 전문가가 되어야 함을 역설했다—옮긴이), 전문 분야에 헌신할수록 더 생산적인 프로페셔널, 그러면서도 전체적인 목표 달성을 위해 일해야 하는 프로페셔널에 의존하고 있다. 이러한 '머리 둘 달린 괴물'의 등장 역시 인구 동태의 결과다. 이는 경영관리자들이 관리 방법을 익히지 않으면 안 되는 혼란기의 또 하나의 예다.

프로페셔널은 언제나 다른 사람이 자신들에게 책임을 부여하는 것에 반대했다. 전문가, 즉 의사나 변호사나 엔지니어나 성직자는 실적이 아니라 자격을 인정의 근거로 삼는 것이 전문성의 바탕이라고 늘 주장해왔다. 과거에는 그러했지만 이제는 더 이상 타당성이 없는 말이다. 프로페셔널이 전체의 일부에 불과한 존재여서 그들 없이도 사회가 아주 잘 굴러갈 수 있었던 때에는 그런 주장이 통할 수 있었다. 그러나 현대 사회에서 '프로페셔널'은, 곧 스스로를 체계적인 지식의 소유자로 생각하는 사람은 사회의 중심에 있으며 그 사회의 실행 능력의 중심에 있는 사람들이다. 그들은 더 이상 장식품이나 사치품이 아니다. 그리고 전문인을 정당화해주는 것이 학위증이라는 그들의 전통적 주장은 이제 더 이상 타당성이 없다. 사회는 이들에게 책임 소관을 철저히 하고 그들이 기여하는 부분을 책임질 것을 요구해야 한다.

사람들은 일반적으로 프로페셔널의 기여도를 '측정할 수 없다'

고 생각한다. 그러나 프레더릭 테일러가 연구를 시작했던 150년 전까지만 해도 육체노동의 실적 역시 측정이 불가능했다. 프로페셔널이 하는 일에 대해 적어도 어떤 평가 정도는 내릴 수 있다. 당연히 한 사람이 얻은 결과는 같은 척도를 사용하는 다른 사람도 얻을 수 있는 측정이어야 한다. 평가를 할 때는 식견과 자격을 갖춘 사람이 어떤 결과를 얻었다면 다른 식견과 자격을 갖춘 누군가도 그러한 결과를 얻어야 한다. 평가에는 정보와 어느 정도의 전문지식이 요구되지만 다른 점에서는 측정만큼이나 '객관적'이다. 우리는 전문인들의 실적을 평가할 수 있어야 하며 이는 충분히 가능하다.

미국의 경우 지금 의료업계에 특정 질병군에 대한 바람직한 의료 기준을 검토해 의료인들이 그런 기준을 준수하고 있는지 감독할 것을 요구하고 있다. 이는 함께 일하는 사람들 사이에서 이뤄져야 한다. 따라서 다른 의료 방식을 선택하는 의사는 자신이 그렇게 한 이유를 해당 부문을 책임지고 있는 동료 의사에게 설명해야 한다. 그러나 프로페셔널이 규율에 묶이기를 원하지 않거나 스스로 그렇게 할 수 없다면 미국 사회가 그를 강제하게 될 것이다. 병원 행정을 맡은 사람들 같은 비전문인이 그러한 전문직을 관리하는 '주인'이 되는 사태가 벌어질 수도 있다. 법률 전문직도 같은 방향으로 가고 있다.

이는 더 이상 프로페셔널이 책임을 져야 하는가의 문제가 아니다. 다만 그들이 스스로 기준을 만드느냐 아니면 다른 사람들이 만든 기준을 강제로 준수하게 되느냐의 문제일 뿐이다.

기관들이 사업 운영자와 프로페셔널 그룹(회계사, 시장 조사자, 세일즈맨, 엔지니어, 품질관리자 등)이 함께 존재하는 '머리 둘 달린 괴물'로 변화하는 것은 우리에게 새롭고 과격한 조직의 개념을 강요한다. 우리가 아는 기업 조직은 근본적으로 피라미드형으로 발전해 '지휘' 기능은 지휘보다도 '자문'을 주로 하는 '참모'의 등장으로 인해 약화됐다. 갈수록 병원이나 대학이 전통적인 군대보다 나은 모델이 될 것이다. 갈수록 조직은 피라미드가 아니라 같은 중심을 갖는, 서로 겹치는 원의 모양을 이루게 될 것이다.

기관에는 '최고경영진'이 있어야 하고 '지휘부'가 있어야 하는데 그것은 동물의 몸에 골격이 있어야 하는 것과 같은 이치다. 위험과 비상사태에 처했을 경우에는 결정을 위한 중심이 필요하고 분명한 목소리가 있어야 하며, 명령이 하나로 통일될 필요가 있다. 그러나 프로페셔널들은 자신이 속한 영역에서 기준을 정하고 자신들이 기여할 바를 결정해야 한다는 사실을 받아들여야 한다.

최고경영진은 훈련 계획을 단축할 수 있다. 그렇지만 훈련을 담당하는 사람에게 훈련 방법에 대해 왈가왈부할 수는 없다. 다만 현재의 훈련 담당자가 일을 잘하지 못할 경우 다른 사람으로 바꿀 수는 있다. 대학 총장은 외국어를 위한 예산을 늘리거나 줄일 수 있다. 그렇지만 언어를 가르치는 사람들에게 가르치는 방법을 지시할 수는 없으며 누가 가르칠 것인지도 지정할 수 없다. 병원을 운영하는 사람은 자신이 의학 학위를 갖고 있건 그렇지 않건 신경과 병동에 병상을 15개 추가할 수 있다. 그렇지만 임상신경학과 관련해 여러 가지 요소를 결합해 훌륭한 서비스를 제공하는 것은 그의 영역 밖의 일이다. 그가 요구할 수 있는 것은 오직 신경과 전문의들이 자신들의 목표와 기준은 무엇이며 그 병원에서 임상신경학을 실천에 옮기는 데 개인적·집단적 소임을 어떻게 하면 효율적으로 다할 수 있는지 곰곰이 생각해달라는 요구뿐이다.

병원을 운영하는 사람은 전문의들이 그들의 소임을 책임감 있게 수행하고 기준을 만들어 목표를 설정하고 그와 같은 기준과 목표에 비춰 자신의 실적을 엄격히 평가할 것을 다짐하도록 만들어야 한다.

이는 장차 조직 구조의 모습이 달라질 것임을 의미한다. 이름 있는 한 대학 총장이 이런 말을 한 적이 있다. "이 대학에는 최고경영진이 없다. 교수 한 사람 한 사람이, 확실히 선임교수는 모두가 적어도 나만큼이나 '최고경영진'이다. 그래서 어느 한 사람이 결정을 내릴 수 없다." 이는 현대 조직의 모습을 잘 묘사하고 있다. 조직의 내부 환경은 그것을 에워싸고 있는 외부 환경처럼 다양해야 한다. 그리고 전통적인 피라미드형에서 '머리 둘 달린 괴물'로의 전환은 인구 구조와 인구 동태가 바뀜에 따라 관리해야 할 또 하나의 변화다.

개발도상국에 필요한 고용을 구별하라

인구 동태는 선진국과 함께 개발도상국에서도 사회 정책의 우선순위 및 제약에 변화를 가져오고 있다. 그것은 경영자들에게 사람들이 널리 믿고 있는 내용과 우선순위를 바꾸며, 고용 및 소득 보장에 대한 새로운 정책을 짜나가는 데 앞장서도록 강요할 것이다. 그런데 고용 및 소득 보장 정책은 실업 보상 및 해고와 관련한 처벌적 규제에 서방권이 취하는 접근 방법이나 일본의 '종신 고용'과는 다른 것이 될 것이다.

개발도상국들의 최우선 과제는 엄청난 수의 젊은이들을 위해 일자리를 만드는 것이다. 이것은 민족적인 자긍심이나 전통적인 믿음, 슬로건, 정서 및 분노보다도 우선되어야 한다. 이는 생존의 문제로, 생존이야말로 그 무엇보다 우선한다.

선진국의 기업인들은 이 같은 우선순위를 받아들이지 않는 개발도상국과는 어울리지 않는 것이 좋다. 그런 나라에는 성취도 실행도 발전도 없을 것이기 때문이다. 세계은행, 미주개발은행, IMF와 같은 국제기관들은 일자리를 만드는 일을, 특히 선진국에 대한 수출을 겨냥한 제조업 분야의 일자리 창출을 정치적 및 사회적 우선 과제로 삼을 것을 개발도상권 고객 국가들에 요구해야 한다.

홍콩, 대만, 싱가포르, 대한민국이 지금 거의 선진국 대열에 합류하게 되었다는 사실(4장 참조)과 많은 사람들이 대한민국이 완전히 개발된 경제적 '대국'이 될 것이라고 기대하는 이유는 수출을 위한 제조업 분야의 일자리 창출을 최우선시하고 다른 모든 고려 사항은 이 우선 목표 밑에 두었기 때문이다.

브라질 경제가 지난 15년 동안 좋은 성과를 거둔 것 역시 전적으로 일자리 조성에 치중한 정책 때문이다. 그러나 브라질의 예에서 볼 수 있듯 거기에는 심각한 리스크가 있다. 일자리 창출에 치중하면 사회적 불평등으로 인해 긴장이 조성된다. 이와 같은 정책 아래서는 기업의 관리자들이 선진국의 관리자들이 누리는 정도의 생활수준과 생활양식을 따라가도록 권장해야 한다. 선진국에서 기업인, 과학자, 의사 또는 엔지니어로 일한다면 아주 좋은 대우를 받을 수 있는 고등교육을 받은 사람들을 유치하려면 어쩌면 선진국보다 더 나은 대우를 해줘야 할 수도 있다. 이와 동시에 그런 나라는 노동비용과 생산성이 경쟁력이 있어야 하는데 이는 제조업에서 급속한 일자리 증가와의 '트레이드오프'로 임금이 생산성 증가보다 뒤처지게 됨을 의미한다. 이로 인해 아직 크지 않은 상층 및 중위층 그룹과 급속도로 증가하는 근로자층 사이에 사회적으로 위험한 심한 불평등이 조성된다.

인도는 이와 반대되는 정책을 추구해왔는데 이는 더 위험한 것으로 판명되었다. 즉 일자리 조성을 최우선 과제로 삼지 않거나, 말로만 그것을 내세우면서 실제로는 중요시하지 않은 것이다.

인도 정부는 진퇴양난의 궁지에 몰려 있다. 그들은 교육받은 사람들의 소득 상한선을 계속 유지하려 애쓰고 있다. 의사, 엔지니어, 경영자, 대학교수는 연간 세후 소득이 특별수당 등을 포함해 6,000~7,000달러를 초과해서는 안 되는 것으로 돼 있다. 이것은 시골 농가 세대의 연간 수입보다 50~100배나 많은 것으로 10가구 가운데 8가구가 시골에서 살고 있는 나라의 사회적 불평등을 극단적으로 보여준다. 그렇지만 허가된 최고 소득은 훈련을 쌓았거나 교육을 받은 인도인이 국외에서 벌 수 있는 돈의 몇 분의 1에 불과하다. 그리고 이는 주거, 자동차, 학교 교육, 신문 등 서방 세계의 편리한 현대식 생활 여건은 차치하고 도시 중산층의 최저 수준으로 생활하는 데도 턱없이 부족하다. 그래서 각계각층에서 훈련을 쌓은, 기술을 가진 인도인들이 꾸준히 해외로 진출하고 있다. 그리고 국내에 남아 있는 사람들 사이에서는 정부의 그릇된 정책으로 인해 대규모 부패와 냉소주의적 태도가 만연하고 있다.

일자리 창출은 추가적인 문제를 낳고 있다. 단지 일자리 수가 아니라 생산적인 일자리가 문제다. 비생산적이거나 충분한 생산성을 발휘하지 못하는 일자리들은 생산적 고용을 저해한다. 그로 인해 일자리가 파괴되고 있는 것이다.

이 점을 분명하게 깨달은 국가가 있는데 그중에서도 특히 홍콩이 해낸 일은 괄목할 만한 것이었다. 1979년에 베트남 난민들이 몰려들기 전까지, 영국의 식민 정부가 대체로 방관하는 가운데 홍콩으로 이민 오는 중국인은 하나같이 중국인 공동체를 통해 몇 달 안에 생산적인 일자리를 만들어낸다는 사실이 밝혀졌다. 중국인 사회는 중국 전통에 따라 비공식적으로 사회적 압력을 가해 임금을 면밀히 규제하고 있다. 심한 착취는 거부감을 사지만 임금 상승 압박 역시 홍콩의 경쟁력을 떨어뜨리는 것으로 여겨져 거부감을 불러일으킨다.

"우리의 한 가지 척도는 생산성"이라고 홍콩 사회의 한 유력한 지도자는 말한다. "노동자들은 생산성 증가의 혜택을 최대로 받아야 한다. 그리고 고용주들은 고용된 사람들로 하여금 더 머리를 써서 일하면서 생산성을 높이도록 해주는 자본재와 노동 방식을 도입해야 할 의무가 있다. 그렇지만 생산성이 있는데도 임금이 낮으면 경제와 나아가 공동체를 해치는 것과 마찬가지로, 생산성이 없는데도 높은 임금을 주는 것 역시 경제와 공동체를 해치게 된다." 이는 이상적인 이야기이긴 하지만 원칙으로서는 옳다. 이와 동시에 홍콩은 사회간접비를 아주 낮은 수준으로 제한해왔는데 그중에서도 특히 정부 일자리는 일반적으로 비생산적이다.

인도에서는 지난 몇 년 동안 원자로나 제철소 같은 규모가 큰 것에 대한 무비판적 예찬이 심한 반발을 불러일으켰는데 그것은 네루 시대의 특징이었다. 그러나 이와는 정반대의 것을 강조하는 오늘날 인도의 공식적 입장 역시 미신적이며 유해하다. 예컨대 인도 정부는 지난 몇 년 동안 기계형 물레를 금지하려 해왔다. 심지어 기발한 인도인이 자전거 페달을 이용해 직공들의 실 생산량을 3배나 늘려준 물레의 사용마저도 공식적으로는 금지하고 있다. 정부의 유력한 경제전문가 한 사람이 이를 요약해서 내게 이렇게 설명했다. "간디가 저지른 큰 잘못은 물레를 권장한 것이었다. 그것은 지나치게 생산적이다. 우리는 물레 이전으로 되돌아가야 한다. 그러면 일자리가 더 생긴다."

그러나 가난한 나라들은 심지어 실패를 돌릴지라도 생산성을 발휘하지 못하는 수많은 사람들을 부양할 수 없는 형편이다. 다만 아주 부유한 나라들만이 복지 혜택을 받는 국민들을 지탱할 수 있다. 인도를 비롯해 개발도상국 모두에게 필요한 것은 자체 자원을 가장 생산적으로 활용할 수 있는 일자리다. 인도에 필요한 것은 선진국 시장에 들어가도록 세계 경제 속에서 경쟁할 수 있게 되는 일이기 때문이다.

선진국이나 개발도상국을 불문하고 어느 나라의 경우건 그들에게 알맞은 기술은 가장 크거나 가장 작은 것이 아니다. 1950년대에 생각했던 것처럼 가장 많은 자본을 사용하는 기술도 아니다. 그것은 낭비다. 뿐만 아니라 가장 많은 노동력을 흡수하는 기술도 아닌데 이 역시 낭비이기 때문이다. '알맞은' 것은 가용 자원이 생산성을 최대한으로 발휘하도록 해서 일자리를 제일 많이 창출하는 것이다.

앞으로 약 20년간 개발도상국에서 가장 효과를 배가시키는 투자이자, 생산적 일자리를 창출하는 데 가장 많은 힘을 발휘할 투자는 생산 분업을 위한 투자, 제조 부문의 노동집약적인 단계의 일자리를 위한 투자, 그리고 초국적 연합을 통해 선진국들에서 판매될 제품 생산을 위한 투자가 될 것이다.

선진국의 고용 수요

선진국들이 당면한 엄청난 현실은 제조 및 서비스 분야의 전통적 일자리에 필요한 노동력이 남아돌아가는 것이 아니라 부족해진다는 사실이다. 그렇지만 이들 나라의 경영관리자들은 일자리를 만들어내며 기왕에 있는 일자리들을 더 의미 있고 도전적이며 중요한 것으로 만들기 위해 힘써야 한다.

선진국들이 교육 수준이 높은 인력의 부족을 겪는 일은 없을 것이며 교육받은 젊은이들이 부족해지는 일도 없을 것이다. 그보다도 베이비붐 세대의 마지막 인력이 노동시장으로 진출해 직업 생활을 시작하는 때가 되면 인력이 남아도는 상황을 맞게 될 것이다.

베이비붐이 시작된 후로 20년 동안 선진국에서는 관리직과 전문직 분야에 공백이 있었다. 1920년대에서 1940년대까지는 출생률이 낮았으므로 50대 초반의 관리직·전문직·기술직 인력이 귀했다.

대학을 포함한 미국 학교들이 젊은이들을 많이 고용했던 마지막 시기는 고등학교들이 폭발적으로 증가했던 1920년대였는데, 이에 타격을 준 것은 얼마 후에 나타난 대공황과 출산율의 꾸준한 저하였다. 1950년대 중반까지는 미국 교육계의 교직원들이 일률적으로 나이든 사람들로 이뤄졌다. 베이비붐 세대 아이들이 취학하기 시작하자 그에 대처하기 위해 학교들은 퇴직하는 교사 한 명당 세 사람의 비율로 새 교사들을 고용해야 했다. 미국 은행들의 사정도 이와 비슷했다. 거기서도 대량 고용의 마지막 시기는 1929년 전이었다.

선진국 고용주들은 학교를 마친 젊은이들, 특히 고등교육을 받은 젊은이들을 놓고 쟁탈전을 벌였다. 1960년대와 1970년대에 대학을 졸업한 사람들, 특히 좋은 학위를 취득한 사람들은 남달리 출세가 빨랐다. 뉴욕에 있는 한 주요 은행 인사 관리자의 말을 들어보자. "비율이 어떻게 되는지는 모르겠지만 은행에서 젊은 사람들이 경영 간부로 출세할 수 있었던 이유의 50퍼센트는 그들의 능력과 부지런함에 그리고 또 50퍼센트는 인구 동태에 힘입은 것이라고 보는 게 옳을 것 같다." 그 결과 오늘날 기업의 고위 간부, 고위 대학 교직원, 고위 병원 운영자들의 구조가 젊은 층에 크게 치우치는 것이다.

이렇듯 젊은이들이 고위직에 오른다는 것은 파이프라인이 꽉 찼다는 의미다. 앞으로는 이렇듯 고위직에 오른 젊은이들이 대학을 졸업하고 공백 상태의 직장으로 진출했던 것과 달리, 고등 전문 훈련을 마칠 젊은이들과 높은 학위를 받고 졸업할 젊은이들의 상당수가 인력 공급이 잘되고 있거나 여러 경우 포화 상태를 이루고 있는 노동시장에 편입될 것이다. 즉 미국에서는 젊은 변호사나 외과의사들의 시장이 이미 포화된 상태다.

앞으로 5~10년 동안 선진국에 있는 모든 기관 고용주들은 가장 총명하고 가장 야심적이며 가장 성취도가 높은 젊은이들이 좌절감에 시달리는 모습을 목격할 것이다. 그들은 바로 위 선배들처럼 급속 승진을 해서 만족스러운 보수를 받으면서 성취감을 맛보기를 기대할 수 없다. 그들에게 필요한 것은 더 큰 일, 더 도전적인 일일 것이다.

그것은 어떤 일이어야 할까? 새로운 일에 어떤 도전 과제를 부여할 수 있을까? 젊고 유능하고 부지런하고 야심적인 젊은이들을 키워나가려면 그들에게 어떤 성취감과 만족감을 안겨줘야 할까? 이것이 앞으로 10년 동안 경영진의 주요 관심사가 될 것이다.

선진국의 경영자들과 정책 입안자들은 모두 갈수록 지식노동자와 교육 수준이 높은 노동자에게 만족할 만한 '일의 조건'이란 창조적이고 생산적인 일자리를 의미함을 깨달을 것이다. 이는 수적으로 따져도 맞는 말이다. 전통적 일에 종사하려는 사람들이 갈수록 귀해지는 가운데(특히 기술이 필요하거나 기술이 필요 없는 전통적 육체노동을 할 사람들) 지식노동을 할 자격을 갖추고 있어서 그런 일에 종사하고자 하는 사람들은 많이 남아돌 전망이다. 선진국에서는 그런 일자리를 창출하는 것과 그런 인력의 실적에 초점을 맞추는 것이 갈수록 중요해질 전망이다. 그들은 전통적 노동으로 경쟁할 생각은 아예 하지 말아야 한다. 비용이 너무 비싼데다 그나마 있는 강점조차도(예컨대 일본의 고도로 자동화된 일부 일자리) 과도기적이어서 전통적 자격과 전통적 기술을 갖추려는 의욕적인 젊은이들이 넘쳐나는 개발도상국들의 생산성 증가로 우위에 설 수 없을 것이기 때문이다. 젊은이들이 학교에서 여러 해 동안 공부해서 지식노동을 위한 자격을 갖추도록 하는 능력이라는 유일한 우위를 생산적으로 지켜나간다면 선진국들은 그들의 생활 수준과 교육 수준 그리고 그들의 주도적 위상을 유지해나갈 수 있을 것이다.

이는 앞으로 몇 십 년 동안 선진국에서 학문 수준이 높아지고 그 수요도 증가할 것임을 의미한다. 인구 동태는 젊은이들이 사회과학과 같은 '일반적' 학과에서 공학, 회계, 보건 기술과 같은 '실용적 지식'으로 전환하고 있는 추세에 더 큰 영향을 미칠 것이다. 취업해서 한창 경력을 쌓아가고 있는 노동자의 지속적 교육이나 대학원 과정의 전문적 기술적 교육에는 더 큰 박차가 가해질 것도 예상할 수 있다.

선진국의 지식노동 일자리는 앞으로 더 많은 경제적 가치를 생산하는 것이어야 한다. 많은 사회간접자본을 가진 선진국은 기왕의 소비 수준과 교육, 보건 수준을 더 높이지는 못할망정 그대로 유지하는 데 필요한 높은 경제적 가치를 만들어낼 수 있어야 한다. 이는 첫째로 일자리 증가가 다시금 일차적으로 경제 부문에서, 그것이 '자유기업'이건 '국유화'된 부문이건 또는 '혼합'된 부문이건 경제 부문에서 이뤄져야 함을 의미한다. 둘째로 인구 동태만 해도 선진국들이 수요에 주력하는 거시경제에서 떠나 생산성과 공급에 주력하는 미시경제를 추구할 것을 요구한다는 사실을 의미한다(1장 및 2장 참조).

또한 이는 무엇보다도 선진국들이 생산 분업에 주력하는 방법을 익혀야 함을 의미한다. 오직 생산 분업의 세심한 기획, 조직, 통합, 관리만이 선진국들의 수많은 지식노동자들을 위해 보수가 좋고 의욕을 자극하며 보람이 있는 일자리를 만들어낼 수 있다.

많은 선진국들 중에서 아직까지 일본만 이 사실을 이해하고 있는 것 같다. 전통적 육체노동자들의 실직에 대한 우려에도 불구하고 일본의 경제적·사회적 정책은 갈수록 지식노동을 위해 육체노동을 '트레이드오프'하는 방향으로 가고 있는데, 이는 일본의 인구 동태에 비춰볼 때 정치적으로는 아무리 인기가 없다 해도 옳은 일이다.

잉여인력 활용에 대한 기획이 필요하다

사회 정책은 이제 지난날 고용되었던 육체노동자들에 대한 근본적으로 새로운 조치를 새로이 우선순위에 두고 있다. 그들에 대한 기대를 체계적으로 정리하고 과잉 인력을 활용하기 위한 계획을 마련하는 것이 그것이다.

모든 선진국은 실업보험과 평생고용을 모두 넘어서야 한다. 두 가지는 모두 부적절하며 갈수록 소기의 성과를 거두는 일이 불가능해지고 있다. 경제의 평생고용 일자리와 관련해 경영진은 경제적 요인으로 인한 것이건 기술적 요인으로 인한 것이건 구조적 변화가 일어나면서 불필요해지는 일자리에 있는 사람들에 대한 책임을 다해야 한다. 그러한 변화는 경제가 구조적으로 달라져 그에 적응하며 쇄신해나가는 데 필요한 능력을 더욱 크게 키워준다.

선진국들은 빠른 속도로 이노베이션을 수행해야 한다. 자동화가 가능한 산업 공정을 자동화하지 않는다면 산업을 계속 이끌어갈 수 없다. 생산의 노동집약적 단계와 노동집약적 산업에서 탈피해야 한다. 그리고 생산의 새로운 지식집약적 단계와 지식집약적 산업을 속히 키워나가야 한다. 또 에너지의 새로운 공급원을 찾아야 할 것이다. 요컨대 (2장에서 살펴봤듯이) 구조 개혁에 시동을 걸 수 있어야 한다. 적응하는 것만으로는 번영과 사회적 단합을 보장할 수 없다.

일반적인 방법, 특히 전통적 보호주의로 이러한 압박에서 벗어날 수는 없다. 보호주의는 구매력을 소비자들에게서 생산자들로 이전시킨다. 이는 선진국의 새로운 인구 동태에서는 실효성이 없는 일이다. 전통적 보호주의는 전통적 노동자들, 다시 말해 육체노동을 하는 사람들의 활용도가 기반이 된다. 선진국의 문제는 노동자를 채용하는 데 드는 비용이 많아지는데도 생산은 적어진다는 것이 아니라 일할 사람이 부족하다는 것이다.

이미 언급한 바와 같이 미국 제혁산업은 근래에 해외에서 처리되는 미국 생가죽의 수출을 규제해달라고 촉구하고 있다. 그러나 이와 동시에 업계의 지도자들은 미국 제혁산업의 존속을 크게 저해하고 있는 요인으로 '제혁산업에 종사하며 더러운 일을 하려는 미국인이 없다'는 사실을 지적하고 있다. 분명히 비용은 훨씬 비싸겠지만 미국에서 제혁작업을 좀 더 많이 하는 게 가능할 수도 있을 것이다. 그러나 미국인들이 구입하는 신발의 전부 또는 대부분을 생산할 만큼의 가죽을 미국에서 처리한다는 것은 있을 수 없는 일이다. 자동화 이전의 전통적 설계를 바탕으로 건조하는 상선이나 의류 제조에 대해서도 같은 이야기를 할 수 있다.

그런데 노동력이 없으면 보호주의가 구매력을 이전시켜주지 않는다. 그것은 다만 전반적인 생활 수준을 낮추고, '최적 수준 이하'에 머물게 하는 데 그치는 것이 아니다. 생산자와 소비자 모두를, 온 사회를 가난하게 만든다. 이는 자멸로 가는 길이다.

그렇지만 사회적 지속성의 필요성은 집요하게 이어지며 특히 급변하는 시기에는 그러하다. 선진국들이 육체노동에서 지식노동으로 이동하면서 그 급격한 변화가 몰고 올 사회적 문제를 예측하고 대처할 수 없다면, 선두에 서서 이끌거나 빨리 적응할 수 없을 것이다.

선진국의 인구 동태는 혼란스런 우리 시대의 핵심적인 문제다. 그것은 셰익스피어의 말을 빌리자면 "바다와도 같은 큰 변화"다. 그 변화는 대응해서 관리해야 하는데, 그러한 관리는 정부나 정치인들에게 맡길 것이 아니라 조직의 관리자들이 해야 한다. 경제 전반을 휘감고 있는 '사회적 문제'이기에 이 변화는 다스리는 게 불가능한 것으로 보일 수도 있다. 그러나 개별 회사, 개별 대학이나 개별 산업, 개별 도시나 지역이라는 국한된 차원에서 보면 문제가 비교적 작은 것이어서 비교적 쉽게 그리고 적당한 비용으로 해결할 수 있다.

생산 분업으로 일자리를 위협당하고 있는 미국의 신발 노동자 수는 아마 6만 명쯤일 것인데, 이는 취업한 노동인구 1억 가운데 0.06퍼센트에 불과하다. 게다가 이들 6만 명 가운데 상당수는 문제가 되지 않는다. 우선 그들 가운데는 조기 퇴직을 앞둔 사람들이 많다. 그리고 미국 제조업에 종사하는 55세 이상의 노동자들은 사회보장 혜택만으로도 조기 은퇴 계획이 서 있어 경제적 생존을 위한 최소한의 기반이 마련돼 있다.

두 번째로 큰 집단은 이 산업에 종사한 지 10년도 채 안 되는 젊은층이다. 이들은 취업 알선, 상담 등의 도움이 필요하고 약간의 재정적 융자 같은 것이 필요할 수도 있겠지만 대체로 다른 일자리를 구하는 데 문제가 없는 사람들이다. 문제의 핵심은 전체의 절반에 이르는 30~55세의 사람들로 가족과 집이 있지만 신발 만드는 일 말고는 다른 경험이 없는 사람들이다. 이들이 아주 능숙하고 유동적이며 모험적인 사람들일 가능성은 낮다. 이런 사람들은 좀처럼 쇠퇴하는 산업에 매력을 느끼거나 머물러 있다. 이들은 몇 군데에 집결돼 있는데 쇠퇴하는 산업이나 시대적 유물이 된 직업에 종사하는 사람들은 거의 언제나 그렇다. 그래서 이들은 수적으로는 적지만 크게 주목을 끌며 강력한 정치적 영향력을 가지고 있어 새로운 움직임을 방해하며 거부권을 행사할 수 있는 것이다. 그래서 그들은 개별적으로 문제가 된다.

통계만으로 본다면 걱정할 필요가 없어 보인다. 통계상으로는 압도적인 과반수(55세를 넘긴 사람들도 포함해)가 1~2년 안에, 그러니까 실직 수당을 받고 있는 동안에 일자리를 구한다.

가장 최근의 예는 강철 도시인 오하이오 주 영스타운의 경우인데 제철소가 문을 닫으면서 큰 고용주를 잃었다. 영스타운은 무력하고 융통성이라고는 없으며 세상 물정에 어두운 사람들이 단일 산업에 매달려 살아온 도시의 극단적인 예다. 해고된 노동자들 중에 다른 직장에서 일해본 경험이 있는 사람은 거의 없었다. 그곳에 다른 큰 고용주가 나타나지도 않았다. 그렇지만 그 큰 제철소가 문을 닫고 나서 36개월이 지났을 때 해고 노동자들 5명 가운데 4명이 다른 직장을 찾았다. 물론 모두가 제철소에서 일할 때만큼의 보수를 받은 것은 아니었고 파트타임으로 일하는 사람들도 많았지만 그런대로 자신과 가족을 넉넉히 살릴 일자리를 가지게 된 것이다.

문제는 경제적인 것이라기보다도 심리적인 것이다. 기술적 변화나 구조적 변화에 저항하게 만드는 것은 두려움이다. 미지의 것에 대한 두려움, 미로에 내던져지는 두려움, 혼자가 되는 두려움, 버림받는 두려움 말이다. 잉여 노동력의 활용이나 미래에 대한 체계적인 기획이 타당성을 갖는 것은 문제가 경제적으로 극복 불가능한 게 아니라는 바로 그 사실 때문이다.

　석탄이 바닥났던 1920년대에 웨일즈의 광부들이 당했던 것처럼 지역 전체가 고통을 겪은 경우거나 그로부터 몇 년 후 펜실베이니아의 무연탄 산업이 궤멸했던 경우가 아닌 한 경제적으로 극복이 불가능하지는 않다. 그리고 미지의 것에 대한 두려움, 노동자가 알지 못하거나 이해하지 못하는 세계로 내던져지는 것에 대한 두려움이야말로 진정한 문제라는 바로 그 이유 때문에 그와 같은 조직적인 기획이 절실히 필요하다.

　다시 미국 신발산업의 경우를 예로 들면, 이 산업에서 생산 분업의 혜택을 받는 사람들의 수는 그로부터 위협을 받는 사람들보다 적어도 10대 1의 비율로 더 많다. 미국에는 생가죽으로 이윤을 얻으며 그것이 세계시장에서 경쟁할 수 있는 가격으로 처리되어 가죽이 되는 것에 생계를 의존하는 50만 명 이상의 목축업자들과 그들의 가족이 있다. 그리고 신발 도매상과 소매상에 고용되어 신발 판매를 하며 살아가는 또 다른 최소한 50만 명의 사람들이 있다. 그러나 이들은 한군데 모여 있는 것이 아니라 전국에 흩어져 있다. 그리고 생산 분업의 혜택은 간접적이며 대체로 그들이 잘 알 수 없다. 노스캐롤라이나 주의 소수의 신발 노동자들이 구조적 실직에 대한 두려움에서 해방되지 않는 한 그들은 변화에 대해 전적으로 거부하며 이를 방해할 것이다.

　전통적 방식으로는 문제가 풀리지 않는다. 서방 세계의 실업보험이나 일본식의 평생고용은 모두 미흡하다. 그리고 더 최근에 나타난 해고에 대한 처벌적인 규제는 더욱 해로운 것이어서 문제를 더 복잡하게 만든다.

실업보험은 경제적으로 많은 보호를 해준다. 그렇지만 영국 사람들이 50년 전에 이를 처음 창안하면서 걱정했던 대로 심리적 안정감을 제공하는 데는 실패했다. 일본의 평생고용제는 일자리를 보장해주기는 했지만 그것을 누린 고용된 일본 사람들은 소수에 불과했다. 여성들은 평생고용의 대상으로 간주되지 않아 제외되었으며 정부 고용자들과 대기업 고용자들(그나마 55세 이하들만)만이 그 대상이었다. 평생고용은 큰 심리적 안정감을 주기는 했지만 동시에 커다란 구조적 경직성을 초래했는데 그런 경직성을 더욱 악화시킨 것은 일본의 전통적 '연공서열 임금제seniority wage'였다. 이 같은 임금제도는 육체노동자의 경우 신입직원의 연령인 16세, 사무노동자의 경우 19세, 관리직 및 전문직의 경우 22세에서 5~7년 후 실직하게 되면 사실상 고용될 수 없는 사람이 되게 만든다.

서유럽에서 갈수록 인기를 얻고 있으며 미국에서 현재 추진되고 있는 것은 제3의 접근 방법이다. 이는 해고에 비용이 많이 들도록 함으로써 해고를 늦추거나 아예 중지하는 것이다.

이 방향으로 가장 많이 진행된 나라가 벨기에인 듯싶다. 벨기에에는 고용한 사람을 내보낼 경우 '이직 수당'을 지불해야 한다. 이는 10년 이상 근무한 사람일 경우 사실상 살아 있는 동안 내내 급료 전액을 지급받음을 의미한다. 실제로 이로 인해 해고에 제동이 걸리고 있다. 그러나 이런 식으로 구제된 일자리 하나에 대해 두세 사람의 비율로 취업 길이 막히고 있다.

벨기에에서는 새로 사업을 시작하는 사람이 없다. 내가 아는 어떤 기업들은 고용 인원을 20퍼센트까지 늘려야 하는데도 전혀 채용하지 않고 있다. 그리고 벨기에의 일부 경제학자들(벨기에 노조와 가까운 사회주의자들)은 서유럽에서 가장 높은 벨기에의 실업률이 해고 수당에 대한 두려움 때문인 것으로 추측하고 있다. 이 경우 이직 수당은 그것이 도입된 이유, 즉 병폐를 완화시키거나 방지하는 것이 아니라 오히려 조장하게 되는 것이다.

벨기에가 시행하고 있는 제도에서 잘못된 점은 그 개념이 아니라 집행에 있다. 고용된 사람들, 특히 세상 물정에 어둡고 이동이 제한돼 있으며 세상 보는 시야도 제한돼 있는 중년 육체노동자들로 하여금 평생고용이 된다는 확신을 갖게 해줄 필요가 있다. 그러나 불이익을 주기보다도 구조적 변화를 권장하는 방식으로, 이동을 저해하는 것이 아니라 그것을 촉구하는 방식으로 그렇게 해나가야 한다.

이 문제는 실제로 간단하고도 효율적인 방법으로 두 번이나 해결된 전례가 있다. 일본의 초창기 제조업이 1904~1905년의 러일전쟁 이후 첫 불황을 맞았을 때 미쓰이 그룹의 최고경영자는 모든 계열회사들에게 곧 임박한 해고와 관련한 계획을 되도록 빨리 본사에 알리고 동시에 추가 인원이 어느 정도 필요한지도 보고하라고 지시했다. 이를 바탕으로 그룹은 한 계열사에서 남아도는 인원을 다른 계열사의 빈자리로 가도록 했다. 새 고용주는 새로 고용된 사람의 새 일자리에서의 서열에 맞추어 초임을 지급했다. 그가 받는 초임과 연령 및 미쓰이에서의 근속 기간에 해당하는 보수 간의 차액은 이전에 근무했던 회사에서 보상했다. 결국 전 고용주와 새 고용주가 그 사람을 계속 데리고 있으면서 재배치하는 데 따르는 비용과 그의 가족을 위한 비용을 공동으로 부담했다는 이야기다.

이보다 훨씬 야심 차고 성공적인 정책은 해고를 미리 예상하고 그것을 앞당겨 당사자에게 이익이 되고 기회가 되도록 하는 것인데, 이는 30년 전 스웨덴에서 처음 시작됐다. 노동계 지도자인 고스타 렌Gösta Rehn은 공업화 이전의 원자재 생산 경제에서 탈피해 현대식 고도 기술 기반의 경제로 급히 전환해야 할 필요가 절실하다는 것을 깨달았다. 이에 따라 엄청난 숫자의 스웨덴 노동자들이 구조적 잉여 노동력이 되어 아주 다른 새로운 일을 하기 위한 준비에 들어가야 했다.

1950년경 렌은 각 지역에 고용주 대표와 노조 대표, 정부 대표로 구성되는 3자 협의체를 설치해 최소한 해고하기 2년 전에 미리 그것을 예상해 해고되는 사람들이 새 일자리로 옮겨가는 일을 도와주도록 했다. 이 협의체는 필요에 따라 해고된 사람의 재정착을 위해 자금을 지원하기도 하면서 당사자와 그의 가족을 새 일터로 옮겨줬다. 이 정책은 크게 성공을 거둬 렌 계획Rehn Plan이 시행되었던 1970년경까지 스웨덴에는 실업이 없었다. 스웨덴 노동인구의 거의 절반이 잉여 노동력이 되어 전혀 다른 새 일자리로 옮겨갔다. 렌 계획을 실천하는 데 드는 비용은 대수롭지 않은 것으로 실업보상제를 실시하고 있는 서방 국가들이 쓰는 비용을 크게 밑도는 것이었다.

우리에게 필요한 것은 생계와 생산적 고용과 취업에 대한 명확하고 공개적이며 확고한 약속이다. 물론 그 약속이 무한한 것이어서는 안 된다. 한 산업에서 근무한 지 10년도 채 안 되는 사람들에게는 그런 약속이 필요하지 않다. 그들은 젊으니 새 직장을 찾을 수 있다. 조기 퇴직을 할 만큼 나이가 든 사람들에게도 필요하지 않다. 그들에게는 경제적 안전을 보장할 수 있는 재정적 기반이 있다. 그러나 30세에서 55~60세까지의 육체노동자들과 사무직 노동자들에게는 일자리 보장에 대한 약속이 필요하다. 해고 시기를 예상하고, 이후에도 잔류할 수 있도록 하며, 일자리를 마련해주겠다는 약속이다. 스웨덴의 경우처럼 그것은 돈의 문제가 아니라 일차적으로 비전과 리더십의 문제다. 그것 없이는 선진국 경제의 변화에 적응할 수 없다. 기회가 오히려 그들을 위협하는 괴물이 될 것이다.

잉여인력의 활용을 위한 기획은 상호 협력적인 사업이 되지 않으면 안 된다. 고용된 사람들의 참여가 있어야 하며, 노조가 있을 경우 그들 역시 참여를 요구해야 한다. 그러나 주도권을 잡아야 하는 것은 경영진이다. 특정 회사, 특정 대학, 특정 병원의 경영진만이 몇 년 앞을 내다보면서 잉여인력을 예측할 수 있기 때문이다. 잉여인력의 활용을 위한 기획은 경영진의 주요 책임 사항이며 혼란기에 대처하기 위한 중요한 과제다. 그리고 잉여인력을 위한 기획은 기업, 공동체, 사회에서 리더십을 효율적으로 발휘하기 위한 기회다.

MANAGING
IN TURBUL
ENT TIMES

4장

혼란기야말로
경영이 필요하다

MANAGING
IN TURBULENT
TIMES

경영은 서로 관련이 깊은 경제적·사회적·정치적 국면에서 새로운 현실, 도전 그리고 불확실성에 직면하기 마련이다. 경제적으로는 세계가 유례없이 통합되고 서로 의존하게 되었다. 진정한 세계 경제가 되어갈수록 특정 국가의 통화로부터 독립하거나 적어도 그것과의 연결 고리가 풀린, 초국적 통화를 향해 가기 마련이다. 이제 더 이상 '기축통화'라는 것은 없다. 즉 최근까지만 해도 케인스 경제에서 승리를 거둔 것으로 보였던 경제 주권의 전통적 개념에서 사람들은 빠르게 등을 돌리고 있다. 세계 경제는 갈수록 통합돼가나 세계 정치는 갈수록 분열되고 있다. 그리고 정치적 분열 과정은 분명 아직 끝나지 않았다. 그런데 정부의 권한이 비효율적일수록 정부는 더 큰 지배력을 행사하려 한다.

사회적으로 금세기의 진정한 이노베이션의 하나는 피고용인 사회의 도래다. 모든 선진국에서 기업, 특히 대기업은 임금 및 급료를 위해 일하는 사람들의 이익을 위해 운영되고 있다. 사실상 국민생산 전체가 임금 및 급료로 그들에게 지불되고 있다. 세계의 선도적 '자본가' 국가인 미국의 경우 피고용인들은 연금기금을 통해 자본가가 되었으며 대기업의 지배적인 소유주가 되었다. 미국은 대기업을 국유화하지 않으면서 사회화했다. 그런데 아직도 피고용인들에게 그들의 힘에 걸맞은 책임이 주어지지 않고 있으며, 피고용인들이 소유권을 갖는 현실을 구체화한 사회적 제도도 마련되지 않았다. 지난날의 피고용인은 '프롤레타리아'를 의미했으나 오늘의 피고용인은 갈수록 고도의 교육을 받은 전문직 중산층을 의미하고 있다. 육체노동을 하는 사람들이 아니라 지식노동을 하는 사람들을 의미하는 것이다. 그럼에도 아직까지 피고용인의 소유권과 지위에 상응하는 책임을 지게 하려는 움직임이 없다. 경영진과 함께 노조의 정당성이 도전을 받고 있는 이유가 이 때문이다. 과도기에 처해 심각한 위험을 맞고 있는 것이다.

마지막으로 모든 선진국의 정치 제도가 다원적인 것이 되었다. 모든 선진국 사회는 기관이나 단체의 사회가 되었다. 모든 선진국의 정치적 과정은 통합에서 대결로 이동하고 있다. 이로 인해 기업체를 포함한 모든 단체가 다수의 '유권자들'을 만족시켜야 하는 정치 단체가 되고 있는데, 이 유권자란 그 단체의 일차적인 사명이나 목적과는 이렇다 할 이해관계가 없어도 이러쿵저러쿵할 자격이 있거나 최소한 거부 의사를 표시할 자격이 있는 집단들이다. 따라서 경영자들은 자신들의 과업에 정치적 차원을 추가하지 않으면 안 된다. 정치 활동가가 되어, 협력하고 응답하며 반응하는 것에 만족하는 게 아니라 솔선해서 목표를 정하고 비전을 창조해야 한다.

이와 같은 환경의 도전은 새로운 정책을 요구하는데 그중에는 몹시 과격한 것들이 많다. 이로 인해 대기업과 함께 중소기업에서도 최고경영진에게 새로운 임무가 주어지고 있다.

세계 경제는 통합된다

닉슨이 대통령이었던 1970년대 초반 미국은 달러화의 기축통화 지위를 포기했다. 달러화의 환율을 변동하도록 해 다른 모든 통화들의 경우에도 변동환율제를 도입하게 한 것이다. 그때부터 국가통화의 대외 환율은 거의 모든 곳에서 뻔뻔스럽게 국내 정치의 도구로 사용됐으며, 심지어 단기적 경제적 이익이나 단기적 정치적 이익을 위해 조작되기까지 했다. 돈은 가치의 기준이 아니라 거의 모든 선진국에서 정치적·사회적·경제적 게임의 '와일드카드'가 된 것이다.

변동환율제가 새로운 정통성을 가지게 된 1970년대 초반부터 경제 사조는 둘로 갈렸다. 적어도 영어권에서는 경제학자들의 과반수가 변동환율제의 정착을 전망하면서 바람직하고 실제 필요한 것이라 고정환율제로 복귀하려는 시도는 당장 화를 부를 것이라 믿고 있다.

소수파이기는 하지만 꽤 많은 사람들이 이와는 반대되는 의견을 피력한다. 소수파의 주장인즉 변동환율제는 정부의 낭비를 조장할 뿐이라는 것이다. 인플레이션을 조장해 그것을 퍼뜨리기만 한다는 것이다. 장기적으로 해로울 것은 말할 것도 없고 단기적으로도 해로운 경제 정책을 정부가 추구하도록 만든다는 게 그들의 생각이다. 무엇보다도 정부의 마지막 남은 경제적 기강마저 사라짐으로써 민중을 선동하는 무책임한 태도로 인플레이션을 일삼을 것이므로 하루빨리 고정환율제로 돌아가야 한다는 것이다.

초국적인 세계통화가 탄생한다

이 같은 두 가지 견해는 서로 양립할 수 없는 것이다. 그럼에도 세계 경제는 이 둘을 제도화하는 방향으로 절반쯤 와 있다. 대외 무역과 대외 환율을 독점 관리하고 있는 공산주의 국가에서는 오랫동안 2중환율제를 시행해왔다. 그들은 국내 통화는 내부적으로 완전히 관리하고, 외국 통화는 국내 경제로부터 완전히 격리한다. 이제 비공산권 선진국들도 2중환율제를 채택하려 하고 있다. 이 제도는 정부가 국내에서 단기적 정치 목적을 위해 조작하는 국내 통화와 더 이상 어느 특정국 통화로 지정되지 않는 회계 목적의 세계통화를 기반으로 삼도록 만들고 있다.

세계 경제와 세계 무역은 갈수록 어느 한 나라의 통화가 아니라 구매력에 근거한 통화를 통해 이뤄지고 있다. 그러나 각국의 국내 경제와 교역은 국내 정책에 서서히 예속되는 통화를 통해 이뤄지고 있다. 과반수가 제창하는 변동환율제와 소수파가 제창하는 고정환율제 모두가 현실이라는 이야기다. 버림받는 것은 과거 300년 동안의 보편적 원칙인데, 어느 나라에나 단 하나만의 통화가 존재하며 그 돈은 반드시 그 주권국이 법적으로 뒷받침하는 국가통화를 기반으로 해야 한다는 것이다.

세계 무역은 지금까지 적어도 10년 동안 일차적으로 비정부 은행의 돈으로 이뤄져왔다. 1950년대에 소련 국가은행은 '유로달러'를 발명했다. 소련과 미국이 대립할 경우 달러화 예금이 동결될 것을 우려해 뉴욕에 예치했던 달러화를 빼서 런던 은행들에 예치한 것이다. 10년 후 존슨 대통령이 미국의 다국적 기업들이 유럽을 점령하는 것은 아닌지 걱정하는 드골 장군을 회유하려는 부질없는 생각에서 미국 기업들에게 해외에서의 달러화 투자를 명령하자 세계 경제계는 유로달러를 결제통화로 채택했다. 그 후로 유로달러에 더해 유로마르크, 유로엔, 유로스위스프랑 등이 생겨났다. 유로달러, 유로엔, 유로마르크, 유로스위스프랑은 누구든지 소유하고 어디든지 예치할 수 있다. 그것은 순수한 결제통화이며 순수하게 은행 돈이다. 그렇지만 이들 통화는 갈수록 세계 경제의 실질적인 통화가 되고 있으며 엄청난 유동자금을 가진 OPEC은 1973년 이후 세계 금융계에 활기를 불어넣으면서 그와 같은 통화 동향에 가장 크게 기여했다.

이제 유로통화의 규모는 1조 달러에 이른다. 은행 간의 융자를 제외하더라도 그 규모는 6,000~7,000억 달러나 되는데 이는 선진국들의 모든 통화의 총 유동자금보다도 많은 것이다. 전적으로 형이상학적 실체인 유로통화가 세계 경제의 진정한 순환 수단이 된 것이다.

일찍이 1965년에 유로달러가 세계의 무역통화로 처음 등장했을 때 사람들은 달러가 안정세를 유지하고 미국 정부는 책임 있는 통화 정책을 추구할 것으로 믿었다. 유로통화가 미국 달러와 연계된 것도 그런 이유에서였다. 그러한 생각들이 1965년 당시에는 아무리 타당하게 보였다 해도 지금은 그렇지 않다. 그래서 세계 신용시장의 유동성 자금의 주요 공급원인 유로통화의 주요 보유자들은 자신들의 예금이 미국 국내 정치의 변덕과 미국의 통화 조작의 영향을 받지 않게 해줄 것을 요구하고 있다. 그들은 가치 하락 및 인플레이션으로부터 분리되도록 자신들의 예금이 달러화가 아니라 구매력 단위와 연계될 것을 요구해야 한다.

세계 경제의 유동자원의 상당 부분은 수출을 하는 제조산업들이 보유하고 있으며, 특히 일본 및 독일과 같이 거액의 무역 흑자를 내고 있는 국가의 제조업체들과 OPEC으로 대변되는 석유 카르텔 회원국들이 보유하고 있다. 이들 두 집단의 위상과 문제는 전혀 다르지만, 양자 모두 어떤 특정 국가통화와 연계되지 않은 초국적 통화로 유동자금을 보유하려고 노력하지 않으면 안 된다.

큰 무역 흑자를 내고 있는 국가의 수출업자들은 국가통화의 불안정성과 특히 달러화의 불안정성으로 인해 자신들의 존재, 적어도 자금 유통이 위험에 처하게 된다. 그들의 채무 대상은 당연히 수출 대상국들인데, 그들은 국제수지 흑자국이며 따라서 비교적 강세를 보이는 통화를 가진 나라들이다. 따라서 그들의 소득은 주로 본래 약세거나 카터 행정부 첫해의 경우처럼 국내 정치 사정 때문에 의도적으로 약세에 묶였던 달러화처럼 약세에 있는 통화다. 그들은 자신들의 통화가 위험에 노출되는 것을 막기 위해 어느 정도까지 방지책인 '헤지hedge'(투자자가 보유하고 있거나 앞으로 보유하려는 자산의 가격이 변함에 따라 발생하는 위험을 없애는 것을 의미함. 이의 목적은 이익을 극대화하려는 것이 아니라 가격 변화에 따른 손실을 막는 데 있다—옮긴이)를 할 수 있지만 외환시장이 처리할 수 있는 헤지의 규모는 상당히 제한적이다. 그리고 헤지는 '투기'로 간주되고 있다. 물론 실제로 그런 것은 아니다. 실상 통화가 불안정할 때 헤지를 하지 않는 것이야말로 투기이며 무책임한 일이다. 그러나 금융권 밖에서는 아무도 이러한 사실을 받아들이지 않고 있다. 그래서 수출업자들, 특히 무역수지와 국제수지가 흑자인 강세 통화국의 수출업자들은 진퇴양난의 상황에 처하게 된다.

헤지를 하지 않으면 회사가 위험에 처하게 되고 동시에 고용된 사람들의 일자리도 위험에 처하게 된다. 헤지를 하면 '투기꾼'으로 몰릴 위험이 있으며 그들이 빠져나가려고 시도하는 바로 그 통화 혼란에 책임이 있는 것으로 비난받게 된다. 일단 모든 통화가 정치적 계산대가 되면 큰 수출업자들은 유동자금, 수취 계정, 통화 잔액을 위해 모종의 초국적 통화를 요구할 수밖에 없다. 갈수록 많은 강세 통화국들(스위스와 더 나아가 독일 등)이 약세 통화 또는 조작된 통화의 불안정성 때문에 해외에서 들어오는 '도피 자금'을 막기 위해 국경을 차단함으로써 자기방어에 나서야 할 필요성이 커지는 것이다.

세계 경제에서 유동성 자금의 주요 보유 집단인 OPEC 국가들, 특히 그중에서도 인구가 비교적 적은 OPEC 국가들은 자국에 투자할 수가 없다. 투자할 곳이 별로 없기 때문이다. 그래서 다른 나라에 자금을 예치해서 보유하고 있어야 하는데 이는 외국 통화로 보유하게 됨을 의미한다.

석유를 수입하는 외부 세계에게 보면, OPEC은 대단히 성공한 사례처럼 보인다. 그러나 OPEC 내부에서 본다면 이 카르텔은 어마어마한 실패작이며 1973년 이후는 좌절과 실망의 시기로 여겨질 것이 틀림없다. 구매력으로 따질 때 OPEC 국가들의 소득은 1973년 가을 석유 가격을 4배나 올린 이후로 꾸준히 줄어들었다. 1978년에 이르면서 이란 소요사태라는 정치적 요인으로 석유 품귀현상이 일어나 그에 대한 과잉 반응으로 패닉 사태(특히 미국에서)가 벌어지기 전, 원유 수출국들이 받은 실제 가격은 구매력으로 따질 때 1973년 수준으로 되돌아갔다. 석유 대금 결제에 사용되는 달러화의 가치는 대충 절반으로 줄어들었다. 1973년에 1달러로 살 수 있는 엔화는 360엔이었다. 1978년 가을에 이 환율은 1 대 180~190으로 떨어졌다. 그리고 독일 마르크나 스위스 프랑과 같은 다른 강세 통화에 대해서도 달러화의 가치는 이와 같은 폭으로 떨어지거나 더 큰 폭으로 떨어졌다. 그래서 OPEC 회원국들이 독일의 마르크나 스위스 프랑으로 받은 대금은 1973년에 받았던 것의 2배 정도밖에 되지 않았다.

석유 수출국들이 구입하는 물건들, 주로 자본재와 상당한 기술을 요하는 제품들의 가격은 1973년 이후 마르크화나 엔화의 경우 적어도 곱절로 올랐고 달러화의 경우 4배나 올랐다. 다시 말해 원유 가격이 상승하면 산유국들이 석유를 판 돈으로 구입하는 물건들의 가격도 똑같이 오르거나 그보다 더 오른다. 이런 일은 일어나기 마련이다. 그 어떤 카르텔도 실제로 생산이 부족하고 생산 능력이 부족한 것이 아닌 한, 실질 통화 소득을 늘릴 수 없다. 석유는 아직 풍족하다. 현실적인 부족 사태는 부분적으로는 산유국들의 생산 규제로 인한 것이다. 낭비를 조장하며 생산에 부정적으로 작용하는 가격 통제와 같은 미국 정부 정책의 영향도 크다. 1978~1979년의 이란 소요 사태와 같은 정치적 혼란도 한 요인이다. 그런 상황에서는 카르텔 이론이 한 세기 동안 경험을 통해 깨달았듯이 카르텔을 통해 생산품 가격을 실질 통화 가격으로 올릴 수 없다. 가격을 인하하지 않을 수 없게 되거나(고정환율제였다면 1973~1978년에 그런 일이 일어났을 것이다) 아니면 카르텔의 가격 인상이 카르텔 회원국들이 수출 대금으로 구입하는 물건 가격의 똑같은 상승에 의해 상쇄되고 말 것이다.

미국이 석유 카르텔로 하여금 표시 가격을 유지하게 해서 달러 가치의 파괴를 조장하지는 않았더라도 방치한 게 잘한 일이었는지는 경제적 문제가 아니라 정치적 문제다. 그러나 미국 정부가 헨리 키신저Henry Kissinger를 시작으로 석유 카르텔을 유지하기 위해 달러화를 의도적으로 희생시킴으로써 중동 지역의 불안한 평화가 유지되게 했다는 점은 의심할 여지가 없다. 키신저 박사는 "석유 값을 더 내는 것이 중동에서 싸움이 일어나는 것보다 돈이 덜 드는 일이다"라고 자주 말했다. 어쩌면 이 도박은 결국 승산이 있는 것인지도 모른다.

그러나 석유 생산국들이 기대했던 수입이 왜 실현되지 못했는지를 이해하지 못한다고 해서 놀라울 것은 없다. 그들은 설사 그것을 이해했을지라도 현실을 받아들일 수 없었던 것이다. 그들의 입장에서 보면 승리의 과실을 약삭빠른 통화 조작 때문에 빼앗겨버린 것이다. 따라서 그들은 수출 대금으로 받는 통화의 가치 하락에, 특히 세계 무역의 전통적 통화인 미국 달러화의 가치 하락에 대해서 소득 보장을 촉구하고 있는 것이다.

석유 생산국들은 세계 금융권에, 자신들이 예치한 돈이 지닌 구매력을 안전하게 지킬 수 있는 형태로 보유할 것을 요구해야 한다. 방법은 예치한 돈을 다른 여러 통화로 바꿀 수 있도록 해서 가치 하락이 가장 적은 통화로 전환하는 것이다. 그리고 예치금의 명목 가치를 상품가격지수나 공업국 제조업의 도매물가지수와 연계시킴으로써 인플레이션에 연동시키는 것도 한 가지 방법이다. 그리고 그것은 '금 약관gold clause'(화폐 가치의 변동에 의한 손해를 방지하기 위해 금전채권에 붙이는 약관으로 대차가 성립할 경우 그 금액의 금가치로 채무를 변제하는 것—옮긴이)으로 이뤄질 수 있다. 주요 유동자금 보유국인 주요 수출국들과 OPEC 회원국들이 인플레이션 및 화폐 구매력 저하에 대처해 세계 금융권에 예치된 돈을 방어하는 데 이 세 가지 방법 모두를 동원하게 될 것이다. 주요 수출국들, 특히 미국이 그들의 통화를 '국내 문제'로 취급하면서 대외 가치를 국내 정치의 편의에 종속시키는 한, 수출국이나 OPEC 회원국 그 어느 쪽도 대안을 찾을 수 없다.

그러나 세계금융제도에 예치된 자금의 적은 양이나마 어느 특정 국가의 통화가 아닌 초국적 통화로 보유하기가 무섭게 은행들은 그들의 대출을 그 초국적 통화로 지정해 취급해야 하는 입장이 된다. 은행들 입장에서는 예치된 통화의 리스크를 차용자들에게 떠넘길 수 없다면 그런 통화 리스크를 수용할 수 없는 입장이다. 그래서 세계 금융권은 실질적으로 국가통화가 아니라 초국적 통화를 개발해야 하는 압력을 받을 것이다.

이와 동시에 국가 정부가 국가통화와 대외 가치를 단기적 국내 정책의 도구로 사용하라고 받는 압력은 줄어드는 게 아니라 더 커질 것이다. 국가통화와 세계통화 간의 관계는 더 가늘고 소원해질 것이다. 그리고 세계 경제의 자금 조달과 세계 무역이 국가통화의 연장이 아니라 국가통화 및 국가금융·신용제도의 연장인 통화에 의해 이뤄지는 이중통화 체제로 가게 될 것이다.

주권이 사라진다

현대 국가는 정치적 영토와 경제적 영토가 정부의 화폐 통제에 의해 다져진 양자 간의 통일로 조화를 이뤄야 한다는 원칙을 바탕으로 구성되었는데, 이는 16세기에 처음 제창되었을 당시만 해도 놀랍고도 새로운 주장이었다. 이 새로운 정치·경제 단위를 완곡하게 표현한 말이 '주권'이었다. 16세기 후반 이전에는 경제 제도와 정치 제도는 서로 별개의 것이었다. 군주가 화폐 주조권을 직접 보유함으로써 상당한 이익을 보지 않은 한, 화폐는 기본적으로 정치의 통제 밖에 있었다.

17세기 이전의 상거래는 국적을 초월한 것이거나 아니면 지역적으로 국한된 것이었다. 16세기의 장기 인플레이션으로 당시의 경제 체제가 파괴되기 이전인 1500년의 유럽에서는 교역하는 도시들이 서로 장거리 교역을 해야 했는데 오늘의 다국적 기업의 16세기 판인 그 교역도시들 역시 물의를 빚으면서 비판을 받고 욕을 먹었다. 국내 경제는 시장 도시를 중심으로 형성되었는데 자급자족형 농업 경제의 중심지였던 그런 도시에서는 돈이 거래에 사용되기는 했지만 유통은 아주 제한적이었다. 그리고 장거리 교역과 지역적인 시장도시경제는 서로 거의 완전히 격리된 것이었으며, 장거리 시장에서는 자유시장가격이 통용되었으나 지역시장도시에서는 가격이 엄격히 통제되었다.

현대 국가의 탄생을 가져온 것은 돈과 신용이 주권에 의해 통제되어야 하며 경제는 군주에게 용병을 모집해 유지할 수 있는 돈을 마련해주기 위해서라도 정치제도 속에 통합되어야 한다는 주장이었다. 현대 국가는 장거리 교역과 지역 교역을 통합한 국가 시장을 조성했다. 주권의 논리는 1920년대 말과 1930년대 초 케인스의 이론을 통해 정점에 달했는데, 그 이론은 실질적으로 국가는(적어도 케인스 시대의 영국과 같은 큰 나라는) 통화와 신용을 잘 관리함으로써 세계 경제와 무관하게 그리고 경제 파동 및 경기 순환의 영향도 크게 받는 일 없이 경제를 운영해나갈 수 있다고 주장했다.

그러나 케인스주의를 맨 먼저 버리고 정부 돈이 아닌 초국적 돈을 제창한 것도 케인스였다. 2차 세계대전 중 인생의 마지막 시점에 이르면서 케인스는 케인스주의를 졸업했다. 어느 한 나라의 통화가 기축통화가 된다는 것은 바랄 수 없는 일이며, 세계에 진정 필요한 것은 초국적 통화라는 것이 그가 도달한 결론이었다. 전쟁이 한창이었던 1942년에 그는 '방코르Bancor'(1941년 영국 경제학자 존 케인스가 처음 제안해 시도되었던 일종의 국제결제시스템—옮긴이)를 제창했다. 초국적 경제학자들로 구성된 방코르로 하여금 통계 정보에 입각해 운영하면서 구매력을 유지하도록 해서 팽창하는 세계 경제에 안정된 교환수단을 마련해주자는 주장이었다. 이 제안은 미국 케인스주의자들로부터 퇴짜를 맞았는데 전후 세계의 통화 및 금융 제도를 다진 1944년의 브레턴우즈 회의를 주름잡은 게 이들 케인스주의자들이었다. 제도들이 교황보다 더 성자 같다는 말이 있듯이, 미국의 케인스주의자들은 케인스의 주장이 영국 파운드화의 주도적 위상을 항구화하는 영국제국주의를 위장하기 위한 술수라며 의심하며 거부했다. 그들은 특정 통화를 기축통화로 삼는 것은 오만이고, 국가 경제를 세계 경제에 종속시키거나(기축통화의 역할을 수행하기 위해서 필요하기 때문에) 세계 경제를 어느 국가 경제에 종식시키는 것도 불가능한 일이라는 케인스의 주장도 받아들이지 않았다. 그들은 달러화가 기축통화와 함께 국가통화의 역할도 해낼 수 있는 힘이 있으며, 미국 경제학자들, 특히 정부에서 일하고 있는 미국 경제학자들은 달러화의 이 같은 두 가지 역할을 관리해나갈 기량과 지혜와 독자성과 능력이 있다고 확신했다.

25년 동안 미국 케인스주의자들의 말은 맞아 들어가는 것처럼 보였다. 그러나 1960년대에 이르자 더 이상 그렇지 않았다. 케인스가 옳았고 미국 케인스주의자들이 틀렸다는 게 처음으로 분명해진 것은 케네디 대통령 때의 일이다. 이제 와서는 어느 국가통화도 세계 경제의 기축통화가 되기를 바랄 수 없다는 게 의심할 여지없이 분명해졌다. 그리고 세계 경제가 사용하는 통화가 어느 한 나라의 통화에 종속되도록 할 수 없다는 사실도 분명해졌다.

3년 전에 합리적인 결론을 내린 사람은 가장 강력하게 케인스주의에 반기를 들었던, 1930년대의 경제 대가 중 살아남은 한 사람인 하이에크F. A. Hayek였다. 하이에크는 돈을 아예 정부로부터 떼어놓아야 한다고 주장했다. 세계의 주요 은행들 모두에게 독자적인 화폐 발행권을 주어 어느 은행이 믿을 만한지를 시장이 결정하도록 해야 한다는 것이었다. 달리 말해, 돈과 정치 주권 간의 관계를 완전히 차단해야 한다는 게 하이에크의 주장이었다.

오늘날 우리는 케인스가 제안한 '객관적인 비정치적 전문가 objective non-political expert'란 존재하지 않는다는 것을 알고 있다. 케인스의 '경제학자―왕economist-kings'은 정치적으로 통제되고 정치적으로 조종되며 그들 스스로 곧 정치인이 될 뿐이다. 그렇지만 우리는 동시에 지금이 돈을 어떤 '전문가들'의 수중에서 떼어내어 그것을 사용할 사람들, 곧 자유시장의 생산자들과 소비자들에게 맡겨야 한다는 하이에크의 합리적인 제안을 시행할 시기가 아니라는 것도 인정하지 않으면 안 된다고 생각한다.

확실히 국가통화는 한동안 정치적인 정부의 돈으로 남아 있을 것이다. 그러나 세계 경제의 화폐는 갈수록 케인스의 방코르와 하이에크의 자유시장 은행권을 절충한 형태가 될 것이다. 그것은 앞으로 세계의 주요 은행들이 다루는 통화로 성장해, 서툴고 매끄럽지 못하지만 그런대로 아직은 그 기능을 하고 있는 장치를 통해 어떤 단일 통화가 아니라 구매력으로 이어지게 될 것이다.

초국적 통화의 등장은 정치사와 정치 이론에서 하나의 중요한 전환점을 의미한다. 이는 주권의 최후에 대한 신호일 수도 있다. 이는 경제와 정치가 갈수록 서로 어긋나는 방향으로 움직여온 금세기의 경향이 절정에 이르렀음을 의미할 수도 있다.

금세기 세계 경제는 상호의존적이었다. 오늘날 경제 활동이나 경제 정책에서 자치적인 녹자체가 될 수 있을 정도로 큰 나라는 하나도 없다. 지금은 아주 작은 나라로 보일 뿐이지만 영국이나 비스마르크의 독일은 19세기만 해도 국제 무역에 얽혀 있긴 했지만 경제 활동 규모와 경제적 잠재력에 있어서 자치적 경제 중심점이 되기에 충분했다. 오늘날 미국은 이들보다 훨씬 크고 훨씬 더 부유함에도 불구하고 자치가 가능할 만큼은 아니다. 세계 경제는 급속도로 국제화가 아니라 초국적화되고 있다. 지구 구석구석으로부터 오는 원자재에 의존하게 된 것은 한 가지 징후에 불과하다. 생산 분업의 급속한 발전은 또 다른 조짐이다.

그런데 진정으로 초국적 경제의 등장을 가장 가시적으로 상징하는 것은 꽤 적은 수의 주요 은행들이 뜻밖에 진정한 '세계 수준'의 은행으로 등장한 사실이다. 현대 은행의 선구자였던 피렌체의 메디치 가나 그보다 100년 전에 생긴 아우구스부르크의 푸거 가와 같은 르네상스 시대의 금융회사들은 국제적인 영업을 했다. 그리고 1800년경 소유주가 아니라 예금주들이 자금을 댄 합자은행이 등장했을 때 알렉산더 해밀턴이 창안한 뉴욕은행은 새로운 원칙에 입각해 운영하는 최초의 은행이 되면서 곧 국제적인 영업도 하게 되었다. 영국과 스코틀랜드의 상업은행들은 1830년 이후 대영제국으로 뻗어나갔다. 진정 '현대식' 상업은행의 효시인 베를린의 도이치뱅크는 1870년에 창립되자마자 런던과 상하이에 지점을 설치하고 남유럽과 남미에 방계은행을 설립했다.

그러나 이들은 2차 세계대전 이후까지도 여전히 '국가적'인 은행이었다. 그들의 국제 영업은 자국과 외부 세계 간에 이뤄졌다. 당시 주요 은행들 중에서 가장 '국제적'인 은행은 도이치뱅크다. 1913년에 이 은행의 업무 및 소득의 최소 3분의 1은 국제 거래에서 나왔다. 그러나 그 거래는 모두가 독일과 외부 세계 간에 이뤄진 것, 독일로부터의 수출, 독일 회사의 해외 투자, 외국 회사의 독일 투자 또는 독일의 수입이었다. 도이치뱅크의 자금이 들어간 모든 국제적 거래가 한쪽 발로 단단히 독일 땅을 딛고서 이뤄졌나는 이야기다. 그러나 지난 20년 동안 세계 최대 은행들의 업무는 점점 더 초국적인 것이 되어왔다. 다시 말해 그 어느 쪽도 은행의 본국이 아닌 두 나라 사이에서 거래돼온 것이다. 예컨대 뉴욕 시티뱅크의 도쿄 지점이 사우디아라비아 지점이나 뒤셀도르프 지점과 거래하는 방식이다. 뿐만 아니라 그 거래가 반드시 미국의 수출, 미국의 수입 또는 미국 내 투자나 미국에 의한 투자와 관련된 게 아니어도 되었다.

세계 클래스의 은행이 되려면 어마어마한 규모의 본거지가 필요하다. 거기에는 세계적으로 정보를 다룰 수 있는 능력이 요구되는데, 그런 능력은 쉽게 얻을 수 있는 게 아니다. 세계적인 네트워크와 어느 단일 국가 경제가 생산 및 지원할 수 있는 규모를 크게 초과하는 거래량을 통해서만 재정적인 뒷받침과 지원이 가능하다. 그런 '세계적 수준'의 은행은 10여 개에 불과하다. 다른 20~25개의 대형 '지역' 은행도 거기에 참여할 수는 있겠지만 주도적인 역할을 하기는 어렵다. 그러나 이들 세계적 수준의 은행이 존재한다는 사실, 그리고 서로 경쟁하는 10여 개의 은행은 수적으로도 상당하며 전국적 은행에 대한 극도의 편견을 가진 미국을 제외하고는 그 어느 경제도 과거에 받아들이려 하거나 받아들일 수 있었던 수준을 웃도는 것이라는 사실, 그 자체가 세계 경제가 단지 국가적 부분들의 총합이 아니라 통합된, 자치 능력을 가진 한 덩어리라는 것을 말해준다.

초국적 은행이 관리하는 화폐의 등장은 세계 경제 통합의 결과이고 불가피한 결과다. 세계 경제의 큰 불황 속에서도, 심지어 혁명적 혼란기에도 세계 경제의 상호의존은 끈덕지게 이어져나갈 전망이다. 선진국들의 수입 원자재 의존은 적어도 지금 정도의 수준에서, 어쩌면 그 이상의 수준에서 계속될 것이다. 개발도상국들이 선진 경제국으로부터 수입하는 식품에 대한 의존도는 더 높아질 텐데, 선진국만이 식량을 대량으로 생산해 공급할 수 있는 자금과 기술 그리고 물류 체제를 갖추고 있기 때문이다. 그리고 현대 통신이 조성하는 공통적인 비전도 틀림없이 이어져나갈 것이다.

세계 정치는 분열한다

세계 경제는 진정 '세계 경제'가 되고 있으나 세계 정치는 갈수록 망가지고 쪼개지고 있다. 지도를 제작하는 사람들이 이미 확보된 영토에 다른 나라를 추가하는 작업을 마지막으로 한 게 1901년 대영제국이 보어 공화국들을 합병했을 때였다. 그것을 계기로 더 큰 정치적 단위로 정치 통합이 있었던 한 세기 남짓한 시기가 막을 내렸는데, 이 시기의 막을 올린 것은 1789년 13개 식민지가 미합중국을 구성했을 때다. 1901년 이후로 지도 제작자들은 다시 지도를 바꾸지 않을 수 없었다. 영토들이 쪼개졌기 때문이다. 그 첫 케이스는 1906년 노르웨이가 스웨덴에서 떨어져 나왔을 때였다. 그 이후로는 내내 분열의 연속이었다. 오스트리아·헝가리 제국과 터키 제국이 먼저 쪼개졌다. 뒤이어 영국, 프랑스, 네덜란드, 포르투갈의 식민지들이 떨어져나갔고, 비스마르크의 독일에도 그런 일이 일어났다. 하나의 정치 단위가 언어가 다르고 인종이 다른 사람들을 포용했던 19세기의 낡은 제국들 중에서 아직껏 그대로 존속하고 있는 곳은 러시아 제국뿐이다.

1914년에 1차 세계대전이 터졌을 때 세계에는 50개의 독립국들이 있었는데 그중 20개국은 유럽에, 20개국은 미주에 있었다. 그러나 오늘날 독립국의 수는 근 200개에 달하며, 그중에는 전통적인 유럽 국가들의 군이나 면보다도 작은 나라들도 더러 있고, 미국 서부지역의 주보다도 훨씬 작은 나라들도 있다. 그런데도 그들 모두가 독자적인 군대와 독자적인 관료 체제와 독자적인 외교단 그리고 독자적인 유엔 의석을 가지고 있고, 핵폭탄을 만들 수 있는 독자적 자격을 갖춘 주권국을 자처하고 있다.

분열의 시대는 아직 끝나지 않았다. 다만 대담한 사람들만이 캐나다는 금세기 말에도 여전 쪼개지지 않고 하나의 나라로 남을 것이라 예언한다. 벨기에도, 바스크 분리주의 문제를 안고 있는 스페인도, 그리고 스코틀랜드의 독립 문제를 안고 있는 영국에 대해서도 말이다. 같은 맥락에서 대담한 사람만이 러시아 제국(차르와 레닌과 스탈린의 제국)이 2000년께까지 존속하리라 장담할 것이다.

그렇지만 아직까지는 정치적 통합 단위로서의 '국가'를 대신할 다른 어떤 체제도 예견되지 않는다. 초국가적 단위를 창출하려는 시도는 하나같이 실패했다. 그 개연성은 오늘날 국제연맹이 발족했을 당시나 심지어 35년 전 유엔이 창설되었을 당시보다도 훨씬 낮다.

　그리하여 통합을 지향하는 경제의 근본적 경향과 분열을 지향하는 세계 정치의 근본적 경향 간의 알력은 갈수록 심해지고 있다. 정치 권력과 국가 정부의 주장 그리고 경제권에서 그들이 힘을 발휘하지 못하는 현실 간의 갈등은 갈수록 심화하고 있다. 2차 세계대전이 끝난 이후의 시기는 경제에 대한 국가의 통제를 가장 오만하게 부르짖었던 1930년대의 케인스주의가 기세를 올리는 가운데 시작되어 1940~1950년대에는 사실상 모든 선진국에서 그 노선이 슬기로운 것으로 수용되었다. 그러나 2차 세계대전 이후에 유일하게 효율적이었던 정책은 세계 경제의 우월성을 받아들인 것들이었다. 일본과 독일은 국가의 경제 관리를 가장 성공적으로 해낸 나라로 등장했는데, 국가 경제 정책은 세계 경제의 세심한 평가에서 출발한다는 기발한 전제에 입각해서 정책을 구상한 사실에 바로 그 이유가 있었다. 예컨대, 일본 사람들은 1950년대 초에 세계 경제의 산업 추세와 기술 추세를 철저히 분석함으로써 고속 성장의 길에 들어섰다. 이렇게 함으로써 국내 경제 개발 방향을 다른 모든 선진국들이 보호하려고 애썼던 직물과 같은 전통 산업으로부터 탈피하여 카메라, 테이프레코더, 자동차, 라디오, TV수상기와 같은 첨단기술을 요하는 소비제품 산업으로 틀었다. 독일 사람들도 주로 대형 은행들의 주도 아래 대동소이한 길로 걸어갔다. 자율적 국내 경제의 통제 및 구축에 대한 국가 정부의 권한을 가장 강력히 신봉했던 두 케인스주의 국가인 영국과 미국의 실적은 아주 초라했다. 일본과 독일은 세계 경제의 수요에 맞춰 공급을 관리하려고 노력해서 성공한 반면, 영국과 미국은 국내의 정치적 목표에 맞게 수요를 관리하려고 노력했다가 실패한 것이다.

그러나 국가 경제에 대해 국가 주권을 내세우려는 주장이 허망한 것으로 밝혀질수록 정부는 더 집요하게 매달렸다. 그 결과 경제 현실과 정치 현실 간의 괴리와 경제 현실과 정치 주장 간의 괴리가 갈수록 크게 벌어졌다. 자국이 강력한 나라라고 생각할수록 이로 인한 국가 정책 수립자들의 실망은 더 크다. 스위스나 네덜란드와 같은 작은 나라들은 자신들이 경제를 지배하고 있는 게 아니라는 점을 줄곧 인식해왔다. 그러나 자신들이 '대국'이라고 생각하는 나라들은 세계 경제에는 이제 더 이상 '초강대국'이란 존재하지 않는다는 사실을 쉬이 받아들일 수 없는 것이다. 세계 경제에는 자체의 역학이 있다. 세계적 클래스의 은행에는 자체의 제도가 있다. 그리고 초국적 통화에는 자체의 통화와 신용이 있다. 그러나 세계 정치에는 제도가 없다. 현대로 들어오기 전 유럽에 있었던 교황 제도나 귀족 정치와 같은 통합력을 가진 비국가적 상징조차도 없다.

통합된 세계 경제와 분열된 세계 정치는 긴장과 갈등과 상호 불신 속에서만 공존이 가능하다. 그러나 이 둘은 모두 현실이므로 경제 조직의 운영자들은 이를 감안하면서 공존하는 방법을 익혀야 하고 실제로 이를 기업적 기회로 전환할 수 있어야 한다.

세계 경제의 준선진국들이 활약한다

선진국의 소비자 시장이 인구 동태(앞 3장 참조)에 따라 재정비되고 있듯이 세계 경제의 시장과 경제도 개발 동태에 맞춰 재정비되고 있다.

일반적으로 이야기할 때는 아직도 '선진국'과 '개발도상국'이라는 용어가 사용되고 있다. 그러나 이와 같은 표현은 위험한 오해를 부를 수 있다. 기업을 경영하는 사람들이나 경제 정책을 수립하는 사람들에게 똑같이 중요한 국가는 선진국이나 개발도상국이 아니라 '준선진국'이다. 브라질, 멕시코, 비공산계 타이완, 홍콩 및 싱가포르 그리고 대한민국이 그런 나라이고 지중해 북방 연안의 나라들도 이 범주에 속한다. 준선진국들은 경영 및 기술 부문의 인력 수요에 호응할 잘 훈련된 사람들을 수적으로 충분히 공급할 수 있음에도 일반적으로 아직은 필요한 기술을 개발하지 못한 상황이다. 그들에게는 급속도로 성장하는 상당한 시장이 있지만 필요한 일자리를 위해서는 아직도 '생산 분업'에 크게 의존해야 할 처지인데, 이는 노동력이 부족한 선진국인 서방 국가들과 일본에서 판매될 제품의 생산에서 노동집약적 단계의 일을 함을 의미한다.

1973년에 OPEC 카르텔이 형성되면서 세계 경제가 성장을 멈추게 되었다고 일반적으로 생각하지만 한마디로 이는 사실이 아니다. 선진국들의 성장이 둔화한 것은 사실이지만 일본과 미국의 경우 이전 같았으면 높은 성장률로 간주되었을 수준으로 둔화했을 뿐이다. 그러나 준선진국들의 경우 석유 카르텔의 독점적인 가격 책정으로 인해 가장 큰 타격을 받았음에도 성장률은 전혀 둔화하지 않았다.

이들은 세계 경제의 주요 요인으로 작용할 나라들이 되리라 기대된다. 이들은 서방 세계와 일본을 위해 생산에 동참해줄 가장 적합한 파트너들이다. 선진 세계가 활용할 수 있는 교육받은 젊은 인력이 풍부한 나라들이기 때문이다. 스웨덴이나 독일의 젊은이라면 열대 아프리카나 말레이시아에서 장기 체류할 확률이 낮지만, 마드리드나 홍콩이나 아테네에서라면 마음 편히 지내면서 젊은 부부가 기대할 법한 생활을 할 수 있을 것이다. 거기에는 극장이나 좋은 학교가 있고 오페라나 해변 유원지 또는 스키장에서 휴가를 즐길 수도 있기 때문이다.

마찬가지로 미국의 젊은이도 아무리 휴양지에서 휴가 즐기기를 좋아한다 해도 카리브 해의 열대 섬이나 볼리비아 또는 인도에 상주하기를 원하지는 않을 것이다. 그러나 멕시코시티나 리우데자네이루에서라면 마음 편히 지내며 언어도 크게 문제 되지 않을 것이다. 일본 젊은이의 경우에도 적어도 젊은 남성이라면 멕시코에서의 생활은 즐길 수 있지만 인도나 서아프리카의 '개발도상' 상태에 있는 환경에서 지내는 일은 영 내켜하지 않을 수도 있다.

준선진국들은 문화적으로 세계 경제에 통합될 확률이 매우 높다. 개인적으로 그곳에 파견된 선진국 관리자나 기술자들이 보여줄 생활의 모습이야말로 현지 사람들이 동경하는 것이기 때문이다. 준선진국의 경우 서방 선진국이나 일본에서 온 젊은 경영자나 젊은 엔지니어나 젊은 화학자에게 많은 기회가 있으며, 본국에서 기대할 수 있는, 경우에 따라서는 그보다도 많은 보수가 기다리고 있다. 무엇보다도 그들은 무엇인가를 성취할 수 있다. 일과 생활이 날마다 좌절감으로 이어지는 인도, 아프리카, 자메이카와 같은 진정 '개발도상에 있는' 나라들에서는 그런 성취를 기대하기가 어렵다.

물론 준선진국에는 리스크가 대단히 많다. 청년기와 같은 급속한 성장은 언제나 혼란스러운 것이다. 중국계 국가들과 대한민국을 제외하고 이들 국가에는 심각한 인구 문제도 있고, 성인이 되는 수많은 젊은이들을 위해 생산 분업을 통해 일자리를 만들어내지 못한다면 심각한 사회적 동요도 겪게 될 것이다. OPEC 카르텔이 가져온 타격에 대처하기 위해 그들은 큰 빚을 져야 할지도 모른다. 이들 나라는 거의 모두(역시 중국인 국가들은 예외) 세계 경제로 통합되는 데 대해, 특히 생산 분업에 대해 강력한 반감을 갖고 있다. 그들은 전통적 경제 내셔널리즘에 입각해 틀림없이 제조업은 본국 소유여야 하고, 전면적으로 통합되어 국내 시장만을 위해 생산해야 한다고 요구할 것이다. 그러나 그렇게 하는 것은 경제 개발을 저해하는 지름길로 25년 후에 중요 경제국이 되는 데 필요한 것과는 정반대되는 일이다. 그러므로 이들 나라는 사회적·경제적 혼란의 위협에 처할 수도 있고, 준선진국에서 전형적으로 보게 되는 돌발적인 금융 패닉을 겪기 쉬우며, 심각한 외국인 기피증에 시달릴 가능성도 있다. 달리 말해, 그들은 개발 단계에 있었던 미국이 19세기 후반과 20세기 초반에 보였던 것처럼 무모하고 공연히 건방을 떠는 모습을 보일 수도 있다. 그러나 그들 역시 미국이 제공했던 것과 같은 성장

기회를 제공할 수도 있다.

　온갖 수사적인 말들에도 불구하고 2차 세계대전 이후의 개발도상국들은 종전에 이야기한 것처럼 선진국 기업들에게 중요하지 않았다. 채취산업과 금융업을 제외하고 개발도상국에 대한 선진국의 투자는 보잘것없었으며, 19세기 어느 시기보다도 적었던 것 같다. 선진국의 기업들은 선진국에 투자해 선진국에서 생산하고 선진국에서 판매했다. 진정 '개발도상에 있는' 나라들에(인도건 아프리카건) 앞으로 20년 사이에 큰 변화가 있을 것으로 보이지도 않는다. 그러나 준선진국들은 선진국의 생산 분업 파트너로, 부품의 공급처로, 그리고 생산적 단계로, 갈수록 중요성이 커질 것이며, 기업 활동 및 투자 지역으로 그리고 국내 시장이 커짐에 따라 마케팅 대상 지역으로도 더욱 중요해질 전망이다. 준선진국들은 앞으로 25년 동안 세계의 경제 지도를 바꿔놓을 것으로 전망되는데, 그것은 2차 세계대전 이후 30년 동안 일본이 경제적 초강대국으로 발전하면서 세계의 경제 지도를 바꿔놓았던 것과 비슷한 양상을 보일 것이다.

　지금은 '경제 개발'을 실패한 것으로 생각하는 게 하나의 유행이지만, 이것은 한마디로 시대착오적인 백치 현상이다. 경제 발전이 1950년 이후 30년 동안만큼 빠르고 폭넓게 이뤄진 적은 없었다. 그것은 30년 전에 내세웠던 엄청난 개발 목표를 달성했을 뿐 아니라 초과 달성했으며, 그보다 더 거창했던 케네디 대통령의 '진보를 위한 동맹Alliance for Progress'의 목표마저 초과했다. 이런 성장은 개발도상국들의 영아 사망률이 전혀 예상하지 못했던 수준으로 떨어지면서 인구가 폭발적으로 증가했음에도 이뤄진 것이다. '인구 폭발'로 1인당 국민총생산율은 '겨우' 2~3퍼센트에 그쳤지만 이 비율마저도 세계 어느 곳에서도 전에 볼 수 없었던 높은 것이며 19세기의 유럽 성장률을 크게 웃도는 것이다. 1950~1960년대의 '경제 발전'을 심지어 1인당 비율로 따지더라도 '실패'라고 단정하는 것은 오직 기적을 믿는 사람들이나 할 수 있는 일이다.

그런데 실제로 일어난 일은 이 30년간의 성장이라는 것이 언제나 그러하듯 고르지 않았다는 사실이다. 우리는 1950년에 이런 일이 있을 것이라 기대했지만 그러지 못했다. 실상 마치 이들 나라에 큰 공통점이라도 있다는 듯이 '개발도상국'이나 '제3세계'를 운운하는 것은 별 의미가 없는 일이다. 많은 지역들이 전혀 성장하지 않았다. 예를 들어 열대 아프리카 여러 나라의 국민총생산이 현재 식민통치가 끝났을 당시의 수준을 밑돌고 있는지도 모른다. 그렇지만 준선진국들은 이 기간에 세계 다른 그 어느 지역에서 일찍이 기록했던 것보다 빠른 성장을 이룩했다. 앞으로 그들은 심각한 어려움에 직면하게 될지도 모른다. 그러나 그 어려움은 개발도상국들이 겪는 것과는 판이하게 다른 것으로, 성장하지 못하기 때문이 아니라 극도로 빠른 속도로 성장하면서 고르게 성장하지 못하기 때문일 것이다.

총체적으로 따질 때 준선진국들은 약 2억 내지 2억 5,000만의 인구를 거느린 또 하나의 미국이나 또 하나의 서유럽과도 같다. 그들의 등장은 적어도 잠재력에 있어서 일본의 등장만큼이나 커다란 변화다. 이례적인 기회를 제공해줄 가능성이 큰 그들은 선진국의 공급원으로서, 기계류 기술 공정 및 공장 전체와 같은 기술 제품을 구입하는 바이어로서, 그리고 투자 대상지로서 다양한 기회를 마련해 줄 것이다. 그리고 선진국의 본격적인 경쟁자로 등장할 확률도 높다. 특히 일본은 세계적으로 주도적 위상을 확립해온 제품에서 준선진국의 심각한 위협을 받는 입장에 처할 것이며, 특히 기술적인 첨단 소비자 용품에서 그러할 전망이다.

일본이 1960년대 중반까지만 해도 꽤 가난했듯, 일부 준선진국들은 여러 경우에 여전히 가난하기는 하겠지만 한 세대 안에 전폭적인 발전을 이룰 것이 분명하다. 그리고 그때쯤이면 그들은 지금의 선진국들과 파트너로 그리고 경쟁자로 세계 경제에 통합될 것이다. 이들이야말로 선진국의 기업 경영자들이 지금 관심을 쏟으면서 연구하고 인식을 높여야 할 나라들이다. 또한 이들이야말로 기업이 세심한 목표와 명확한 전략을 구상해나가야 할 대상 국가들이다.

세계 경제에 관한 주요 기사들의 대부분은 극도로 회의적인 안목으로 봐야 한다. 예를 들어 경제력 균형이 원자재를 공급하는 쪽에 쏠리고 있다면서 '품귀' 현상을 예측하는 일반적인 주장에 대해서도 회의적인 시각에서 봐야 한다. 무역 조건은 거의 틀림없이 선진국에게는 유리하게, 개발도상에 있는 원자재 수출국들에게는 불리하게 바뀔 것인데, 그 변화의 양상은 금세기에 들어와 첫 75년간에 봤던 그 어느 때보다도 더 극적인 것으로 드러날 것이다.

첫째로 가장 공급이 달릴 개연성이 큰 원자재는 식량이다. 그런데 크게 남아도는 식량은 선진 시장경제국인 미국, 캐나다, 서유럽에 있다. 브라질은 커피가 아닌 식량의 주요 수출국이 될 잠재력이 있는 나라지만 브라질의 농업은 아직도 공업화 이전 단계에 있다. 일본은 특히 동물성 단백질의 식량 생산을 크게 늘릴 수 있지만 아직도 실질적인 식량 수입국이다.

공업화 이전 국가들에는 자본도 없고 농장에서 일할 훈련을 쌓은 인력도 없을뿐더러, 설사 식량 생산이 인구 증가보다 빠른 속도로 증가한다 할지라도 거기에 호응해줄 유통 체계가 없다. 선진 공업국에서 1900년 이후 농업생산성이 빠른 속도로 상승한 사실은 금세기에 개발도상에 있는 공업화 이전 국가들의 무역 조건이 꾸준히 나빠진 사실과 맞물려 있는데, 이런 선진국 농업의 생산성 증가는 마르크스를 포함한 19세기 사람들이 한결같이 자연의 법칙으로 간주했던 것과는 정반대된다. 이런 추세는 다만 공업화 이전 국가들이 스스로 공업화해서 농업이 생계 수단이 아니라 하나의 산업이 되게 하는 경우에만 역전될 수 있다.

마지막으로, 산업 원자재의 품귀 현상은 전혀 찾아볼 수 없을 것이다. 모든 중요한 산업 원자재(섬유, 금속 및 광물)는 공급 과잉 상태다. 품귀 현상이 나타난다면 그것은 정치적인 이유에서일 가능성이 높다. 그런 현상은 주로 공업화 이전 단계에서 원자재를 생산하는 국가들의 무역 조건 악화에 따른 것이며 그로 인해 조성되는 긴장 상태가 몰고 오는 결과일 것이다. 예컨대 카르텔을 통해 무역 조건을 바꿔보려는 제3세계 국가들의 시도가 결실을 볼 가능성은 없어 보인다. 실상 1차 생산품을 생산하는 국가들(예컨대 인도의 농업)의 위상은 준선진국들의 등장으로 더 나빠질 수도 있는데, 준선진국은 제3세계에서 벗어나면서 갈수록 더 생산적이고 더 효율적인 1차 생산품 생산국이 될 것이기 때문이다.

이런 혼란이 가중되는 까닭은 케인스주의 이후의 세계 경제에 대한 현실적이고도 용인된 이론이 없기 때문이다. 선진국, 특히 미국과 영국의 관변 경제학자들이 언제까지 케인스주의 구호에 매달릴 것인지는 예측하기 어렵다. 케인스주의가 워낙 경제학자들과 정치인들의 자존심을 잘 달래주니 쉽게 버릴 수 없는 것이다. 그러나 설사 세계 경제에 대한 국가 정책을 주름잡고 있는 그 환상을 버린다 해도 아직은 그것을 대체할, 시험을 거친 이론이 많지 않다. 건전한 이론에 바탕을 두지 않고는 건전한 정책이 나올 가능성이 없다.

그러므로 더더욱 중요한 것은 기업 경영자들이 혼란스러운 상황에서도 그나마 거의 확실한 두 요인을 주목하면서 진로를 정해야 한다는 것이다. 그 두 가지란 통합된 체제로서 세계 경제의 등장과 그것과 더불어 등장한 초국적 은행과 통화 그리고 앞으로 몇십 년 동안 그들의 완전한 선진화 여부가 세계 경제 전반의 성패를 크게 좌우하게 될 준선진국들의 중추적 역할이다.

세계 경제를 위한 기업 정책이 필요하다

선진국의 기업들은 동시에 두 세계에서 살아가는 방법을 익혀야 한다. 하나는 초국적 통화를 가진 세계 경제이고, 또 하나는 자본이 갈수록 단기적 목적의 시녀 노릇을 하고 있는 국민 국가다. 세계 경제는 앞으로 더욱 경제 통합을 도모하겠지만, 국민 국가의 세계 정치는 분열을 조장하면서 갈수록 작은 단위의 국가 주권을 만들어 낼 것이다.

세계 경제에서 초국적 통화의 등장은 어느 나라의 국내 기업에게나 인플레이션을 감안한 회계가 필수적인 것이 되도록 하고 있다. 그런 식으로 회계 정리를 하지 않고는 기업이 경제 현실을 도무지 알 수 없다. 국내 경제는 국가통화로, 국제 경제는 초국적 통화로 각각 다른 장부로 정리한다는 것은 인플레이션이 없는 상황에서조차 어려운 일이다. 진출한 나라마다 현지 통화로 회계정리를 해야 하는 거대 다국적 기업들은 그를 다시 하나로 통합하는 작업을 해야 하는데 그 작업이 쉽거나 단순한 일이 아님을 깨달았다. 그러나 국가통화로 계산한 수치들이 인플레이션을 감안해 정리되지 않는다면 장부를 다른 나라들의 것과 조율해 국내 회계와 해외 회계를 절충한다는 것이 불가능해진다.

기업들은 꽤 작은 규모의 경우조차 국내 경제가 아니라 세계 경제에 견주어 전략적 사고를 하며 기획을 시작해야 한다. 무엇보다도 세계 경제와 관련해 이용되는 자료들은 아직도 상당히 신뢰성이 있는 반면, 국내 경제 자료는 국내 실업자 통계, 가격지수, 통화량 통계 할 것 없이 점점 더 왜곡되면서 신뢰할 수 없는 것이 되고 있다. 부분적인 이유는 인플레이션 때문이다. 즉 시기가 달라 수치를 비교해 검토하는 일이 어렵거나 불가능해지는 것이다. 그런데 정부는 갈수록 현실과 동떨어져 점점 예측 능력이 떨어지는 이론에 집착하면서 수치들을 조작하는 경제 정책을 펴고 있다.

  미국, 독일, 영국, 일본 등 오늘의 대규모 국가 경제에 속해 있는 기업들은 지난 100년 동안 설사 그들의 시장이 전적으로 현지에 국한된 것이거나 지역적인 것일지라도 지역적인 사고에서 국가적인 사고로 전환해야 했다. 미국에서는 그런 전환이 1차 세계대전 무렵에 있었고, 일본에서는 그보다도 늦게 있었다. 캘리포니아 시장은 1930년대까지도 격리된 상태였다. 그러나 국가적으로 생각하는 방법을 익히지 못한 캘리포니아의 기업들은 캘리포니아 시장에서 떨친 위력에도 불구하고 대공황 때 몰락했다. 이제 기업들은 설사 자신들의 시장과 기업이 일차적으로 국가적인 것이거나 그런 것처럼 보여도 세계 경제라는 틀에서 사고하는 방법을 익혀야 한다.

  1960년대 초반까지 국제적 기업은 '국제 부문'을 가진 국내 회사로 구성되는 추세였다. 지난 30년 동안에는 중간 규모의 기업들조차도 지리적으로 주요한 지역이나 북미, 유럽 등의 지역 안에서 상호 협동하는 세계적 생산부서로 편성돼왔다. 그러나 그런 조직 구조는 곧 미흡한 것임이 드러날 것이다. 지리적 단위 대신, 발전 단계별로 조직을 나누는 편이 더 적절할 것이다. 선진국들에 한두 개의 주요 영업 기구를 두고, 준선진국들에 하나의 영업 기구를 두며 (가장 중요한 결정을 내리며 가장 큰 리스크에 직면할 아마도 가장 중요한 단위

기구), 원자재 생산국들에 하나의 단위 기구를 두고, 특정 사업의 수출 시장으로 중요성을 지닐 수도 있는 정말 후진적인 지역에 하나쯤 설치하는 것이 좋다.

생산 분업을 통해 지리적 선을 넘어서 통합된 사업들을 위한, 전적으로 지리와는 무관한 기구를 추가로 설치하는 것도 바람직하다. 그런 구조는 서로 협동하는 경영자들에게 과중한 여행을 강요하게 된다는 게 이에 대한 큰 반대 이유인데, 이에 대해서는 화상 회의에 더 크게 의존함으로써 대처할 수 있을 것이다(2장 참조). 개발 단계가 아니라 지리적 조건에 따른 조직을 계속해나간다면 전혀 다른 관리 문제와 경영 문제, 기회 그리고 특성을 가진 지역들을 하나의 조직 바구니 속에 집어넣게 될 것이다. 구조는 전략을 따라가야 한다. 그런데 세계 경제의 전략은 변화하게 마련인데, 생산 분업의 영향 때문이기도 하고 준선진국들의 위상과 중요성에 생기는 변화 때문이기도 하다.

끝으로 최고경영진의 구조도 새로운 현실에 맞게 조정되어야 한다. 얼마 전까지만 해도 아주 국제적인 기업의 최고경영진에 있는 사람들마저도 일차적으로는 국내 기업의 최고경영자 행세를 했었다. 그들은 시간이 나면 '외부'나 '해외'로 주의를 돌렸다. 심지어 큰 회사들을 포함한 너무나 많은 회사들에서 최고경영진은 아직도 국내 회사를 운영하는 일에 전력을 쏟고 있으며 그 밖의 일에는 부업을 하듯 일부 시간을 할애할 뿐이다. 그리하여 이들 회사는 세계 경제의 엄청난 팽창으로부터 혜택을 보지 못한다. 괄목할 만한 예가 GM인데 당초 이 회사는 압도적으로 유리한 입장에 있었는데도 지난 30년간 해외 실적이 놀라울 정도로 부진했다. 주된 이유는 디트로이트에 있는 GM의 최고경영진이 최근까지도 미국 GM의 최고경영진이었다는 사실에 있다. 디트로이트에 있는 그들은 실제로 세계 자동차 시장을 생각할 시간이나 관심이 없었거나 그것을 제대로 이해하지 못했던 것이다. GM의 유능한 경영자들은 되도록 해외 업무는 맡지 않으려는 입장이었으니 일이 잘될 리가 없었다. 같은 시기에 포드는 미국 밖 해외 시장에서 GM을 앞질렀는데, 그것은 포드가 세계적인 체제로 들어가 그 방면의 독자적인 경영진을 갖추고 북미 지역 포드Ford-North America는 하나의 지리적 영업 분구에 불과했던 데 큰 이유가 있었다.

이제부터는 중간 규모 기업과 더 나아가 꽤 작은 여러 소기업들까지도 어떤 지역 단위가 아닌 세계적인 경영을 해나가도록 최고경영진을 구성해야 한다. 그렇게 하지 않는다면 최고경영진은 세계 경제를 도외시하거나 경시하게 되면서 그를 이해하지 못하고 그것이 주는 위협에 무방비 상태가 돼 세계 경제에 따르는 기회를 포착하지 못할 것이다. 그와 동시에 필연적인 관계가 계층적인 것이 아니라 동맹적인 것인 생산 분업의 경우, 최고경영자나 최고경영층은 부하직원들이 아니라 세계적인 파트너와 거래할 자세를 갖춰야 한다. 그렇지 않을 경우 그 회사는 파트너를 찾기 힘들 것이다.

피고용인 사회가 도래한다

사회 분야에서 선진국 경영진은 앞으로 몇 년 안에 최대의 기회와 함께 최대의 위험에 직면하게 된다. 선진국 사회는 피고용인의 사회가 되었다. 이는 경영진에게 새롭고 강력한 항구적 기반 위에 그들의 정당성을 확립할 기회를 제공한다. 동시에 정당성과 함께 자율권을 상실할 위협에 처하기도 한다. 노동조합은 기능을 상실할 위험에 처해 있으며 이제 더 이상 본래의 사회적 목적에 이바지할 수 없는데도 경영진이 남겨준 힘의 공백은 노조에게 권한의 항구화를 위한 마지막 기회를 주고 있다.

모든 선진국에서 고용된 사람들은 그들의 임금과 급료를 통해 국민생산의 대부분(거의 모두)을 받아내고 있다. 모든 선진국에서 경제가 생산하는 것의 85~90퍼센트가 임금 및 급료 형태로 나가고 있다. 그리고 남은 대부분도 실질적으로 급료로 나간다. 의사와 같은 전문직 종사자건 가게를 운영하는 사람이건 자영업에 종사하는 사람들의 보수는 '이윤'이 아니며, 분명히 '자본 이득'이 아니라 노동 용역에 대한 보수다. 심지어 미국 기업이 신고하는 '소득earnings'의 대부분도 실제로는 피고용인 소득, 즉 거치된 임금이다. 그것은 일차적으로 피고용인의 퇴직기금을 적립하는 데 사용되거나 그들이 보유하고 있는 주식의 배당금과 같은 기금으로 나가는데, 이 두 가지 항목이 미국 기업의 납세 후 소득의 약 3분의 2에 상당한다. 자본비용과 미래를 위한 자본형성에 돌릴 돈은 실제로 별로 남지 않는다.

지난날 마르크스주의자들은 '착취자'를 노동하지 않으면서 '힘들여 일하는 대중' 덕에 소득을 챙기는 사람이라고 정의했다. 지금 선진국에서 이 정의에 해당하는 집단은 '불우한' 사람들, 일하는 사람들 덕에 살아가고 있는데도 일하지 않는, 공식적으로 가난한 사람으로 분류된 사람들뿐이다. 아직도 서유럽보다 '이전 지급transfer payment'(생활보조비처럼 정부를 통해서 소득의 재분배를 하는 일—옮긴이)이 낮은 편이라고 볼 수 있는 미국의 경우조차, 지금 '불우한' 세대가 이전 지급을 통해 받는 수입은 육체노동을 하는 세대가 일해서 받는 평균 소득보다 많다. 후생 프로그램 및 사회보장제도를 통해 지급되는 돈에는 세금이 부과되지 않으며 구호 대상자 식량카드, 임대 보조 또는 건강보험 등의 형태로 지급되는 현금 아닌 소득은 공식 통계에서 '소득'으로 간주되지 않는다. 그 결과 이전 지급 수령 세대가 1년에 받는 금액은 평균적으로 1만~1만 1,000달러에 상당하는데 이는 2인 소득 가정이 아닌 육체노동 가정의 평균 소득보다 많은 것이다. 그러므로 전통적 마르크스주의자들의 용어로 따지자면 이전 지급 수령자들은 마땅히 '착취자'로 취급될 수 있다. 그렇지만 그들을 '자본가'라고 부르는 사람은 아무도 없다.

자본가를 생산 수단의 소유주로 볼 때, 역시 마르크스주의자들의 표준적 정의로 따지면 '자본가'가 되는 것은 피고용인들뿐이다. 좌우지간에 모든 선진국의 경제와 그에 속한 기업들은 그들의 이익을 위해 운영된다. 다만 미국에서만 피고용인은 실제로 아직까지는 소유주이거나 적어도 법적으로 따질 때 '실질 주주'다. 미국 기업에 고용된 사람들은 그들의 연금기금을 통해 상장된 기업들, 곧 대기업 전체 주식 자본의 3분의 1을 소유하고 있다.* 다른 피고용인연금기금(자영업자들이나 정식 연금 계획이 없는 회사의 피고용인들이 설정한 기금)이 미국 주식 자본의 5~10퍼센트를 차지하는데, 일부에서는 이 비율이 이보다도 높을 것이라 추정하고 있다. 그러므로 고용된 사람들이 연금기금을 통해 소유하는 미국 산업의 주식자본 지분은 3분의 1에서 5분의 2에 이른다. 피고용인연금기금은 유일한 큰 소유주이며 전형적 '자본가'의 정의에 맞는 유일한 소유주들이다.

다른 곳에서는 같은 현실이 달리 제도화되고 있다. 가장 교훈을 주는 것은 일본의 경우다. '평생고용'이란 일본 기업들이 고용된 사람들의 이익을 위해 운영되고 있음을 의미한다. 피고용인의 일자리에 대한 권리가 다른 모든 것과 함께 다른 모든 사람들을 우선한다. 이는 '재산'에 대한 가장 정통적 정의를 빼닮은 것이다. 일본의 전통은 기업이 파산하거나 지급 불능 상태가 됐을 경우에만 국가통화에 대한 권리를 포기하도록 하는데, 이것이 전통적 소유권을 언제나 제한해온 바로 그 규정이다.

일본의 경우 주식 소유권은 법적 의미의 재산이라기보다도 주로

---

* 나의 책 《보이지 않는 혁명: 어떻게 연금기금 혁명이 미국에서 일어났는가 The Unseen Revolution: How Pension Fund Socialism Came to America》 참조.

공급자와 고객 간 관계의 상징이다. 자본 자체가 본질적으로 보통주를 통해서 마련되는 것이 아니라 법적으로 '부채'로 간주되는 은행 융자를 통해 마련된다. 그러나 자동차 메이커에게 철판을 공급하는 제철회사는 자동차회사의 주식 8퍼센트를 소유하며, 한편 자동차회사는 제철회사 주식 5퍼센트를 소유하게 되는 것이다. 또는 자동차회사가 작은 부품업체를 소유하지는 않지만 납품업체의 자본을 형성하는 은행 융자를 보증해주는 것이다. 일본의 큰 회사들의 경우 고객과 공급자 간의 이와 같은 상호 소유 주식이 자본의 절반에 이르며, 작은 회사들의 은행 부채에서는 이 비율이 더 높은 사례가 많다. 분명히 그와 같은 주식의 소유자는 배당금에는 전혀 관심이 없다. 그의 관심의 대상은 자동차회사의 철강 주문이다. '소유권'은 사실상 권리라기보다 상호 의무 관계다. 모든 '권리'는 '평생고용'의 자격을 부여받은 피고용인에게 있다.

서방에서 전통적으로 '불가분의 소유권'이라고 하는 것이 일본에서는 최소한 두 갈래로 그리고 십중팔구 세 갈래로 쪼개지고 있다. 즉 평생고용제를 실시하는 큰 회사의 경우 기업이 굴러가는 한, 주식의 큰 몫을 차지하는 것은 고용된 사람들이다. 기업이 도산할 위험에 처하게 되면 은행들이 우선권을 가진 소유주가 된다. 그리고 명목적 주주들은 전통적으로 일본적인 상호 책임을 지는데, 그것은 여러모로 일본의 전통적 벌족clan(원시적인 혈연 조직—옮긴이) 구성원들 간의 상호 의무를 닮은 것으로, 이론적으로는 그렇지 않을지라도 실제로는 재산 또는 소유권에 대한 함축적 의미는 전혀 없다.

유럽 선진국들의 경우 사정은 더 복잡하다. 영국에서는 본질적으로 피고용인들의 자원(연금기금, 공제조합, 보험회사)을 대표하는 금융 중개자가 미국에서처럼 큰 회사의 소수 지분 소유주가 되며 과반수 지분 소유주가 되는 경우도 많다. 유럽 대륙에서는 물론 공동체 저축의 상당 부분을 대표하며 일차적으로는 피고용인들의 저축을 대표하는 상업은행들을 통해 지배권이 행사된다. 그러나 사실상 유럽의 모든 국가에서도 해고와 관련된 규정들은 '평생고용'에 가까운 피고용인의 우선권을 설정하고 있다. 유럽공동체의 고등법원은 획기적인 판결을 내리며 '평생고용'의 해석에서 일본 사람들보다 훨씬 더 나아갔다. 경우에 따라서는 피고용인의 잔여 근속 기간에 해당하는 급료 전액을 퇴직금으로 지불해야 한다고 판시했는데, 심지어 파산했을 경우에도 고용주에게 다른 자산이 있다면 그렇게 퇴직금을 지불해야 한다는 것이다.

피고용인 사회에서는 피고용인만이 큰 기업의 '자본가'이거나 '소유주'일 공산이 크다. 물론 일반적으로 피고용인들 개개인은 부자가 아니다. 그런대로 넉넉한 처지일 뿐이다. 그러나 집단적으로는 피고용인들이 경제에 필요한 엄청난 자본의 유일한 원천이다. 현대의 자본가 경제에서는 투자에 필요한 자금 총액이 어찌나 규모가 커졌는지 부자 한 사람이나 부자들의 집단으로는 사실상 감당할 수 없게 됐다.

카를 마르크스가 가장 예리한 통찰력을 보인 것 중 하나는 두 종류의 재산을 구분한 것이다. 개인의 집이나 다른 소유물(자동차, 그랜드 피아노, 시골 별장)과 같은 생산 수단의 지배권을 부여하지 않는 개인 재산과, 생산 수단의 지배권을 주는 재산을 구별한 것이다. 자본가의 성격을 규정해 착취자가 되도록 만드는 것은 생산 수단을 갖는 재산의 소유다. 그런 의미에서 자본가라고 할 수 있는 이는 가족이 모두 농사를 짓는 농부와 몇 안 되는 사람들을 고용해 소기업을 개인적으로 운영하는 소기업가 말고는 달리 없는 실정이 되었다. 대기업은 미국에서처럼 연금기금을 통해서나 일본에서처럼 평생고용제를 통해 어디서나 사회화되고 피고용인들이 실질 주주가 되었다. 그리고 서유럽의 경우 이 두 가지 방식 가운데 어느 것도 널리 시행되고 있지 않지만 대기업 피고용인들도 실질적으로 일본의 평생고용제를 많이 닮은 퇴직 규정을 통해 피고용인의 취업권(사실상 재산권)이 다른 모든 재산권이나 재산권 주장에 대해 우선권을 갖게 함으로써 '실질 주주'가 되고 있다.

변호사들은 마르크스를 따르지 않았으니 그가 구별 지은 개념을 이해하지 못할 것이다. 이 점은 그들이 '소유권' 및 '재산'의 개념이 약 2000년 전 로마 법학자들에 의해 처음으로 만들어졌다가 16세기에 재구성되었으나 이제 더 이상 통용되지 않는다는 사실을 깨닫지 못하고 있음을 설명해주는 것 같다. 마르크스가 말한 '개인 재산'은 아직도 있다. 그러나 '생산 수단 소유권'은 갈수록 '재산'의 전통적 개념과는 아주 다른 것으로 대체되고 있어 실질 주주에 대한 변호사의 정의는 어떻게 내려진 것인지 따져보도록 만든다. 그들의 연금에 걸린 지분은 수위나 부사장까지 모든 직책을 불문하고 45세 이상의 미국 피고용인 중 누구보다도 많은 최대의 단일 자산일 공산이 크다. 그러나 그것은 팔거나 저당잡히거나 대출을 위한 담보물이 되거나 상속될 수 있는 자신의 것이 아니다. 그리고 자산의 정확한 가치는 그가 죽어서 권리 주장이 멈출 때까지 결정되지 않는다. 개인적으로는 분명히 가치임에도 불구하고 그것은 '재산'이 아니다. 그러나 집단적으로 그와 동료 피고용인들은 실제로 합법적 소유주인 연금기금을 통해 생산 수단의 소유권을 갖는다. 그리고 개인의 연금을 보호하기 위한 입법 조치는 갈수록 그에게 기금 관리와 관련된 권리와 전통적 소유주의 재산권 보장과 닮은 권리를 부여하고 있다.

고용된 중산층

이처럼 선진국에서 유일하게 순수한 '자본가'가 된 피고용인들은 마르크스가 말한 '프롤레타리아'나 노동조합에서 말하는 '짓밟힌 노동자'와는 판이하게 다른 존재가 되었다. 그들은 여전히 '육체적으로 일하는 노동자'일 수 있다. 그렇지만 그들은 경제적으로 '중산층'이며 중산층의 특징인 고소득이 보장돼 있다. 선진국들의 경우 제조업, 광업, 건설업(전형적인 19세기 프롤레타리아 직장)에 종사하는 육체노동자들은 이제 장기간 실직 상태가 되더라도 사실상 소득 전액을 기대할 수 있으며 세금이 면제되기 때문에 일할 때보다도 더 많은 소득을 기대할 수 있다. 예를 들어 미국의 경우 이들의 소득은

2년 또는 그 이상 되는 기간 동안 실질적으로 보장되고 있다. 그러나 이보다 더 중요한 것은 지난날의 프롤레타리아들이 이제는 교육, 세상사에 관한 지식, 그리고 기대하는 바가 중산층처럼 되었다는 사실이다.

19세기 노동계급의 특징을 보여주는 사람들은 최근에 이민을 와서 산업계에 종사하는 사람들뿐이며 '소수'를 이루는 이들은 여러 가지 '문제'를 일으키고 있다. 미국의 흑인들, 최근에 멕시코 농장으로부터 들어온 노동자들, 토리노의 시칠리아인들, 독일의 터키인 '손님 노동자들'이 그러한 예다. '다수'는 아무리 '부르주아 계급'에 대해 격한 반감을 품고 있다 해도 정식 학교 교육이나 대중 매체를 통해 새로운 시야와 자격을 갖춤으로써 선진국에서 '계급'이라는 말이 의미하는 바를 완전히 바꿔놓았다.

게다가 피고용인 사이에서의 무게 중심도 결정적으로 육체노동자들부터 벗어났다. 선진국에서는 이제 젊은 남성의 절반이 중등학교를 마치고도 학교 교육을 계속 받음으로써 18세가 넘도록 공부를 해 육체노동자가 아니라 지식노동자가 되고 있다. 수적으로 전통적 육체노동자는 아직도 과반수를 이룰 수 있다. 비록 미국과 북유럽에서는 이제 간신히 반수를 넘는 수준이 되었지만 말이다. 그러나 무게 중심은 분명 교육받은, 고용된 중산층으로 이동하고 있다. 다시 말해 '기술직' 종사자로 그리고 갈수록 '전문직' 종사자로 간주되는 사람들로 중심이 옮겨가고 있다. 그리하여 고등교육을 받은 사람들의 압도적 다수(약 90퍼센트 이상)가 '피고용인'으로 시작해 생애의 전 기간을 '피고용인'으로 일하게 될 것이다.*

어제까지만 해도 교육받은 사람들은 고용되는 것이 아니라고 생각했었다. 그들은 '전문인'으로서 혼자 일했다. 그들이 고용된다면 그것은 교사나 목사가 되는 경우였다. 급료를 받기는 했지만 그들의 주인이라고 할 수 있는 사람은 없었다. 그러나 오늘날 스스로 일하고 있다고 생각하는 사람은 제한된 교육을 받은 수리공이나 공예인이나 작은 가게를 운영하는 사람 등이다. 심지어 당사자가 누리는 독자성이 특징이었던 전문 분야(의술, 법률, 회계)에서조차 갈수록 집단적인 영업이 표준화돼가고 있다.

조직체 안에서는 이것이 앞에서 필자가 언급했던 '머리 둘 달린 괴물'의 등장으로 이어져왔다. 그러나 이와 같은 변화는 사회와 사회 구조를 위해 똑같이 중요한 것이며 어쩌면 더 중요한 것일 수도 있다. 교육 수준이 높은 고용된 사람들의 지위, 기능, 권한, 책임은 선진국에서 앞으로 100년 동안 중심적인 사회 문제가 될 것이다.

이들은 자신들이 지난날의 독자적 전문인들의 후계자라고 생각한다. 그렇지만 그들은 고용된 사람들이다. 그들은 활동 중인 유일의 자본가들이다. 그렇지만 그들은 고용된 사람들이다. 이들은 '주

---

* 이와 같은 기본적인 사회변동에 대해 가장 일찍이 거론한 것은 나의 책 《뉴 소사이어티The New Society》(New York: Harper & Row, 1949; London: Wm. Heinemann, 1949)이다. 그 이후 이에 대한 심층 연구가 있었는데 특기할 만한 것은 지금 런던정경대학장인 독일 사회학자 롤프 다렌도르프Rolf Dahrendorf와 프랑스 사회학자 미셸 크로지에Michel Crozier의 연구다.

인'은 아니지만 그렇다고 '종속된 사람들'도 아니다. 그들은 '명령을 받는' 것은 아니지만 누군가에게 '보고'를 한다. 그들은 어떤 개인이 아니라 기관을 위해 일한다. 그들은 새로운 사회 계급, 새로운 사회 현상을 이루는데, 그것은 기존의 이론과 인식에 맞지 않으며, 그런 점에서 그들 자신의 자기 인식에도 맞지 않는다. 이는 그들의 애매한 위치를 잘 설명해준다.

어빙 크리스톨Irving Kristol과 같은 신보수주의자들은 생산과 분배의 지저분한 과정에서 풀려난, 그래서 '자본주의'와 그것의 모든 작용에 반대하는, 교육받은 '지식인들'의 '새로운 계급'에 관해 자주 이야기하는데 이는 부분적인 설명에 불과하다. 현실은 더 미묘하고 훨씬 복잡하다. 기업의 경우건 '제3섹터'의 비영리 기관의 경우건 중간 간부로 일하는 사람들과 그들을 고용하는 기관과의 관계는 무척 애매하다. 그들은 자신들이 하고 있는 일과 지위가 마음에 들며, 기관이 자신들에게 관리직이나 전문직을 주지 않았다면 재정적으로나 사회적으로나 지금만큼 만족스러울 수 없으리라는 것을 잘 알고 있다. 그러나 동시에 어색함을 느끼면서 마음이 편하지 않은데, 자신의 가치와 기풍은 전문 직업인의 것이고, 어디까지나 기관 차원이 아닌 활동을 하고 일을 하면서 독자성을 유지해 어느 한 사람이나 한 기관의 은혜를 입는 것이 아니라 '법률'이나 '의술'과 같은 비인격적 추상 개념에 대한 연대의식에서 자신들의 사회적 지위가 비롯된다고 생각하기 때문이다. 그들은 기관에 대한 일체감을 가져야 할 필요를 절실히 느끼지만 동시에 기관으로부터의 독립성을 내세워야 할 필요성도 강하게 느낀다. 이와 같은 애매모호함이 그들이 전통적 의미에서 '보수주의자'도 아닐뿐더러 '자유주의자'도 아닌 까닭을 설명해준다. 이는 어째서 그들이 제도화한 사회에 반대하는 입장에 동조하며, 또한 환경, 정부의 규제 등등의 대의에 동조하면서도 동시에 경제 발전, 물질적 소유, 좋은 생활 그리고 무엇보다도 개인적으로 부유해지는 것에 동조하는지를 설명해준다.

그들은 그들의 상황이 혼란스럽고 그 혼란이 계속되고 있기 때문에 어리둥절한 상태다. 오직 그들만이 사방에 널려 있는 자본가이고 그들만이 '소유주'이지만 그것은 힘이 따르지 않는 소유권이다. 그들만이 널려 있는 '전문가'이고 그들만이 지배적 지식을 가진 사람들이지만 그 지식은 책임이 따르지 않는 것이고 지위가 따르지 않는 것이다.

권력은 재산을 따라간다

약 300년 전인 1700년 현대 정치사상의 창시자 중 한 사람인 영국의 제임스 해링턴James Harrington은 1688년의 영국 명예혁명은 불가피한 것이었다고 설명하면서, 지주 계급에게 넘어간 경제력이 왕과 대귀족들의 수중에 있는 정치권력과 조화를 이룰 수 없었기 때문이라고 지적했다. 해링턴은 아리스토텔레스의 말을 인용하면서 "권력은 재산을 따라간다"고 말했다. 정치권력은 경제력과 조화를 이뤄야 하고 경제력 역시 정치권력과 조화를 이뤄야 한다는 것이다.

책임은 지식을 따라간다

역시 아리스토텔레스까지 거슬러 올라가는 고대 격언 중에 "책임은 지식을 따라간다"는 말이 있다. 지식에는 고도의 책임만이 따르는 것이 아니다. 지식에는 책임이 부여되어야 하며 그렇지 않을 경우 무책임하고 오만한 것이 돼버린다. 크리스톨이 말하는 '새로운 계급'이 된다. 오만하면서도 격분한, 탐욕스러우면서도 '소외된' 것이 된다.

오늘의 선진국에서는 두 규칙을 모두 어기고 있다. 피고용인들에게는 재산이 있다. 그들은 자본가인 것이다. 그런데도 그들은 이 사실을 모르고 있으며, 권한 행사에 있어 소유권에 따르는 책임이 부과되지도 않고 있다. 피고용인들에게는 지식이 있다. 심지어 고등학교를 중퇴해 기계를 다루는 일을 하는 사람들조차 70년 전 같은 일을 하던 사람들보다 정식 학교 교육을 많이 받은 사람들이고 세상을 보는 안목이 한없이 넓어졌다. 기계를 다루던 사람들의 손자는 십중팔구 고등학교를 마치지 대학에 들어가 4년간 공부했을 것이고 지금은 경영학 석사 학위나 지질학 박사 학위를 얻기 위해 야간대학에 다니고 있다. 그러나 직장은 그에게 그가 가진 지식에 상응하는 책임을 맡으라고 강요하는 법이 없다. 그는 보수를 받는데 그것은 그에게 요구되는 책임에 비춰보면 너무나 많은 것이다. 그의 소유권이 갖는 힘이나 지식이 갖는 힘에 대해 책임을 묻지 않는다. 오늘의 피고용인들에게는 소득이 있고 소득의 안전이 보장돼 있다. 그들은 정치 사회에서 힘을 갖지만 자신의 조직에서는 힘이 없는 상태다. 그들에게는 기능이 있지만 지위와 책임이 결여된 상태다.

그런데 '힘은 재산을 따라가는 것'이므로 관리를 맡은 사람들은 '재산'인 피고용인들을 권력 구조와 사업 지배권 속에 엮어 넣지 않는 한 지배력을 유지해나갈 수 없다. 피고용인 사회에서 경영진이 직면하게 되는 근본적인 도전 중 한 가지는 피고용인들이 지닌 생산 수단의 소유권을 경영 정당성의 확고한 근거로 변환시키는 일이다. 또 하나의 근본적 도전은 고용된 사람들의 지식을 기업 내부와 업무와 관련한 책임으로 전환시키는 일이다.

1920년경에 이르면서 경제의 사회적 힘은 전통적 자본가인 19세기의 '소유주들'로부터 직능과 실적에 힘입어 지위와 권한을 부여받게 된 전문경영자들에게로 흐르기 시작했다. 1940년에 경영에 관한 초창기 저술가의 한 사람인 제임스 번햄James Burnham은《경영 혁명The Managerial Revolution》에서 현대 사회의 권력은 재산이나 피통치자들의 동의보다도 재산을 따라갈 것이라고 주장했다. 이 책이 불러일으킨 파장은 엄청났다. 그렇지만 처음부터 이에 의문을 품는 사람들이 더러 있었다.*

---

* 나도 1년 뒤에 내놓은《산업인의 미래The Future of Industrial Man》(New York: John Day, 1942; London: Wm. Heinemann, 1942)에서 그와 같은 의문을 표명했다.

전문경영인은 능력이 있고 책임을 지고 있어 실력을 발휘할 수도 있다. 그러나 이제 더 이상 지난날의 자본가 소유주의 경제력에 기반을 두는 것이 아니고, 또한 그 밖의 다른 그 어떤 것에 기반을 두는 것도 아직은 아니기 때문에 여전히 심각한 정당성의 위기에 처해 있다.

기업인들은 아직도 대기업과 같은 이해관계와 많은 지역적 정치력을 가진 '소자본가'로서 충분한 정치적 기반을 다질 수 있다고 믿고 있다. 그러나 이들은 사라져가고 있는 부류다. 이제 그 자리에 등장한 것은 자신의 자금 중개자, 특히 연금기금을 통해 소유자가 된 피고용인-투자자들이다. 그렇지만 의사결정을 하는 권력 행사 과정에 가시적으로 편입되지 않는 한, 그들이 기업을 지지하는 일은 없을 것이며 경영진을 지지하는 일도 없을 것이다. 그들은 기껏해야 무관심의 중립적 태도를 견지하는 데 그칠 것이다. 그리고 이는 기업과 경영자들에게 권력 기반이 전혀 없다는 것을 의미한다.

만약 피고용인과 소유자를 권력 과정으로 끌어들여 기업을 지지하게 할 수 있다면 경영진은 다시 정당성의 근거를 갖게 될 것이다. 다시 권력 기반을 확보하게 될 것이다. 다시금 사회 안에 그리고 일자리 보유자와 '실질 주주'라는 이중적 자격을 가진 사람들의 이익을 위해 운영되는 기업의 피고용인들 사이에서 생산자 이권을 위한 지지 세력이 조성될 것이다. 그러나 이는 저절로 일어날 수 있는 일이 아니다. 이를 위해서는 사회의 자본을 소유하고 있고 사회의 지식을 보유하고 있는 피고용인들에게 책임이 주어져야 한다.

경영진이 해야 할 일은 인간의 힘이 생산성을 발휘하도록 만드는 것이다. 지식노동자로의 변신과 노동력의 꾸준한 자격 향상은 선진국의 인력이 갖는 잠재력이 거의 선례가 없을 정도로 엄청나게 증가함을 의미한다. 사실 이것이야말로 그들로 하여금 '선진국'이 되게 한 원동력이다. 그렇지만 대체적으로 선진국 경영자들은 이와 같은 잠재력을 책임과 시민성의 현실로 전환시키기 위한 주도권을 취하지 않았다. 일반적으로 경영자들은 피고용인들이 '프롤레타리아'를 졸업했다는 사실이 가져다준 엄청난 기회를 활용하지 못했으며, 따라서 그들이 가진 자원으로 하여금 생산성을 충분히 발휘하게 하지 못했다. 거의 모든 회사의 피고용인들과 공공서비스 기관에 고용된 사람들의 경우 더 많은 사람들이 기본적으로 '불완전 고용' 상태다. 그들에게 부여된 책임은 그들의 능력과 권한 그리고 경제적 지위에 걸맞지 않은 미흡한 것이다. 그들에게는 다만 순수한 책임만이 부여할 수 있는 지위 대신 돈이 주어지고 있는데, 이는 결코 실효성을 기대할 수 없는 트레이드오프 관계다.

구체적으로 말해 최하위층부터 최고위층에 이르는 모든 계층에 상관 없이 피고용인들에게는 복지 프로그램*의 설계 및 관리에 대한 책임을 비롯해 공동체의 문제들과 관련한 책임이 부여되어야 한다. 그들은 자신이 하는 일의 목표를 정하고 그 목표에 따라 스스로

---

* 이에 대해서는 나의 책 《경영: 과제, 책임, 실제Management: Tasks, Responsibilities, Practices》 참조.

를 관리하며 자제하는 책임을 져야 한다. 자신들이 하는 일을 전반적으로 꾸준히 개선시키는 책임도 져야 하는데, 이는 일본 사람들이 말하는 '지속적인 공부'를 의미한다. 피고용인들은 철저히 사고하고 기업의 목표와 목적을 정하며 기업이 의사결정을 하는 과정에서 함께 책임을 져야 한다.

　이것은 '민주주의'가 아니라 시민권이다. 이는 '관용'이 아니다. 그리고 '참여 경영'도 아닌데, 참여 경영이라는 것은 심리적 조작을 통해 피고용인의 무력함이라는 현실을 숨기려는 헛된 시도에 불과한 경우가 많다. 실제로 고용된 사람들에게 책임을 부여하면 여러 부문으로 나뉜 회사가 '권한 분산'을 실시했을 경우와 마찬가지로 경영이 크게 강화된다. 공장 공동체의 문제, 그들 자신의 목표와 목적, 그들 자신이 하는 일의 지속적인 실적 향상 등에 책임을 부여하면 그런 효과가 나타나는 것이다. 책임 부여는 모든 종업원들이 경영진의 결정과 경영진의 태도를 더욱 이해하도록 만든다. 이 경우 마케팅 관련 결정을 내리기 위해 씨름해야 했던 부문별 총책임자가 권한이 분산된 자신들이 속한 부문에서 최고경영진이 당면한 상황이 어떤 것이고 '기업상의 결정'에 실제로 요구되는 것이 어떤 것인지 이해하게 된다.

　이와 마찬가지로 자신의 목적을 철저히 성찰하며 그 목적에 비춰 자신의 기여도를 평가해야 하는 엔지니어는 곧 의사결정에 필요한 것이 무엇이며 '실적'이라는 것이 실제로 무엇을 의미하는지를 이해하게 된다. 그는 더 많은 이해력과 비전 그리고 전체의 생존과 실적에 대한 책임의식을 느끼게 되는데 그런 책임의식이야말로 관리자와 부하직원의 차이점이며 시민권을 가진 사람들과 신하를 구별짓는 것이다.

우리는 또 피고용인들의 경제적 이익을 제도화해야 할 필요가 있는데 이는 더 어려운 일이다. 여러 가지 사항들이 서로 갈등을 빚고 있기 때문이다.

현재로서는 세 가지 접근 방법이 있다. 가장 단순한 것은 고용된 사람이 자기가 일하는 회사의 주식 소유자가 되는 것이다. 미국의 경우 '피고용인주식소유제ESOP(Employe Stock Ownership Plan)'라는 이름 아래 상당한 세제상의 이익을 주면서 추진하고 있다. 실제로 ESOP는 회사 이익과 피고용인 이익의 실체를 가시화한다. 그것은 피고용인으로 하여금 '소유자'가 되도록 한다. 그러나 어디서 시도되었건 초기의 큰 기대는 나중에는 한결같이 무산되었다. 우리는 한 세기도 더 되는 시간 동안 이를 시도해왔지만, ESOP는 세부 사항들을 너무 노골적으로 여겨 실망과 금융상의 손실을 가져다줬을 뿐이다.

ESOP는 모든 기업이, 적어도 대다수 기업들이 언제나 성공해서 이익을 내는 것으로 가정한다. 그러나 실적을 내야 하는 시간 길이, 그러니까 피고용인이 근속하는 기간을 놓고 볼 때 기업들은 거의 모두가 어려운 고비를 겪으면서 큰 손실을 보기도 한다. 실상 기업의 과반수는 30년 안에 사라질 가능성이 크다. 피고용인은 자신의 일자리로 인해 이미 회사의 재정에 이해관계가 크게 얽혀 있다. 그런데 회사를 떠난 후 미래에 대한 준비인 자신의 저축을 전적으로 똑같은 금융 리스크에 노출시킨다는 것은 무책임한 일이며, 동결되어 청산이 불가능한 투자에 투입하는 것은 더욱 그러하다. 그러므로 대다수 ESOP 가입자들은 미래의 은퇴 소득을 보장받기 위해 투자해야 하는 30년 동안 큰 손해를 보게 된다. 이보다도 훨씬 먼저 ESOP가 그들로 하여금 기업에 등을 돌리게 할 것이며, 그보다 훨씬 빨리 그들은 ESOP가 자신들로 하여금 희생을 치르게 하면서 '사주boss'의 자금을 대주도록 했다는 것을 깨달을 것이다.

기업이 짧은 기간이나마 경제적으로 어려운 시기에 처하기가 무섭게 고용된 사람들은 '속았다'고 생각하면서 역정을 내는데, 그들은 마땅히 그럴 만하다고 생각할 수 있다. 기업이 이런 상황에 처할 확률은 80퍼센트쯤 된다. 뿐만 아니라 회사의 주식을 소유하면 고용된 사람은 그 회사에 묶이게 된다. 그들은 타 회사로 이동할 가능성이 줄어드는데 이는 급격한 사회적·기술적·경제적 변화의 시기에는 특히 바람직스럽지 못한 일이다. 사실 그것은 반사회적인 일이다.

1974년에 연금기금개정법이 나오기에 앞서 미국 회사들이 연금기금에 대해 쏟았던 큰 불평의 하나는 연금이 고용된 사람을 한 회사에 묶어놓는다는 것이었다. 그것은 타당한 불평이었으므로 권한을 부여하는 것(연금청구권을 피고용인의 재산으로 인정하는 것)은 꼭 필요한 개혁이었다. ESOP는 권한 부여 이전의 은퇴보상제만큼이나 피고용인을 단단히 고용주에게 묶어놓고 있다.

마지막으로 ESOP는 경제적 마비 상태를 부추긴다. 그것은 과거를 그대로 유지해나가는 것에 사회적 이해관계가 무섭게 얽혀드는 상황을 조성한다. 쇠퇴하는 산업과 기업들은 피고용인들의 주식 소유를 통해 자금을 조달하려고 남달리 열을 올리게 될 것이다. 그들이야말로 자금을 조달하기가 가장 어려운 처지에 있기 때문이다. 그러나 ESOP에 대한 가장 근본적인 반대 이유는 그것이 과반수의 경우 금융의 신중을 기하기 위한 기본적인 법칙을 어김으로써 환멸과 적대감과 금융 손실을 초래하기 때문이다.

이와는 정반대의 극단적인 경우는 지금 스칸디나비아 국가들이 검토하고 있는 것으로, 국가의 모든 기업 이익금으로 자금을 마련한 하나의 국가주식소유권기금을 만들어 기업 모두에 투자하도록 하자는 것이다. 피고용인들이 총체적으로 기금 자산의 실질 주주가 되어 퇴직 시의 보상을 거기에 의지하게 한다는 내용이다. 결국 ESOP가 고용된 사람들의 저축을 이용해 기업이 달리 마련하기 어려운 자금을 확보하게 하는 것이라면, 전국적 주식 자금은 주로 노조 실무자들로 하여금 기금의 관리와 운영을 계획하게 함으로써 국가 경제를 관장하여 피고용인들을 이롭게 할 것이다.

다른 모든 점에서 이는 엄청난 실패로 그칠 것이 분명하다. 그 기금은 한 주도 팔 수 없고 투자를 철수할 수도 없을 것이다. 지난날의 산업과 기업들에 묶여 내일의 기업과 산업으로 자금이 흐르지 못하도록 막게 될 것이다. 전국적 기금이 시행될 경우 스칸디나비아 국가들은 경제가 꾸준히 쇠퇴하는 길로 접어들게 될 게 분명하다. 그들은 시대적으로 뒤진 산업과 기술에서 탈피하지 못할뿐더러 성장하는 새로운 산업과 기술을 육성하기 위한 자금을 마련하지도 못할 것이다. 정치적으로 그런 기금이 노조에 의해 관장될 경우 기금이 관리하는 기존의 산업과 경쟁할 새로운 산업에 자금을 대는 것은 고사하고, 기존의 산업이 쇠퇴해 사라지는 것도 불가능하게 만들 수 있다.

정치적 이유 때문에 나라 밖에서는 투자할 수도 없고, 그것이 지배하는 기업들이 국외에서 활동하는 것도 허용할 수 없을 게 분명하다. 그리고 작은 스칸디나비아 국가의 피고용인 개개인과 함께 그 나라 자체에게 투자와 기업 활동의 대부분을 좁은 국내 경제에만 국한한다는 것은 세계 경제가 통합돼가는 지금의 단계에서는 확실히 바람직하지 않은 무책임한 처사일 뿐이다.

스칸디나비아가 구상하고 있는 전국적 주식 자금의 가장 큰 약점은 피고용인들이 소유주가 되었다는 사실을 애매하게 만들고 있다는 점이다. 그것이 가시화하고 있는 것은 노조 간부들이 이례적으로 많은 보수를 받으며 거액의 돈을 활용할 수 있다는 사실이다. 이탈리아에서 국영공사가 소유해 운영하는 회사들의 피고용인들은 자신들이 소유주라고 생각하지 않는다. 이들 회사들이야말로 이탈리아에서 노사 관계가 가장 나쁜 곳이고 생산성이 가장 낮은 곳이다. 노조연합회가 국가 기업의 3분의 2를 장악하고 있는 이스라엘에 대해서도 같은 이야기를 할 수 있다.

제3의 방식은 미국의 경우다. 개개의 기업주(또 더러는 특정 산업이나 직종의 고용주 집단)가 개별 기금을 설립해 자금을 대는 방식이다.

이들 기금은 자산의 극소부분 이상을 고용 회사의 주식에 투자해서는 안 되며 전문적 투자 원칙에 따라 다양하고 유동성 있는 포트폴리오에 투자해야 한다. 이 방식은 책임 있는 자금 관리의 규칙을 충족시킨다. 경제 이동성이나 고용된 개개인의 이동성을 저해하지 않는다. 그러나 이 방식은 가시적이고 효율적이며 제도적인 현실로 피고용인의 경제 소유권이라는 현실이 구체화하도록 만들어주지는 않는다.

이는 미국의 경영자들이 당면한 커다란 도전이기도 하다. 고용주들이 연금기금을 관리하는 과정에 편입되어야 하지만 그것은 전문적 재무관리에 만전을 기할 수 있는 방법으로 이뤄져야만 한다. 이제 대기업 주식 자본의 지배적인 부분을 차지하고 있는 연금기금은 그들이 소유하는 회사의 관리 과정에 편입되어야 하며, 전문적인 사외이사를 임명해 이사회에 앉히는 게 한 방법일 것이다. 그렇지 않을 경우 노조가 고용된 사람들을 대표한다는 주장 아래 어떻게 해서든 연금기금의 지배권을 확보하게 될 것이다. 그런 주장은 이미 제기되고 있다.

'피고용인 사회'의 등장은 '자본가' 시대에 기업이 안주해온 정당성과 권한의 낡은 기반을 파괴하고 있다. 그것은 또 기업이 개인 '소유주'를 통해 누렸던 지지 기반을 제거해버렸다. 그때는 작은 지역기업의 소유주(동네 담뱃가게 주인)도 자신을 대기업의 소유주들과 같은 '재산' 이권을 가진 사람으로 간주했다. 그러나 오늘날 이들 대기업 소유주들은 제도적 기관이 되고 피고용인들의 대표가 되었다. 작은 동네 가게의 소유주들은 이제 더 이상 그들과의 동질성을 느끼지 않으며 실제로 일체감을 느낄 만한 점이 별로 없다. 그들은 대기업 전문경영자들의 말과는 달리 '소유자 겸 경영자'라는 것을 믿지 않으며 '가족 기업'을 진심으로 찬성하고 있는 것도 아니라고 생각한다. 그런데 대기업의 새 소유주들, 곧 고용된 사람들은 '대기업'이 이제 '우리'라는 것조차 알지 못한다. 경영자는 실제로 사회의 생산자 이권, 피고용인들의 이권을 대표한다. 그런데 그 직능에 상응하는 권한, 정당성, 지지 기반, 권력 기반이 없다. 게다가 불합리한 '이윤' 이야기는 현실을 더욱 애매모호하게 만들며 경영진의 정당성도 더불어 애매해지게 만들고 있다.

이처럼 피고용인 사회의 등장은 힘의 공백 상태를 만들었다. 그로 인해 '힘'과 '재산' 간에 부조화가 조성되었다. 새로운 '재산'이 권력 구조 속에 편입되어야 하는 것이다. 그것은 지식과 권력 간의 부조화를 조성했다. 새 지식 인력은 책임을 짊어져야 한다. 그렇게 만드는 데는 그다지 큰 노력이 필요하지 않다. 이미 일부 서구 회사들이 하고 있거나 일본 사람들이 그들 나름으로 하고 있는 것과 다를 것이 없다. 그러나 아직까지는 경영자들이 그들 손에 주어진 기회를 이해하지 못했기 때문에 자신들의 권한을 상실할 위험에 처하게 된 것이다. 영국에서 정부와 경영진의 권한이 노조의 도전을 받게 된 것은 가장 가시적인 예의 하나일 뿐이다. 그래서 큰 혼란이 일어났다. 경영자들 대다수가 깨닫지 못하고 있는 것은 그것이 커다란 기회를 품고 있는 혼란이라는 사실이다.

노조는 살아남을 것인가

피고용인 사회의 등장은 또 노조 안에 새로운 혼란의 중심점을 만들게 된다. 우리의 사회가 피고용인 사회라는 사실로 인해 노조의 존재 자체가 위험에 처하게 되는데, 이 사회에서는 기업이 일차적으로 피고용인의 이익을 위해 존재하며 피고용인들이 유일의 '자본가'이자 유일의 진정한 '소유주'이기 때문이다. 일단 국민소득의 85퍼센트가 피고용인들에게 가게 되면 노조는 본래의 명분을 잃게 되는데, 그 명분이란 '임금 기금'으로 가는 국민소득의 몫을 늘리는 것이다. 하나의 노조가 할 수 있는 일이란 다른 피고용인들의 이익을 도외시하고 회원들의 몫을 늘리는 것이다. 그렇게 하여 노조는 '억압당한 다수'를 대표하는 것은 차치하고 '계급'을 대표하는 게 아니라 힘을 행사하려는 위협을 통해 사회의 여타 부분을 압박하는 특수 이권을 대표하게 된다.

확실한 것은 경제적 이득이 노조의 유일한 명분은 아니라는 점이며 심지어 미국의 '기업 노조' 경우조차도 그렇지 않다. 노조를 지지하는 것은 대부분 그것이 경영자의 힘에 맞서는 정치적 역할을 하기 때문이다. 이 점이야말로 마르크스주의자들의 분석과 달리 한 산업이 국유화되기만 하면 더 강력하고 더 강경한 노조가 생기는 이유를 설명해준다. 그런데 더 많은 피고용인이 경영자가 되고 전문인이 될수록 경영권에 대한 관심은 점점 더 줄어든다. 이들 피고용인은 바로 그들이 반대하는 경영권의 일부이기 때문이다.

이와 같은 애매모호함의 좋은 예로 대학교수들의 조합을 들 수 있다. 그들의 일차적 관심은 경영권 자체를 제한하는 것보다도 행정부, 입법부 그리고 납세자들에 대해 교직원들의 경영권을 지키는 데 있다. 이는 일반적으로 경영인 및 전문인의 노조에서 볼 수 있는 전형적인 모습이다. 이를 여실히 보여주는 것이 영국 행정부 공무원 노조의 경우인데, 그들이 내세운 목표는 회원들을 위해 완전한 관리권을 확보해 의회와 각료들의 관리권을 약화시키는 것이다. 물론 조합주의가 강제성을 띠게 된다면 모든 집단이 조합을 형성해야 할 것이다. 그리하여 최고경영자들이 '노조'를 결성해 '양지 바른 곳'에서 최고경영자의 자리를 차지해야겠다고 법석을 떠는 상황이 벌어질 수도 있을 것이다. 그렇지만 이는 전통적 노조가 결성된 취지와는 전혀 다르다.

결국 선진국의 노조는 심각한 위기를 맞고 있다. 실상 미국, 프랑스, 일본처럼 노조가 상대적으로 약한 나라들의 경우 노조가 막강한 영국, 스웨덴, 독일과 같은 나라들보다 노조가 더 건전할 수도 있다. 미국의 노조는 비교적 힘이 약하기 때문에 더 건전한 것일 수 있다. 1980년의 경우 적어도 민간 부문에서는 노조가 노동자들을 대표하는 비율이 근 50년 전 뉴딜 당시에 노조운동이 시작되었을 당시보다 줄어들었다. 민간 부문의 노조원 수는 2차 세계대전이 끝나고 나서 이 부문 전체 노동자들의 30퍼센트까지 이르렀다가 1980년에 이르면서 15~16퍼센트로 줄어들었다. 1933년에는 18퍼센트였다. 2차 세계대전 이후 미국에서 노조원이 증가한 것은 반대해야 할 자본가가 없는 공공 부문뿐이었다.

노조가 약한 상태에 있는 한, 사회 전반에 걸쳐 피고용인들은 재보험 형태로 노조를 살려두는 데 순수한 관심을 갖게 된다. 대다수 피고용인들은 노조에 가입하지 않아 회비를 내지도 않는다. 그들은 노조의 명령에 복종하지 않아도 된다. 그런데도 노조는 항시 도사리고 있는 위협적인 존재로서 경영진이 멋대로 권한을 행사하지 못하도록 해준다. 그러나 영국, 북유럽 그리고 어느 정도까지는 이탈리아에서처럼 노조 자체가 권력화한 곳에서는 노조가 위압적인 존재인데 그렇게 되면 위험에 처하게 된다.

노조가 힘을 과시하고 있고 영국에서처럼 노조가 정부를 정복하다시피 한 지금의 상황에서 이런 말을 한다는 것이 이상하게 들릴 수도 있다. 그러나 노조의 도를 넘은 주장은 그 자체가 두려움을 나타내는 것이다. 노조는 어디서나 자신들이 권력 구조 속에 끼어들어야 하며 그렇지 못할 경우 소련과 같은 전체주의 국가들에서처럼 정치권력에 의해 철저하게 통제되거나 정부의 수족이 되어버린다는 사실을 의식하고 있다. 그래서 오늘날 노조는 공격적인 자세를 취하고 있는데, 그것은 힘보다도 약점 때문이다. 그들은 사회가 아직은 그들에게 정당성을 부여하고 있음을 알고 있다. 그렇지만 그런 상태가 언제까지 계속될 것인가?

노조가 자신들의 사명과 사회적 역할과 정당성에 대한 확신이 있었을 때는 경영 참여라는 생각을 일축했다. 그들은 '사주'의 파트너가 되어 더불어 책임을 지게 되면 조합이 약해질 뿐이라는 것을 알고 있었다. 그런데 지금 독일과 스칸디나비아 국가들 그리고 영국과 같이 노조가 강력한 힘을 발휘하고 있는 국가에서는 노동자와 사주의 '공동결정제도'와 법에 의해 노조가 경영 구조 속에 편입되어야 한다는 주장이 강력히 제기되고 있다.

부분적으로는 이를 지난날 육체노동자들이 누렸던 다수의 힘을 새로 등장한 교육받은 중산층에 맞서 유지하려는 무익한 마지막 몸부림이라고 볼 수 있다. 영국의 공동결정제도에 대한 주장은 노동자들의 최대 집단을 대표하는 노조가 공동결정제도 아래서 이사회에서 이사 자리를 도맡을 것을 요구하고 있는데, 이러한 요구는 이 점을 가장 노골적으로 드러내 보이는 일이다. 그런데 독일 사람들도 전문직 피고용인와 경영진은 공동결정제도 밑에서는 이사진이 되어서는 안 된다고 주장하면서 같은 싸움을 벌였지만 패하고 말았다.

이들 국가의 교육받은 새로운 중산층은 육체노동자들만큼이나 전면적으로 조합을 이루는 경향이 있으며, 육체노동자들보다도 훨씬 더 강경하다. 그런데도 그들은 자신들이 '억압된 자들'을 대표하는 사람들이라고 생각하기보다 특수 이권 집단이라고 생각한다. 그들은 미국의 중산층 공공서비스 노조들의 경향에서 볼 수 있듯이 전통적인 육체노동자들보다 '진보적'이다. 그러나 그들이 진보 성향을 보이는 문제들은 인종 관계, 임신 중절, 국제 문제, 환경 문제 등 노동계급의 관심거리와는 거리가 먼 경우가 많다. 지식노동자들이 주름잡는 사태야말로 독일과 영국 노조지도자들이 우려하면서 공동결정제도를 통해 막으려 했던 일이다. 그들의 그런 시도는 성공하지 못했으며 그런 상황이 지속될 가능성이 크다.

공동결정제도는 올바른 해답이 아니다. 피고용인들에게 영향을 미치는 결정들의 대부분은 이사들 차원의 결정이 아니라 공장 공동체 내부에서 이뤄지는 결정이다. 무엇보다도 공동결정제도에서 피고용인들을 대표하는 사람들은 회사 고용주가 아니라 노조의 직원이므로 회사에 이해관계가 있는 것이 아니고 회사에는 관심도 없으며 회사에 대해서 아는 것도 없는 경우가 많다. 경영 참여는 어디서건 노조원들이 아니라 노조지도자들의 요구 사항이며 책임의 요구가 아니라 권한의 요구인 것이다. 그것은 경영진과 기업과 경제를 약화시키면서도 기업이나 피고용인이나 사회에 필요한 것을 주지도 못한다. 그것이 의미하는 것은 노조의 성공이라기보다도 경영의 실패다.

공동결정제도를 얻어낸 곳에서조차 경제학, 법률, 심리학 학위를 가지고 있고 선진국의 모든 노동운동에서 실권을 장악하고 있는 노조의 전문 간부들은 앞으로 25년이 노조의 생존 여부를 결정짓게 될 것임을 잘 알고 있는데, 경영자들 사이에서 이러한 사실을 아는 사람은 극히 드물다. 필요한 것은 경영인데 기업과 기관은 어떤 식으로든 운영돼야 하기 때문이다. 경영은 유기적인 기능이다. 문제는 경영자가 있어야 하는가가 아니라 누가 경영을 할 것인가다.

노조는 경영진에 대한 반응으로 파생한 것이다. 그러나 노조의 기능은 없어서는 안 되는 것이 아니다. 경제가 생산하는 것에서 더 큰 몫을 챙긴다는 노조 본래의 기능은 시들해졌다. '더' 차지할 것이 없기 때문이다. 경영진이 피고용인의 기업 소유권을 제도화하고 지식의 책임을 제도화한다면 노조의 사회적 기능은 하찮은 것이 될 뿐이다. 바꿔 말해, 경영자들이 몹시 단순한 일들, 어차피 그들이 해야 할 일들을 하기만 한다면 그렇게 된다는 말이다. 그런데 오늘날 노조는 사회를 마비시킬 힘을 갖게 됐으며 조직적인 파업을 일삼을 권리를 갖게 되었다. 이런 권리가 없다면 노조는 살아남지 못하리라 그들은 확신하고 있는데, 그 생각은 맞는 것 같다. 그러나 무엇보다도 피고용인들이 '모든' 것을 갖게 되었기 때문에 일단 노조가 피고용인들을 위해 '더' 이상 얻어낼 것이 없는 상황이 되면 파업의 명분은 사라진다. 그렇게 되면 임금은 힘이 아니라 생산성에 입각해서 정해져야 하고 '교섭권'이 아니라 경제 현실에 입각해서 정해져야 한다. 어떤 사회도 특수 이권 집단에게 사회를 마비시킬 권리를 부여한 적이 없다.

오늘의 노조는 1300년경 봉건 귀족들이 누렸던 지위와 닮은 데가 있다. 그보다 300년을 거슬러 올라간 시기에는 농부들이 귀족의 환심을 사서 농노가 되기 위해 애썼다. 그 당시 시도 때도 없이 출몰해 무자비하게 약탈과 파괴와 예속을 일삼은 노르만 침입자들에 대해 유일하게 방패가 되어준 것은 귀족이었다. 그로부터 300년이 지나자 봉건 귀족은 기능과 수입을 상실하게 되었다. 그러나 그들에게는 아직도 군대가 있었다. 말들이 있었고, 토지가 있었다. 함부로 맞설 수가 없었다. 그로부터 다시 150년이 지나서야 농부들은 갑옷을 단단히 입고 말을 탄 기사가 얼마나 취약한 존재인지 알게 되었다. 15세기 중반에 스위스 농부들이 기사도의 꽃이었던 부르고뉴 기사들을 말에서 끌어내리면서 말이다.

노조에게는 말도 없고 군대도 없고 토지도 없다. 여론과 정부가 부축해주지 않는 한 노조는 무력하다. 히틀러가 소위 한 사람과 열 명의 병사를 파견해 노조 본부를 점령하게 함으로써 세계에서 가장 크고 가장 자부심이 강하며 가장 강력한 노조였던 독일 노조를 없애 버릴 수 있었던 것은 이런 이유에서였다. 여론이 뒷받침해주지 않는 한 파업이 성공한 예는 없었다. 여론이 노조의 명분을 정당화해주지는 않을지라도 그들의 주장이 일리가 있는 것으로 인정해주지 않는 한, 파업이 성공한 경우는 없었다. 그러므로 노조는 그들의 견지에서는 당연한 일이겠지만 권력 구조를 장악하기 위해 필사적으로 노력한다. 그렇지 않을 경우 그들은 아주 빠른 속도로 무력해진다.

이는 노조가 합리적으로 투쟁하는 것이 아니라 궁지에 몰린 짐승처럼 자포자기하는 태도를 보이게 될 것임을 의미한다. 그들은 설사 겉으로 내세우는 명분이 임금의 3퍼센트 인상이나 사소한 인력 배치의 변경일지라도 그들의 존재 자체를 걸고 싸울 것이다. 노조는 모든 것을 잃게 생겼으므로 모든 문제를 대결 국면으로 몰고 가려 할 것이다. 그런 상황에서 노조의 '정치적 수완'을 들먹인다는 것은 소용없는 짓이다. 노조의 정치적 수완의 대가는 사멸이며, 노조는 이를 알고 있다. 노조는 계급적 단결, 고결한 희생, 무서운 악조건에서의 영웅적 투쟁과 같은 지난날의 정신을 되살리려는 노력을 하지 않으면 안 된다. 이것이 피고용인 사회가 된 사회에서 의미하는 바는 호전성과 과격주의인데, 조합원들이 호전적이거나 과격해서가 아니라 그들이 그렇지 않은 것이 바로 그 이유다.

기업도 정치적 기관이다

16세기의 인플레이션과 종교전쟁에서 생겨난 근대 국가의 기반을 이룬 것은 사회에는 단 하나의 정치 기관만이, 곧 중앙정부만이 존재한다는 전제였다. 다른 합법적 기관은 없다. 국가 안팎을 불문하고 다른 정당한 권력 중심은 없다는 것이 현대 정치의 주장이다. 현대 국가는 기존 기관들의 정치 기능을 제거하는 데서 출발했다. 귀족들은 지역적인 지배자가 아니라 토지를 소유하는 부유한 평민이 되었다. 교회는 출생, 혼인, 사망을 기록하는 행정 단위체가 되었다. 자유시는 자치 정부를 상실하고 행정 구조의 단위체가 되었다. 영국의 위대한 사회학자 헨리 메인Henry Maine은 역사의 흐름이 '지위에서 계약으로' 바뀌었으며 중앙정부 밖에서는 그 누구도 정치적·사회적 권력을 가질 수 없었다고 주장했다. 사회가 인정하는 유일의 조직된 단위는 가족이었는데, 그것은 중앙정부가 부여한 권력에 의해 조성된 역장力場의 사회적 분자였다.

 그 점에서는 보수주의자들과 진보주의자들 간에 이견이 없었다. 그들은 중앙정부 자체의 제도적 구조에 대해서만 의견을 달리 했다. 이 점에서는 고전학파 경제학자들과 카를 마르크스 간에도 이견이 없었다. 양자 모두가 동일한 사회 구조에 대한 비전을 가지고 있었다. 심지어 마르크스는 당대의 가장 진보적인 사람들과 같은 망상에 빠져 중앙정부 자체가 급속도로 시대적 유물이 되어가고 있어서 '시들어 죽을 것'이라고 생각했다. 그는 다만 중앙정부를 다른 사람들이 장악하지 않고, '그들의 패거리'가 아니라 '우리 패거리'가 장악하기를 원했다.

제도들의 사회

우리의 교과서들은 아직도 '현대 국가'에 관한 정치적·사회적 이론에 대해서는 입에 발린 말을 하는 데 그치고 있다. 그런데 금세기에는 현실이 완전히 달라졌다. 금세기에, 특히 2차 세계대전 이후의 30년 동안 우리 사회는 제도들의 사회가 되었다. 150년 전에는 사회적인 일 하나하나가 가족 내에서 가족을 통해 처리되거나 아니면 그대로 방치되었다. 병자를 돌보는 일, 노인을 돌보는 일, 어린아이를 양육하는 일, 소득을 분배하는 일, 심지어 일거리를 구하는 일까지 모두 가족이 처리했다. 하지만 제대로 처리했다고는 할 수 없었다. 그러므로 그런 일들이 제도들을 통해 처리되도록 이전되었다는 사실은 곧 일의 질적 수준이 크게 향상되었음을 의미했다. 이는 사회가 다원화함을 의미하기도 했다.

지금은 모든 일들이 영속적으로 이어져나가도록 조직되어 공식 구조 속에서 관리자의 리더십과 지시 아래 제도들을 통해 수행되고 있다. 미국에서는 일반적으로 기업이 이러한 제도들의 원형으로 여겨지고 있다. 그러나 미국에서는 기업이 처음으로 가시화했을 뿐이다. 유럽 대륙에서도 공공서비스나 대학이 적어도 가시화하기는 했다. 이 사실은 어째서 '경영'이, 곧 공식적인 현대 조직에 대한 연구가 미국에서는 기업 경영에 주안점을 두게 된 데 반해 유럽 대륙에서는 공공 행정에 주안점을 두게 되었으며, 어째서 막스 베버가 '관료제도'에 초점을 맞췄는지를 설명해준다. 그러나 이 현상은 세계적인 것이며 제도화는 모든 선진국에서 완전히 이뤄졌다.

현대 사회의 제도들은 모두 각각 특정한 목적을 위해 마련되었다. 기업은 물건과 서비스를 생산하기 위해 존재한다. 그것은 경제적 기관이다. 병원은 아픈 사람들을 돌보기 위해 존재하며 대학은 교육받은 내일의 지도자들과 프로페셔널을 양성하기 위해 존재한다. 이런 기관들은 모두 질적으로 높은 서비스를 제공할 것으로 기대되지만 동시에 하나의 서비스에 집중할 것으로 예상된다.

기관들의 사회가 등장하면서 모든 것이 달라졌다. 중앙정부는 커질수록 더 중요해졌다. 특수 목적의 기관들은 점진적으로 사회적 목적, 사회적 가치, 사회적 효율성의 전달체가 되었다. 따라서 그것들은 정치화됐다. 그것들은 더 이상 스스로가 기여하는 영역만을 따져서 자신을 정당화할 수 없게 되었다. 이제 그들 모두가 사회 전반에 미치는 영향을 바탕으로 자신을 정당화해야 하는 것이다. 그들 모두에게는 만족시켜줘야 할 대상이 외부에 있는데, 이는 도외시할 경우 '문제'를 일으키는 제약 요인이었다.

대학은 아직도 스스로의 가치를 가지고 스스로를 규정하려 한다. 그러나 모든 선진국에서 오늘날 고등교육에 요구하는 것은 분명히 학식이나 가르침에 대한 수요가 아니라 다른 사회적 필요와 사회적 가치에 기초한 것이다. 대학이 학생 편성에 사회를 반영하고 더 나아가 오늘의 사회가 아니라 사실상 내일의 희망이 있는 사회를 반영해달라는 요구다. 미국이나 독일 대학들에서 입학, 교직원 그리고 심지어 교과 과정에 간섭하는 경우가 늘어난 것은 그 밑바탕에 그런 기대가 깔려 있기 때문이다. 이미 발생한 건강의 손상을 치유하는 것이 사명이라 할 수 있는 병원의 경우 선진국에서는 점점 더 그와는 다른 건강 보호센터로 간주되고 있다. 즉 사람들로 하여금 건강이 나빠지는 것을 미리 방지하거나, 미국 도심 저소득층 병원의 외래환자 경우처럼 '흑인 문화' 또는 뚜렷이 차이가 나는 '보건 풍토'를 조성하는 사회적 활동의 장으로 기대되고 있는 것이다.

기업도 예외가 아니다.

이런 변화는 상당 부분 어느 한 기관이 독자적으로 모든 사람들의 복지를 책임지지 않는 사회의 다원적 특성을 나타낸다. 기관마다 그 자체의 특정 목표를 추구한다. 그러나 그렇게 되면 공동 복지는 누가 살펴야 할까? 언제나 다원주의의 핵심적 문제였던 이것이야말로 '사회적으로 책임을 져야 한다'는 새로운 요구의 바닥에 깔려 있는 사항이다. 다원적 사회에서는 모든 기관이 정치적인 기관이 되며 그것과 관련된 집단에 의해 규정된다. 그런 집단은 그 기관을 방해할 수 있고 그들이 내리는 결정을 거부할 수 있다. 일반적으로 그런 집단이 기관을 행동으로 내몰 수는 없지만 방해하며 가로막을 수도 있다. 그런 집단의 지지가 그 기관에게 필요한 것이 아닐 수도 있지만, 그들의 반대는 그 기관의 실행 능력과 존속 자체를 본질적으로 위협한다.

이처럼 특정 기능을 수행하기만 하면 책임을 완수할 수 있었던 기관들이 수많은 관련 집단(어느 것 하나 기관의 특정 기능에는 일차적으로 관심이 없는 집단)의 사소한 기대들을 충족시켜야 하는 기관으로 바뀌게 되면서, 이 변화는 모든 종류의 경영관리에 무서운 충격으로 다가왔다. 기업을 경영하는 사람들은 경제적 기여나 실적하고는 아무 상관이 없는 요구에 주의를 기울이는 일을 불평한다. 그런 요구란 비단 해를 끼치지 말라는 것(환경오염 따위)에서 그치지 않고 명확히 경제와는 무관한 사항들을 촉진해서 실제로 결과를 이끌어내라는 것이다. 예를 들어 모든 집단이 자격이나 실적과는 상관없이 동등한 기회를 누릴 뿐만 아니라 동등한 결과를 누리게 돼야 한다는 것이다. 미국의 경우 대학들 그리고 점진적으로 보건 기관들도 극단적 집단들의 압력을 받게 될 수 있는데, 그 압력은 기업의 경우보다 더 무리한 것인지도 모른다.

유럽의 이념적인 반기업 정서는 실제로 기업이 경제 실적을 비경제적 실적과 비경제적 목표에 종속시킬 것을 요구하는 미국의 포퓰리즘이 기업에 요구하는 것보다는 훨씬 친기업적이다. 유럽의 경우에는 대체로 기업의 목적은 경제적 실적이라는 점을 당연시하고 있다. 쟁점은 기업이 무엇을 해야 하느냐가 아니라 누가 기업을 관리해야 하느냐다. 기업에 대한 미국 포퓰리즘의 요구는 이념적으로 '반기업'적인 것은 아니지만 기업 신화'성에 있어서는 '민간기업'에 대해 적대적인 유럽 사회주의자들보다도 못하다.

사회주의자들은 기업의 실적을 목표로 인정한다. 미국에서 포퓰리즘을 추구하는 사람들은 환경 보호를 표방하는 경우건, 결과의 평등을 요구하는 경우건, 세계를 위험이 없는 안전한 곳으로 만들려는 경우건, 자급자족하는 자작농민 공동체에 대한 지난날의 낭만적인 꿈을 산업으로 위장해서 재현하려는 경우건, 기본적으로 경제 실적에 전적으로 적대적이다. 유럽의 전통적 좌파는 현재 권력을 잡고 있는 사람들에 대해 적대적이다. 그들은 그 사람들로부터 권력을 인수하려 한다. 그들은 자신들이 하고 있는 일이 옳다고 생각한다. 하지만 미국 포퓰리즘의 경우는 그렇지 않다. 따라서 미국이 정치적으로 안전하다고 생각하고 미국에 투자하려고 몰려오는 유럽 사람들은 정말 뜻밖의 충격을 경험할 수도 있다.

다원적 사회에서는 모든 기관이 필연적으로 정치적 기관이다. 모두가 다양한 집단과 얽혀 있는 기관들이다. 모두가 그들을 거부하며 가로막을 수 있는 사회 집단들이 배척하지 않는 방법으로 그 기능을 하지 않으면 안 된다. 그런 다원주의 사회에서는 모든 기관에서 관리를 맡은 사람들이 정치적으로 사고하는 방법을 배워야 한다.

단일 목적의 기관에서는 의사결정의 기본 룰이 '최적화', 곧 한편으로는 노력과 리스크, 또 한편으로는 결과와 기회 간에 가장 유리한 비율을 찾아내는 것이다. 이론경제학자들의 그 유명한 추상 관념인 '극대화'는 어떤 기관에서도 무의미한 것이며 어디서도 적용되지 않는다. 기업에 종사하는 그 누구도 이윤을 어떻게 극대화하는지 알지 못하며, 그런 것을 시도하지도 않는다. '최적화'는 명확한 목표가 없는 기관의 규칙일 뿐이다.

그러나 정치적 과정에서는 최적화를 시도하지 않는다. 거기서는 '새티스피스satisfice'(공식적 의사결정이론 용어로 최소한의 필요조건을 충족시킨다는 뜻—옮긴이)를 시도한다.

1979년에 피츠버그 소재 카네기멜론대학의 미국인 경영학자 허버트 사이몬Herbert Simon은 경영학자로서는 처음으로 노벨 경제학상을 받았는데, 수상 대상은 당초 1940년대 종반에 발표했던 그의 이론, 즉 경영자들은 대부분의 의사결정에서 극대화나 최적화를 하지 않고 새티스피스를 추구한다는 것이었다. 그들은 결과의 극대화는 차치하고 결과의 최적화보다도 용납할 수 있는 최소한의 결과를 가져다줄 해결 방안을 찾으려고 시도한다는 것이다. 사실 이것은 정치 세계에서 추구하는 규칙이다.

정치 제도에는 최적화해야 할 관련 집단이 너무나 많다. 그러므로 최적화가 요구되는 한 분야를 결정하지 않으면 안 된다. 그러나 다른 모든 분야(정치 제도에는 그런 분야가 언제나 많다)에서는 새티스피스, 즉 충분한 수의 관련 집단이 묵인해줄 해결책을 찾고자 한다. 지지하는 방안보다도 반대를 불러일으키지 않는 방안을 찾으려 한다는 말이다. 정치인들이 '용납할 수 있는 타협'을 말할 때 그것이 의미하는 게 새티스피스다. 그 어떤 것도 소망의 예술이 아니라 '가능성의 예술'이라고 하는 정치에 공짜란 없다.

조직의 다원화 사회에서 모든 기관이 정치화하면서 경영자들은 우선 그들과 관련된 집단에 필요한 것과 그들이 기대하는 바가 무엇인지를 철저히 성찰해야 한다. 기업이 시장제도 안에서 활동하는 한, 고객이 기대하는 바가 최적화되지 않으면 안 된다. 그런데 대다수 기업들은 그들의 주주들을 '새티스피스'의 대상 집단으로 여기고 있다. '우리로 하여금 자본비용을 충당하고 필요한 자금을 유치할 수 있게 하는 최소한의 수입은 얼마인가?' 하고 그들은 묻는다. 교과서에 나오는 질문인 '우리 자본의 최적 수익은 얼마인가?'를 진지하게 생각하는 경우는 좀처럼 찾아볼 수 없다. 그러므로 기업인들은 시장에서 결과를 최적화할 수 있다면 자본시장의 '새티스피스'가 가능하다는 가정 아래 일을 진행시키기 마련이다. 그러나 경영진은 이 같은 사고를 더 많은 관련 집단으로 확대해나가는 방법을 배워야 한다. 그 예로 피고용인들을 들 수 있는데, 일자리와 직업 시장도 자본 시장만큼이나 순수한 시장이라는 점도 그 이유다. 그것이 기대하는 것에 대한 새티스피스가 이뤄져야 하는 것이다. 그리고 기업이 경제적 사명을 계속 추구하면서 경제적 실적을 성취하기 위해서는 묵인을 얻어야 하는 정치적 관련 집단들이 많이 있는데, 그런 집단들은 수적으로 증가하고 있다.

기업을 경영하는 사람들은 이를 사태가 왜곡된 것으로 간주하면서 격분하는데, 이는 충분히 이해할 수 있는 일이다. 물론 기업이건 병원이건 대학이건 단일 목적을 추구하는 기관이 자신의 일에만 집중하면서 다른 사회적 요구에 대해서는 본연의 자격과 사명과 기능에서 벗어나는 부당한 일이라고 정면으로 거부할 수 있다면 일은 한결 수월해지고 궁극적으로 사회에 더 생산적인 결과를 가져올 가능성이 크다. 기업에 기본적으로 자격에서 벗어난 일을 할 것을 기대해서는 안 된다는 것만큼은 강력히 주장해야 한다. 기관들이 단일 목적을 추구한다는 바로 그 이유 때문에 국한된 그 영역을 벗어나서 일을 잘 해낼 자격을 갖춘다는 것은 좀처럼 있을 수 없는 일이다.

미국 대학들이 1960~1970년대 초반에 지역 사회를 위해 해보려고 시도했던 것만큼 비생산적인 일도 별로 없다. 미국 도심 빈민가의 실태가 아무리 열악하다 해도, 지역 사회 문제에 대해 전문가를 자처하는 사람들이 대학 교직원 중에 얼마나 많이 있건 그것은 생산성이 없는 시도였다. 정치 공동체 가치와 학계의 가치는 워낙 차이가 커서 대학에는 도시가 어떻게 돌아가는지는 차치하고 도시란 어떤 것이고 거기에 필요한 것이 무엇인지 이해할 수 있는 능력조차 없다. 마찬가지로 미국 종합병원이 자신들이 운영하는 진료소가 도심 흑인 빈민가에 없는 민간 의사들을 대신하도록 시도했던 일도 어처구니없는 실책이었다.

종합병원은 개인 의료업을 어떻게 해야 하는지 알지 못하며 그 일은 기실석으로 종합병원에는 맞지 않다. 그것을 시도하다가는 해만 끼칠 뿐이다. 수많은 미국 회사들의 '사회적 책임'을 위한 시도, 사회 문제 특히 도시 사회 문제의 해결에 기여하려는 시도는 기껏해야 큰 해를 끼치지 않는 데 그쳤다. 큰 성과를 거둔 사례는 거의 없다.

기관들은 자신의 자격과 능력을 철저히 고찰해야 한다. 경영자가 그런 자격이 없나는 시실을 깨달았다면 '노'라고 할 수 있는 용기를 발휘해야 한다. 자격이 결여된 경우, 좋은 의도만큼이나 무책임한 것은 없다.

이와 동시에 다음과 같이 말하는 것도 더 이상 적절치 않은 일이다. "우리는 우리가 할 줄 아는 일에 집중할 것이며 다른 일에 관심을 쏟으라는 요구는 거부할 것이다." 이는 더없이 현명한 태도일 수 있지만 이제 더 이상 설득력을 가질 수 없다. 오늘의 산업화 이후 사회는 사회 안의 기관들에게 자신의 독자적 특정 사명을 넘어서는 책임을 져줄 것을 요구하는 다원적 사회다.

그러므로 관리를 맡은 사람들은 그들이 할 수 있는 바와 그렇지 못한 것을 분간해야 한다. 규칙은 단순하지만 그것을 적용하기는 어렵다. 자신이 할 수 있는 자격이 없는 그 어떤 일에도 뛰어들어서는 안 된다. 그것은 무책임한 일이다. 그 누구도 기관의 일차적 기능의 수행을 해칠 수 있는 일에 뛰어들게 해서는 안 된다. 일차적 기능이란 그것을 수행하라고 사회가 그들에게 자원을 위임한 기능이다. 그런데 관리자는 기업이건 병원이건 대학이건 그가 내리는 결정의 파장을 철저히 성찰해야 하는데, 그는 언제나 그가 끼치는 영향에 대해 책임을 져야 하기 때문이다. 그리고 자신의 결정을 실질적으로 거부하며 그것을 방해할 수 있는 관련 집단이 어디인지, 그들의 최소한의 기대와 요구가 무엇인지를 철저하게 고찰해야 한다.

이것은 모종의 정신분열 상태를 유발하기 마련이다. 한 기관의 일차적 사명을 수행하는 문제에서 규칙은 최적화를 위한 조치다. 그 사명이란 기업의 경우는 경제적 재화와 서비스를 생산하는 것이고, 병원의 경우라면 보건이며, 대학의 경우라면 학식과 고등교육이다. 거기서 관리를 맡은 사람들은 무엇이 수용될 수 있는지가 아니라 무엇이 옳은 것인지에 입각해 결정을 내려야 한다. 그런데 자신의 국한된 일차적 사명을 넘어 외부의 관련 집단에 대처하는 경우에는 정치적으로 생각하지 않으면 안 된다. 거부권을 행사할 수도 있는 그런 집단이 조용해지도록 달래기 위해 필요한 최소한의 것이 무엇인지를 따져가면서 대처해야 한다. 관리자들이 정치인일 수는 없다. 그들은 새티스피스 결정을 내리는 일에만 전념하기 어렵다. 그렇다고 자신의 기관과 관련된 핵심 영역의 최적화에만 전념할 수도 없다. 그들은 하나의 지속적인 의사결정 과정에서 이 두 가지 접근 방법 간에 균형을 이뤄나가야 한다.

소수의 힘

앞서 말한 바와 같은 과정이 다원적 사회에서 이중으로 중요성을 갖는 이유는 일편단심으로 집중하는 작은 집단이 실제 규모에 적절한 것 이상의 힘을 얻어왔기 때문이다.

현대 국가 이론은 '다수'와 '소수'가 있고 이들의 상호작용을 통해 국가의 '일반 의지'가 나타나는 것으로 봤다. 더 나아가 다수와 소수 모두가 사회적·정치적 결정의 모든 영역에 관심을 갖는다고 생각했다. 그 밖의 다른 모든 것은 부정적인 '파벌'로 간주되었다. 현대 정당은 파벌들을 일반 이익과 일반 의지로 통합해 프로그램으로 변환시키는 도구로 등장했다. 영국의 에드먼드 버크Edmond Burke가 처음으로 정당의 힘을 프랑스 혁명의 파벌적 극단주의로 편입하는 데 반대한 후로 정당 통합의 개념은 현대 정치이론과 현대 정치 관행의 중심이 되어왔다.

통합적 정당에서 다시 대결적 파벌로 돌아오는 일은 금세기 초기에 시작되었다. 그러한 변화의 한 요인으로 작용한 것은 노조였는데, 노조는 그들이 일편단심 추구하는 개념을 '일반 의지'와 '일반 이익'의 개념에 덧씌웠다. 그러나 노조는 아직도 대체로 정당제도 속에 편입돼 있다. 유럽의 경우 노조는 모든 문제에 대해 자신들의 입장을 주장하면서 오랫동안 노조의 국한된 특정 이익을 광범위한 이념적 합의를 이끌어내는 데 현저한 성과를 거둔 '사회당', '공산당', '노동당'의 이념적 구조 속에 통합돼왔다. 미국의 경우 노조는 대체로 이념적으로 색칠되는 것을 기피하면서 그들의 관심을 사회적·정치적·문화적 이슈에 대한 폭넓은 합의와 철저하게 조화를 이루는 국한된 경제적 목표로 좁혔다. 미국 노조는 전통적으로 지극히 보수적인 세력으로서 가족이나 교회, 미국 외교 정책이나 미국 헌법 제도를 막론하고 전통적인 가치를 떠받들어왔다.

그런데 다른 새로운 세력이 등장해 전통적 개념에 도전했다. 아마도 미국에 최초로 등장한 그 소수 세력(투표 유권자의 5퍼센트를 넘지 않는)은 다른 모든 문제는 도외시하고 오직 한 가지 문제에만 매달려 다수에게 금주법을 강요한 사람들이었다. 1920년 금주주의자들은 대다수 사람들이 이 문제에 무관심하지 않으면 반대한다는 것을 잘 알고 있었다. 그들은 군인들이 1차 세계대전이 끝나고 돌아오면 그들의 주장이 설 자리를 잃게 된다는 것을 잘 알고 있었다. 그들은 불과 3~4년 안에 자신들이 집요하게 요구하는 바를 정치권에 강요해야 했다. 그런데 그들이 또 깨달았던 것은 전통적 정당의 접근법은 극히 적은 집단들에게만 부동표를 준다는 것, 그런데 반대표를 던짐으로써 부동표 행사를 하게 된다는 것이었다. 그래서 미국 유권자의 20분의 1에 불과한 사람들이 유권자들로 하여금 반대표를 던질 사람을 결정짓는 단일 이슈로 금주 문제를 고려하게 함으로써 금주법을 강요한 것이다.

그로부터 얼마 후 인도의 간디는 그와 비슷한 소수가 수동적인 저항과 사보타주로 더없이 막강한 세력을 마비시킬 수 있다는 것을 보여줬다. 물론 1920년대의 영국이 여전히 제국적 사명을 신봉하면서 그들의 뜻을 필요에 따라 힘으로 강요할 의향이었다면 간디의 운동은 곧 진압되었을 것이다. 그러나 영국군 장성이 그때까지는 당연한 일로 여겨진 대로 힘으로 폭도들을 해산시키고자 한 시도가 곧 '암리차르의 학살'(영국의 식민지 시절인 1919년 인도의 치안 부대가 이곳에서 벌어진 영국의 식민 통치를 반대하는 시위를 무력으로 진압한 사건—옮긴이)로 발전하자 상황이 바뀌었다. 간디로 하여금 성공을 거두게 했던 것은 암리차르에 대한 인도의 반응이 아니었다. 바로 영국의 반응이었다.

이 두 사건은 정치 역학에 결정적인 변화를 가져왔다. 이 사건들은 정당들, 개인의 이익을 다수의 연합 속에 엮어 넣으려는 집단은 일편단심으로 오직 하나의 부정적 이슈만을 부르짖는 소수의 '진정한 신봉자들' 앞에서는 무력하다는 것을 보여줬다. 즉 오직 한 가지 부정적 이슈나 문제를 가지고 세계의 운명이나 적어도 사회의 운명이 영향을 받도록 하며, 고기를 먹지 않는다거나 술을 마시지 않는다거나 환경을 오염시키지 않는다거나 사고나 암을 유발할 위험을 피한다거나 하는 것을 어떤 대가를 치르더라도 막아야 한다는 하나의 지엽적인 목표로 그에 맞선다는 사실을 보여준 것이다. 정당들은 행동을 위한 동의를 이끌어내려 하기 마련인데, 그에 반해 파벌은 대결로 행동을 막으려 한다. 그들은 간디를 지지해 암리차르에 몰려든 1,000명의 사람들, 인도 대륙의 몇 억이나 되는 인구 가운데 불과 1,000명인 것이다. 그들은 다른 사람들의 지지를 받아서가 아니라 방해하는 행동을 통해 그들의 힘을 행사한다. 그들의 힘은 동의의 힘이 아니라 거부의 힘인 것이다.

갈수록 정당은 더 이상 행동을 위해 나서지 않고 있다. 어떤 결과를 가져올 수 있는 힘은 아주 작은 집단, 전혀 긍정적인 부분이 없으며 부정적인, '적'밖에 모르는 집단으로 옮겨가고 있다. 그들의 전형적인 슬로건은 민권이 아니라 '비핵no nuke'(본래 핵폭탄을 가리켰던 것인데 이제는 원자로를 가리키는 말이 되었다)이다. 흔히 영국 노조에서는 총회원의 2~3퍼센트에 불과한 '과격파', '강경파' 또는 '좌파'가 조합을 주름잡고 있다고 말한다. 이를 설명해주는 것은 대다수의 '온건한 사람들'의 무기력인데 그들은 회의에 참석하지 않고 투표를 하지 않으며 노조의 일에 크게 신경 쓰지 않는다. 그런데 현실적으로는 소수가 엄청난 힘을 발휘하게 되는데, 그들은 단 하나의 이슈에만 전념하면서 기본적으로 자신들이 하는 행동의 결과에는 신경 쓰지 않기 때문이다. 그들의 관심은 오직 무효화에만 있다.

밝혀진 초자연적 진리가 아닌 지상의 어떤 가치를 신봉하는 개인이나 집단은 과대망상적이기 마련이다. 그들 아닌 다른 사람들은 제정신인데, 세상은 복잡하며 단 하나의 궁극적 가치란 없다는 사실을 알고 있기 때문이다. 그러나 과대망상적이건 아니건 간에 현대 정치는 갈수록 합의 창출이 아닌 대립과 적대적 행동으로 치닫고 있다. 점점 더 공통점을 찾아내려는 노력에서 공통점과는 아주 거리가 먼 단일 명분을 찾아내려는 방향으로 흐르고 있다. 갈수록 타협을 찾으려는 노력을 버리고 싸움으로 결판을 지으려는 방향으로 가고 있다. 어쩌면 이 또한 포퓰리즘 사회의 특징일 것이다. 그런데 싸움으로 결정을 내리려는 생각이 선진국 사회에서 지난 30년 동안처럼 강했던 시기는 일찍이 없었다.

단 한 가지 절대적인 것에만 몰입한 작은 집단은 편집증에 걸린 사람들이라고 할 수 있다. 자신들이 주장하는 바가 그릇된 것일 수 있다거나 자신들이 목적을 위해 그릇된 수단을 사용하고 있을 수 있음을 인정하려 하지 않는다. 결과가 기대했던 바와 같지 않으면 그것은 다만 사악한 힘을 보여주는 또 다른 증거가 된다. 자신들의 노력이 방향을 잘못 잡은 것이라는 점은 차치하고 자신들이 잘못 생각하고 있음을 시사하는 것이라는 생각은 아예 하지 않는다. 예를 들어 개정금주법이 음주를 유행시켰다는 압도적 증거가 있는데도 미국의 금주주의자 치고 이를 인정하는 사람은 아무도 없다.

경영은 정치 환경을 무시할 수 없다

합의에서 대립으로, 공통점에서 단일 목적의 파벌주의로의 이동은 경영자가 정치권을 상대할 때 쓰던 전통적 방법이 이제 더 이상 통하지 않을 것임을 의미한다. 언제나 정치인에게 필요한 것이 무엇인지를 이해하고 그들과 협력하는 것이 경영자가 해야 할 일이었다. 의회에서나 관가에서는 경영자들에게 정치인을 가까이 하고 서로 친분을 쌓으면서 그들이 필요로 하는 것이 무엇인지를 미리 알아 협력하라고 충고했다. 특히 정치인들을 비롯한 다른 사람들의 견해, 가치관, 우선순위 그리고 그들이 안고 있는 문제를 알아두는 것은 여전히 현명한 일인데, 다만 그들의 견해와 가치관과 그들이 받고 있는 압력이 경영을 맡고 있는 사람들(기업이건 병원이건 대학이건 정부기관이건)이 당연한 것으로 생각하는 것과는 사뭇 다르다는 점 때문에도 그것을 알아두는 것이 좋다. 정치에 참여하고 있는 사람들로부터 뭔가를 얻어내야 할 일이 생기기 전에 그들과 친분을 쌓는 것은 여전히 현명한 일이다. 자신이 속한 기관으로 인해 생겨난 문제를 직시하고 그것이 스캔들이 되어 재선을 노리거나 승진을 꾀하는 정치인들에 의해 이슈화하기 전에 해결책을 궁리하는 것 역시 여전히 현명한 일이다.

그런데 이제는 이 정도로는 부족하다. 편집증에 걸린 사람을 회유하는 것은 불가능한 일이다. 그런 시도는 그들의 의심을 부추길 뿐이다. 그로부터 리더십을 빼앗아야만 한다. 오늘의 경영자는 더 이상 반응을 보이는 데 그치지 말고 먼저 행동에 나서야 한다. 더 이상 기다리고 있을 수만은 없으며 주도권을 잡아 행동가가 되어야 한다.

정치행동가로서의 경영자

기업이건 병원이건 대학이건 새로이 경영을 맡은 사람은 자신을 '특수 이권'을 대표하는 사람으로 보지 않고 또 남들에게 그런 사람으로 비치지 않을 때에만 효율적으로 자신의 업무를 할 수 있을 것이다. '신성한 대의'를 '진정으로 신봉하는 사람들'이 설치고 있는 정치판에서 기관의 경영을 맡은 사람은 자신을 '공동 이익'을 대표하는 사람으로, '일반 의지'를 대변하는 사람으로 내세워야 한다. 그는 더 이상 정치 과정이 통합의 힘으로 작용해주기를 기대할 수 없다. 그 스스로 통합자가 되어야 한다.

경영자는 생산하고 실행하며 성취하는 과정에서 사회의 이익을 대변하는 사람으로 자신의 위상을 정립해야 한다. 이는 모든 기관(특히 기업)의 경영을 맡은 사람은 보편적 이익을 위해 어떤 정책을 펼쳐야 하는지 철저히 고찰하고 사회적 단합을 이뤄내야 함을 의미한다. 그는 '문제'가 생기기 전에, 남의 제의에 반응하기 전에, 이슈가 대두되기 전에 그렇게 해야 한다. 제창자가 되고 교육자가 되고 후원자가 돼야 한다. 다시 말해 관리자는 '이슈'를 만들어내는 방법을 익혀야 하고 사회적 관심과 함께 그것을 해결하는 방법을 찾고 생산자의 이익을 '기업'의 특수 이익이 아니라 사회 전반의 이익으로 포장해 이야기해야 한다.

미국의 경우 대기업 총수들로 구성된 기업원탁회의가 경제적·사회적 문제들을 철저하게 성찰해 그것이 정치적 논란으로 증폭되기 전에 정책을 구상하는 정책 입안자 역할을 해왔다. 그들은 자신들의 존재가 표면화되지 않도록 노력하면서 세평을 피하고 주의가 집중되는 것을 피했는데, 이러한 노력은 크게 성공을 거뒀다. 영국에서는 영국경영자협회가 이와 유사한 행동주의 노선을 택했다. 그들은 경영자들이 공익과 사회의 경제적 이익을 정당하게 대변한다고 주장했다. 그리고 일본에서는 오랫동안 자리를 굳혀온 최고경영자들의 강력한 단체가 해로운 것으로 보이는 정책에 대해 부정적 입장을 취하던 노선을 바꾸어, 건설적이고 국가 이익을 도모하는 것으로 간주되는 정책을 발전시켜나가는 방향으로 나아갔다.

효율성을 살리기 위해 경영자들은 자신들을 생산자 이익을 추구하는 대표로 그리고 동시에 일반 의지의 대변자로 받아들이는 지지층을 구축해야 한다. 이는 앞서 논했던 정년퇴직을 예상한 대책과 같은 정책을 전제로 한다. 그것은 피고용인들의 소유권을 회사의 운영 관리에 엮어 넣고 피고용인들의 능력과 자격을 시민적 책임으로 만드는 데 대한 책임을 경영자들이 수용하는 것을 전제로 한다. 그것은 경영자들이 '이윤'을 들먹이지 않고 사회의 미래를 위한 비용, 기업이 살아남기 위한 비용을 마련하는 데 대한 책임을 받아들이는 것을 전제로 한다. 그것은 '기업'의 이익이라는 한 가지 이익을 대표한다는 입장을 고집해서는 승산이 없으므로 공동의 이익을 대변하며 그것을 위해 행동하는 책임을 경영자들이 수용함을 전제로 한다.

미국 대기업의 경영자들이 인플레이션이 피고용인들이 납부하는 세금에 미치는 타격에 맞서 싸움에 나서지 않은 사실은 어떤 행동을 해서는 안 되는지를 보여주는 좋은 예다. 미국의 경우 연간 가구소득이 10만 달러를 초과하는 극소수의 사람들(그중에는 소수의 고위 경영자들도 포함된다)만이 소득세에 인플레이션이 반영되도록 돼 있다. 그들에게 적용되는 최고 세율은 소득의 50퍼센트다. 인플레이션으로 인한 그들의 명목소득 증가는 그들의 납세 비율을 높이지 않는다. 그런데 그들의 부하직원들에게는 그런 혜택이 주어지지 않는다. 이들은 소득이 인플레이션을 따라잡지 못하는데도 세금이 껑충 뛴다.

최고세율은 이치에 닿는 것이고 사회적으로 바람직하며 실제로 필요하다. 그러나 경영자들이 그들의 동료나 다른 생산자들이 당하고 있는 엄청나게 부당한 처사를 묵과하기만 한다면 과연 그것을 지켜낼 수 있을지 의심스럽다. 노조가 딴생각을 하는 것도 이해가 가는 일이다. 그들은 정부 지출의 증대를 욕하면서 인플레이션을 통한 자동적 세율 상승이 정부 세입을 인플레이션보다 빠른 속도로 늘이는 가장 빠른 길이라고 주장한다. 게다가 거기에는 명목적 세율 인상과 같은 인기 없는 정치적 조치가 필요한 것도 아니다. 그런데 경영자들에게는 그런 핑계도 없다. 그들의 침묵은 무기력, 관심과 책임의 결여, 리더십의 포기를 의미한다.

경영자들이 공동의 이익을 위해 리더십을 발휘해야 할 책임을 지려 하지 않는 한 그들은 다원적 정치 환경 속에서 갈수록 무력해지고 대결의 정치에서 패자가 될 수밖에 없을 것이다.

새로운 정치 환경이 요구하는 사항은 '대기업에만 해당되는 일'처럼 보일 수도 있다. 그러나 기관의 정치화는 중간 규모뿐 아니라 소규모 기업까지도 포함한 모든 기업에서 경영자들이 리더십을 발휘하고 행동주의로 나가야 함을 요구한다. 실제로 중간 규모와 소규모 기업들은 많은 경우 경제 실적과는 직접 관련이 없는 이슈에 더 많은 시간을 할애하고 있으며, 그래서 보다 효율적인 리더십을 발휘해야 한다. 최고경영자들이 기업원탁회의에서 국가적·국제적 이슈를 다루는 상황에서 중소기업들은 지역에 국한된 문제들을 다루고 있을 수도 있다. 그들은 정부 고위층과 직접 접촉하는 것이 아니라 관련자 협회나 산업별 협회를 통해 간접적으로 영향을 미칠 수도 있다. 그러나 그에 필요한 시간과 정책과 성격은 같다. 마찬가지로 비영리 공공서비스 기관들의 경영자들도 이들과 같이 움직여야 한다.

기업이 아주 크건 아주 작건 그 활동 무대는 본래 한 가지 목적만을 추구하도록 고안된 기관들을 통해 공동체의 필요가 충족되는 사회다. 기업이건 병원이건 대학이건 또는 그 규모가 크든 작든 그것을 운영하는 사람들은 사회가 그들 기관의 고유 목적과는 상관없는 것, 예컨대 대학의 경우 학식이나 가르치는 능력과는 상관없이 소수인종을 교직원으로 특별 고용하는 것과 같은 일을 기대한다는 사실을 받아들여야 한다. 경영자들은 사회의 역학구조가 합의를 대표해 행동할 수 있는 다수에서 단일 목적을 추구하는 작은 소수로 옮겨간 정치 환경에서 어떻게 활동해야 하는지를 배워야 할 것이다. 갈수록 혼란이 더해지는 시기에 경영자들은 자신의 기관이 실적을 올릴 수 있도록 하면서, 다원적 사회에서 리더십을 발휘해 통합에 기여해야 할 것이다.

| 에필로그 |

경영자가 직면한 도전을 직시하라

20세기가 된 후로 경영만큼 빠른 속도로 새로운 기관, 새로운 지도자 집단, 새로운 핵심 기능을 출현시킨 예는 그다지 많지 않다. 인류사에서 새로운 기관이 없어서는 안 된다는 사실이 그토록 빨리 입증된 경우 역시 거의 없었다. 새로운 기관이 별 저항 없이, 별 동요 없이, 별 말썽 없이 등장한 것은 더더욱 드문 일이었다.*

내가 위의 글을 쓴 지는 10년도 채 안 된다. 첫 두 문장은 아직도 타당하다. 1900년에는 사실상 알려지지도 않았는데 지금은 세계 도처에 존재하는 경영만큼 급속도로 도처에 등장한 새로운 리더십 그

---

* 나의 책 《경영: 과제, 책임, 실제 Management: Tasks, Responsibilities, Practices》의 제1장.

롭, 새로운 사회적 기관은 일찍이 없었다. 그리고 그토록 빨리 없어서는 안 되는 존재로 입증된 경우도 좀처럼 없었다. 그렇지만 이제 더 이상 경영이 별 저항을 받지 않으며, 별다른 혼란을 조성하거나 말썽을 일으킬 일이 없다고 주장할 수 있는 사람 역시 아무도 없다. 반대로 이제 경영자들은 신랄한 공격 대상이 되고 있다. 경영자들은 바로 혼란의 중심에 있다. 커다란 물의를 일으키는 사람들이 되었다.

경영의 존속에 대해서는 별로 걱정할 필요가 없다. 인류가 세계적 재난으로 인해 멸망하지 않는 한 지난 100년간 일어난 일들을 통해 만들어진 기관들은 존속할 것이다. 그것들은 중요성이 줄어드는 게 아니라 더 커질 것이다. 그런데 이런 기관들은 경영자 없이는 제 기능을 할 수 없다. 경영은 군중을 조직에 편입시켜 인간의 노력이 실적으로 이어지게 하는 조직의 장기(臟器)다.

그러나 내일의 경영 형태는 지금과 아주 다른 것일 수도 있다. 경영의 제약, 통제, 구조, 권한, 논리 등 모두가 아주 달라질 수 있다. 기업으로서는 여러모로 지금과 앞으로의 10~20년 동안 경영의 '청춘기의 위기'를 맞아 성숙한 경영이란 어떤 것이며, 어떤 성격을 갖고 약속한 바를 얼마만큼 확실히 성취하는 성인이 될 것인가를 결정할 것이다.

기업과 공공서비스 기관을 가릴 것 없이 모든 기관이 직면한 혼란기의 도전은 경영의 각계각층에 영향을 줄 것이다. 일선 감독자들이 가장 대비가 안 된 상태에서 가장 어려운 도전에 직면할 수도 있다. 지식 기관에서는 '감독자'가 '보조자'가 되고 '수단'이 되고

'스승'이 되어야 한다. 그리고 파트타임으로 일하는 여성이나 은퇴한 사람들을 비롯해 노동시장에 새로 등장한 사람들은 전통적 훈련을 쌓은 감독자와는 다른 리더십을 발휘해야 한다. 교육 수준과 오늘날의 노동인구가 기대하는 요구가 급격하게 변화하는 데, 이에 가장 더디게 적응하는 것이 감독자들이며, 따라서 그들은 내일의 사명에 걸맞은 여러 가지 것들을 배워야 한다.

'중간 간부들'도 도전에 직면해 있다. 내가 '머리 둘 달린 괴물'이라고 말했던 것에 비춰 본다면 '중간 간부'라는 말 자체가 무의미하다고 할 수 있다. 생산 분업 체제에서 지금 '중간 간부'나 '기능적 경영자'로 간주되는 사람들은 자신들의 직접적인 지휘 체계에 속하지 않는 사람들과 일하면서 시스템을 창조하고 유지하며 운영하는 것을 배워야 하는데, 이런 것은 중간 간부의 전통적 임무에는 없던 것이다. 좁은 행동 영역에 국한된 것일 수도 있지만 실상 내일의 조직에서는 '중간 간부'를 '고위 프로페셔널'과 구별하고, 이들 양자를 최고경영 업무를 담당하는 사람들과 구분하기가 갈수록 어려워질 것이다.

앞으로 당면할 최대의 도전과 최대의 변화는 물론 최고경영진이 대처해나가야 할 것이다. 선제주의적인 정당이 정권을 잡는다거나 정부가 경제를 송두리째 장악하는 등 사회적·정치적 지배력에 근본적인 변화가 일어날 경우, 일선 관리자나 감독이나 중간 간부에게는 별 영향이 없으리라는 것은 쉽게 알 수 있다. 그들이 서류 작업에 더 많은 시간을 할애하게 될 수도 있겠지만 그쯤에서 끝날 것이다. 그렇지만 최고경영진은 당연히 그들의 기능과 관계와 책임이 크게 달라질 것이다. 그래도 여전히 최고경영자들은 필요할 것이며, 사회가 그 속의 조직기관들이 제 기능을 하기를 바란다면 당연히 그럴 것이다.

기업의 방향을 설정하고 기본적인 사항들을 관리하는 것은 최고경영진의 몫이다. 초국적 연합체의 등장이나 노동력 내부의 변화와 그것과 기업의 관계 등 인구 구조의 변화와 인구 동태의 변화와 같은 대변화에 대처하기 위해 구조조정을 실시하는 것은 최고경영자들이다. 그리고 무엇보다도 환경의 급변, 세계 경제의 등장, 피고용인 사회의 등장, 그리고 그들이 맡은 기업의 정치적 행동, 정치적 개념과 사회 정책과 관련해 앞장서야 하는 것도 최고경영자들이다.

모든 선진국에서 최고경영자들은 이미 급속히 변화하고 있다. 미국의 경우 듀폰, 제너럴일렉트릭 또는 대형 은행과 같은 대기업의 최고경영진들은 대외 관계, 특히 온갖 정부기관들과 온갖 '대중들' 과의 관계에 그들에게 주어진 시간의 5분의 4를 할애하고 있다. 이런 경향은 작은 기업과 공공서비스 기관들의 경우에도 갈수록 심해지고 있다.

몇 달 전 800개 이상의 병상을 갖춘 큰 병원의 경영자가 내게 이런 편지를 보내왔다.

5년 전에는 내 시간의 전부를 병원을 운영하는 일에 투자했습니다. 워싱턴에 가서 증언하는 경우가 있긴 했지만 대정부 관계는 협회에 일임

했습니다. 그러나 이제 협회에만 의존할 수 없다는 것을 알게 되었습니다. 우리는 우리 병원이 필요로 하는 것들을 파악해 그것을 워싱턴의 입법부 의원들과 공무원들에게 알리는 효과적인 방법을 터득했습니다. 그러나 이런 성과를 거두기 위해서는 협회 간부들이 유능한 사람들이기는 하지만 그들에게 일임하지 않고 내가 직접 우리 병원의 고위 간부 두 사람과 함께 우리에게 주어진 시간의 최소한 절반을 할애해 원만한 대외 관계와 정치적 관계를 위해 노력해야 했습니다. 우리가 워싱턴에서 소비한 시간에는 큰 보답이 뒤따랐습니다. 그 일에 노력을 기울이지 않았다면 우리는 창립 후 중대한 고비에 놓인 우리 병원을 운영하고 우리 병원이 살아남는 데 꼭 필요한 대정부 관계를 원만하게 유지하지 못했을 것입니다.

20여 년 전 나는 《경영실천The Practice of Management》(New York: Harper & Row, 1954)에서 분명한 의무와 독자적 업무 프로그램을 가진 독립 이사회의 설립을 강력히 주장했다. 이제 그것이 현실이 되고 있다. 그런 이사회는 다시 순수하게 책임을 지는 기관이 되고 조직 관리의 일부로 작용할 것이다. 그러나 이 역시 최고경영자들에게 새로운 부담을 안겨준다.

일본 모델을 따라 최고경영진을 만들어 이와 같은 요구에 부응하고 싶은 충동을 느낄 수 있다. 일본의 대기업에서는 최고경영진이 '운영 활동'을 하지 않고 '관계'를 만드는 일을 한다. 그들은 정부, 은행, 업계, 단체 등과의 대외 관계를 관리한다. 기업을 경영하는 것은 '회사 이사'인 각 부서들의 고위 책임자들이다. 최고경영진은 책임자들이 그 자리에 적합한 사람인지를 확인하는 일을 한다. 실제로 일본의 최고경영자들은 다른 무엇보다도 경영 승계를 생각하는 데 더 많은 시간을 할애하는지도 모른다. 물론 주요 결정에 관여한다. 그러나 기업 자체를 '운영'하지는 않는다.

서구의 기업들도 그런 방향으로 움직이는 조짐이 더러 나타나고 있다.

미국 최대 은행 중의 한 곳은 회장과 행장과 부회장 두 사람이 대외 관계에 시간의 대부분을 할애한다. 회장과 행장은 번갈아 뉴욕시의 재정 위기 타개를 위해 노력했다. 그리고 이 일에 매달린 해에는 다른 일을 할 시간이 많지 않았다. 같은 해에 그들 중 한 사람은 기업원탁회의의 멤버로서 한 주에 이틀을 국가 정책과 노동 정책을 다루는 일에 할애했다. 두 부회장은 각각 워싱턴의 정부기관들과의 관계와 외국 정부 및 국제 금융기관들과의 관계에 주력했다. 실제로 은행을 운영하는 것은 일단의 부행장들이다. 여행 스케줄에 쫓기는 데도 불구하고 최고경영진은 매주 아침에 적어도 두 번씩 회동하며 되도록 자주 점심식사를 함께하려 노력하고 있다.

그러나 이것으로 정말 충분한가 하면 그렇지 않다. 앞으로는 최고경영진이 실제 업무, 그들의 목적과 우선순위와 전략에 쏟아야 할 관심은 줄어드는 게 아니라 더 커질 것이다. 그들은 기업 운영을 중요하게 여길 것이며 기업과 거기에 종사하는 사람들 그리고 기업의 문제와 기회에 관한 지식을 더더욱 중시할 것이다. 그리고 생산 분업은 인간적 관계와 기업의 의사결정에서 최고경영진에게 요구되는 바가 더 커지게 할 것이다.

최고경영진으로 하여금 행동가가 되고 지도자가 될 것을 요구하는 대외 관계의 부담은 최고경영진이 모든 시간을 들여 기업 경영에 몰입하면서 대외 관계는 부하직원들에게 일임했던 전통적 미국의 방식에서 벗어나도록 하고 있다. 위에 소개한 병원장의 편지가 보여주듯 최고경영진은 더 이상 협회에 의지할 수 없게 되었다. 중요한 정책과 관계를 다루는 일에는 경영진이 직접 나서야 하는 것이다. 직접 파악하고 지도하기 위한 시간을 가져야 한다.

이것이 시사하는 바는 장차 최고경영자의 업무량과 무엇보다도 최고경영 업무를 맡기 위한 준비가 다시금 사고와 실험과 이노베이션의 주요 영역이 되리라는 것이다. 우리는 2차 세계대전 때 최고경영진의 내부를 다루는 일을 시작했다. 그로부터 10~15년이 지나 그 일을 끝냈으며 답을 찾았다고 생각했다. 그런데 또다시 그 문제를 파악하기 위한 노력을 시작해야 한다.

앞으로 경영에 대한 관심은 최고경영진과 그들의 구성과 자질로 옮겨가게 될 것이다. 내일의 '최고경영진'은 특히 큰 조직일 경우 전통적인 경우와는 달리 더 많은 인원으로 구성될 것이다. 지난 25~30년 동안 우리는 중간 규모 기업의 경우조차 최고경영팀이 필요하고 단 한 사람의 최고경영자로는 부족하다는 사실을 알게 되었다. 그 일에는 너무나 많은 이질적인 기질이 요구되고 너무나 많은 차원이 있어 한 사람이 해내기에는 너무나 벅찬 일이라는 사실을 알게 된 것이다. 최고경영자의 일을 많이 닮은 것이 작은 실내악 앙상블인데, 현악4중주에서는 언제나 지휘자가 있는데도 각각의 연주자가 동등한 입장에 선다.

예를 들어 생산 분업의 경우 각 생산 시설의 책임자는 전체 기업 최고경영진의 구성원이다. 초국적 연합체는 하나의 '시스템' 조직이며, 거기에는 단 한 사람이 아니라 여러 사람의 최고경영자가 있고, 전체 속의 특정 부분을 책임지고 있는 사람들 거의 모두가 기업 전반에 관해 내려진 결정의 내용을 모두 알고 있어 건설적으로 그 기능을 수행할 수 있어야 한다. 나는 우리가 다른 구조와 디자인에 대해서도 실험을 하게 되리라고 확신한다. 우리가 자신 있게 말할 수 있는 사실이 한 가지 있다. 작은 규모나 중간 규모의 기업에서조차 그 조직 구조와 관련한 시험은 그것이 젊은 사람들에게 최고경영진의 도전정신을 얼마만큼 노출시키느냐, 최고경영자에게 요구되는 바에 비추어 그들을 테스트해 특정 기능이나 전문성이 아니라 기업 및 조직의 운영에 얼마만큼 대비하도록 만드느냐가 될 것이다.

금세기에 경영만큼이나 빠른 속도로 등장한 새로운 사회적 제도나 기능은 찾기 어렵다. 그토록 빨리 없어서는 안 되는 것으로 자리를 굳힌 것은 찾을 수 없다는 얘기다. 그렇지만 새로운 제도와 새로운 리더십 집단이 혼란기의 경영이 지금 기업이나 공공서비스 기관의 경영진에게 부여하는 것과 같은 벅차고 도전적이며 신나는 테스트에 직면한 경우도 없었다.

혼란기의 경영

지은이 | 피터 드러커
옮긴이 | 박종훈, 이왈수
펴낸이 | 김경태
펴낸곳 | 한국경제신문 한경BP

제1판 1쇄 인쇄 | 2013년 1월 7일
제1판 1쇄 발행 | 2013년 1월 14일

주소 | 서울특별시 중구 중림동 441
기획출판팀 | 02-3604-553~6
영업마케팅팀 | 02-3604-595, 583 FAX | 02-3604-599
홈페이지 | http://www.hankyungbp.com
전자우편 | bp@hankyungbp.com
T | @hankbp   F | www.facebook.com/hankyungbp
등록 | 제 2-315(1967. 5. 15)

ISBN 978-89-475-2887-0   03320

값 15,000원

파본이나 잘못된 책은 구입처에서 바꿔 드립니다.